产　品　合　格　证

检 查 员
17

江苏凤凰新华印务有限公司

凡印装错误请向本厂生产质量部调换

地址：江苏省南京市新港开发区尧新大道 399 号

邮政编码 210038　生产质量部电话：025-68037417

中國古城墙

乙未暮春

謝辰生題

時年九十又四

目录
[第五卷]

福建 003

广东 073

海南 *197*

广西 *145*

贵州 *217*

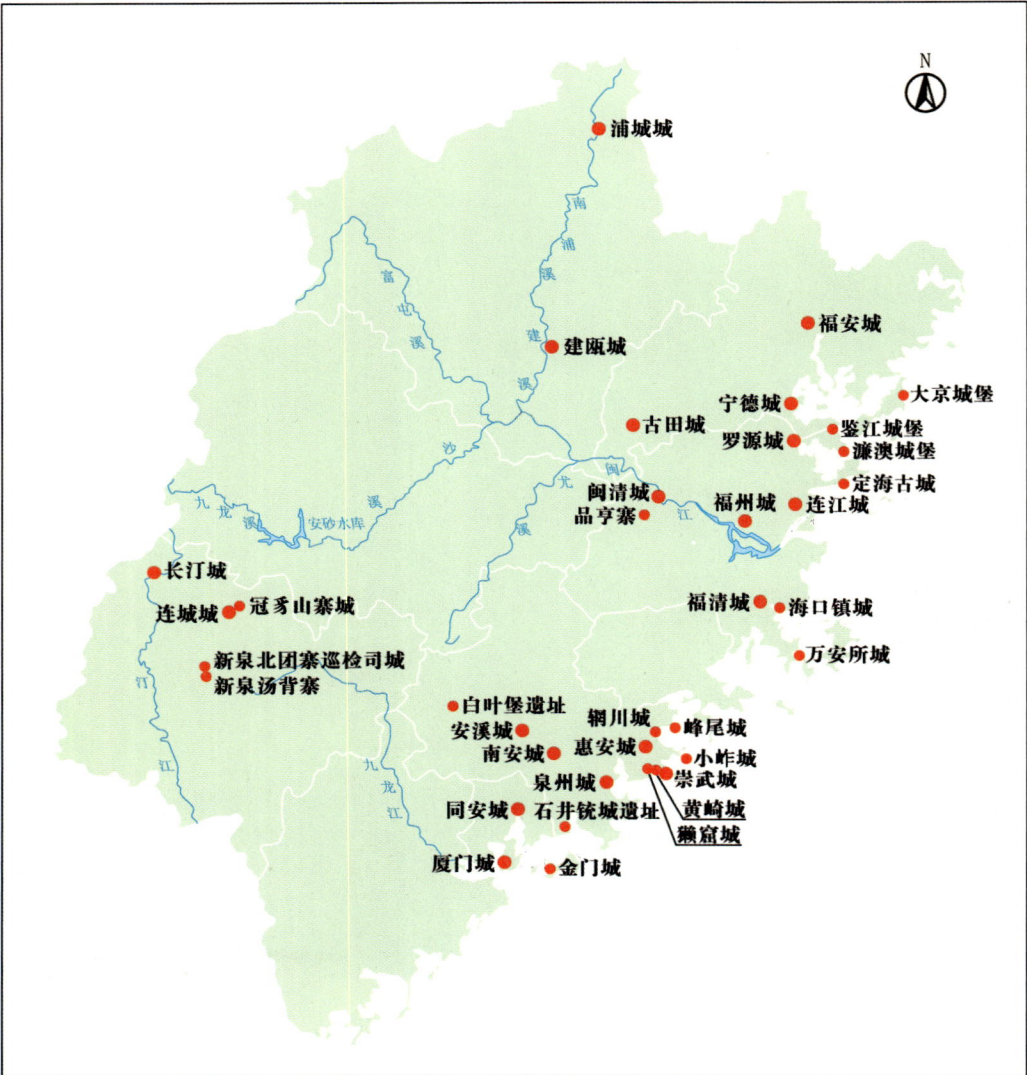

N

浦城城

福安城

大京城堡

建瓯城

宁德城
古田城
罗源城
鉴江城堡
濂澳城堡
定海古城

闽清城
品亨寨
福州城
连江城

长汀城

福清城
海口镇城
万安所城

连城城
冠豸山寨城

新泉北团寨巡检司城
新泉汤背寨

白叶堡遗址
安溪城
南安城
泉州城

辋川城
惠安城

峰尾城
小岞城
崇武城
黄崎城
獭窟城

同安城
石井铳城遗址

厦门城
金门城

南浦溪
富屯溪
建溪
沙溪
九龙溪
安砂水库
尤溪
闽江
汀江
九龙江

福建

福州城

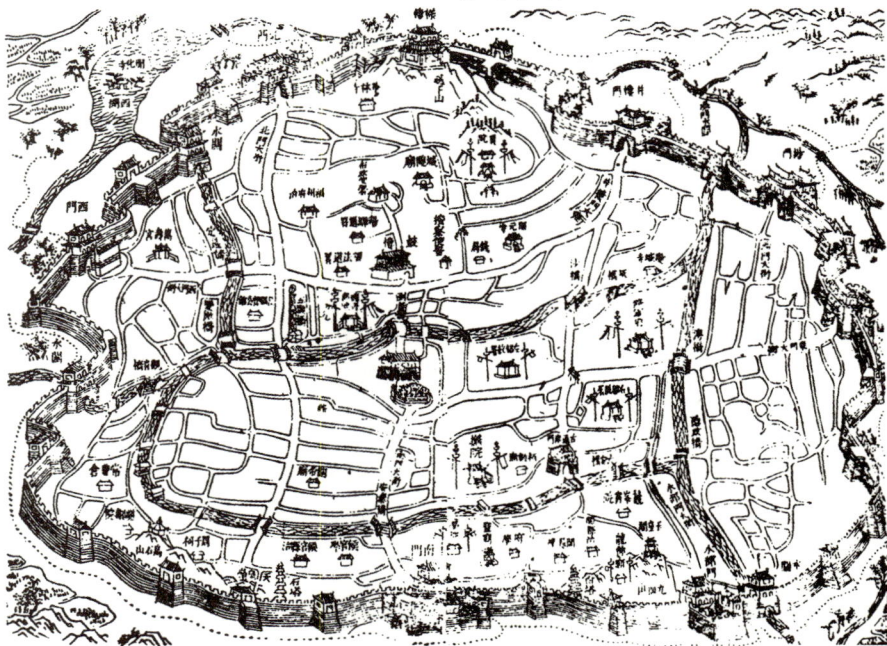

△ 福州府城图　引自《福州府志》清乾隆十九年刊本，载《中国方志丛书·华南地方·福建省（72）·福州府志》

福州，位于福建省东部闽江下游，东濒东海，与台湾隔海相望，是中国东南沿海重要的贸易港口。1986年，被列为国家历史文化名城。

福州，因"编户植榕，熙宁以来，绿荫满城，暑不张盖"，故有"榕城"之称。汉高祖五年（前202），闽越王无诸建都东冶。晋太康三年（282），在越王山（今屏山）南麓建郡署。唐开元十三年（725），改设福州都督府。后梁开平三年（909），梁太祖朱温封王审知为闽王，建都福州。宋景炎元年（1276），益王赵昰登极于福州，升福州为福安府。元至元十五年（1278），改福安府为福州路。明洪武元年（1368），设福州府。清顺治二年（1645），唐王朱聿键在福州称帝，福州为天兴府，号"福京"。此后，名称、建置多有变化。1946年，正式设立福州市。1949年，为省辖市、福建省省会，并沿袭至今。

　　福州建城、筑城，文献记载较大规模的有六次之多。据《闽都记》载：
"汉高祖五年，封无诸为闽越王，都冶"（《考工典》记为"都治"，有
误），又称"将军山一名冶山，在贡院西南，闽越古城"。闽越王在冶山周围
建城，故名"冶城"。因城池为狭小的土城，城内仅供王族官吏和士兵居住。
此为福州可考建城之始。

　　西晋太康三年（282），置晋安郡。次年，太守严高因旧城狭小，在越王
山（屏山）南麓建城，后称"子城"。唐中和年间（881～885），因人口自然
增长，观察使郑镒再在东南隅进行拓修，设城门6座，并于城外挖掘护城河。
拓建后的城墙，面积比旧城略大。

　　唐天复元年（901），威武军节度使王审知创建罗城。罗城又名"威武军
城"，城为不规则圆弧形，方圆约40里、高20尺、厚17尺，把晋安郡城包在城
内。北面将冶山圈入，成为全城制高点。罗城城墙全部用砖砌筑，城砖印有
"威武军式样制造"等字样。砖的大小"以开元尺为准，长一尺八寸，厚三
寸"。设城门8座：东曰"海晏"，南曰"利涉"，东南曰"通津"，东北曰
"延远"，西曰"善化"，北曰"永安"，西南曰"清远"，西北曰"安善"。

　　后梁开平元年（907），王审知把城南北端再次加以扩大，因把罗城夹在
内，故称之为"夹城"。夹城又叫做"南月城"、"北月城"，周围26里。南月
城有二门，分曰"宁越"、"美化"，城门外开浚护城壕与江湖相通。北月城也
有二门，分曰"严胜"、"遗爱"。当时城南还有一内城门，曰"水部"，北城
还有二门，分曰"井楼"、"迎仙"。夹城建成后和罗城连成一起，把屏山、乌
山、于山都围在城中，提高了福州的防御能力，故福州"三山"之别称由此
而来。

　　北宋开宝七年（974），福州刺史钱昱出于加强防御目的，又增筑东

▷ 20世纪30年代，福
　州西湖边残存的城墙
　南京城墙保护管理中
　心藏

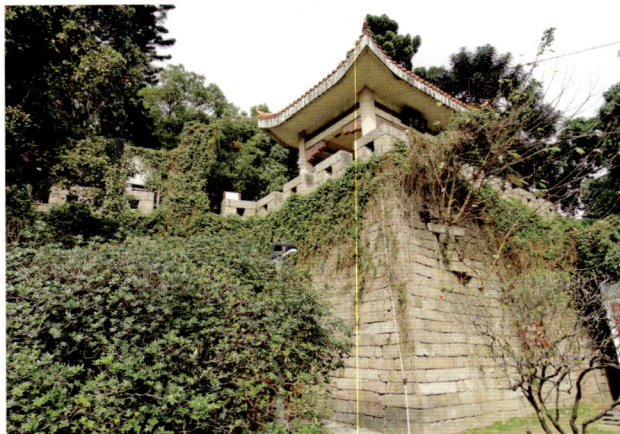

◁ 福州城墙一角 本文照片
除署名外，均由杨昊
玉、盛铖摄

南夹城。自南而西筑城墙329丈，自西而北筑城墙274丈，自东而南筑城墙310丈。城高1.6丈、厚8尺，下用坚石为墙基，上垒以砖石。宋太平兴国三年（978），因朝廷顾虑有反叛，下令废毁城垣，仅余残墙高数尺。宋熙宁年间（1068~1077），太守程师孟在子城旧址加以修复。南宋咸淳年间（1265~1274），又于外城加以增筑。

最后一次大规模筑城于明洪武四年（1371），驸马都尉王恭重建城垣，在夹城、外城的旧基础上用坚石砌修扩建成。北跨越王山（屏山），南绕于山、乌石山。城墙东、西、南三面按宋代的外城遗址修复。四周边长3349丈，墙高2.1丈多、厚1.7丈，城上有敌楼62座、警铺98座，"堞楼二千八百有四，女墙四千八百有五"（引自清乾隆二十一年刻本《福州府志》卷四）。洪武六年，福州中卫指挥李惠等又加以修建，在城中增建城橹。

明清时期（1368~1911），福州城墙屡有损毁，也时有修缮。嘉靖三十八年（1559），为防御倭患，在城上增设敌台36个。环城三面皆开挖护城河，河深7.5尺、宽10丈、长3300丈有余。万历十年（1582），再次重修，共有城门7座：南门、北门、东门、西门、水部门、汤门、井楼门。设水关4座，以沟通城内外的河道。清顺治十八年（1661）总督李率泰因防火灾，拆换城屋，增筑垣墙，高2.4丈、厚1.9丈，计窝铺264座、炮台93座、垛口3000多座。康熙三十年（1691），总督郭世隆重建西南门城楼2座。雍正五年（1727）、九年，福州城垣相继重修，并增筑女墙。乾隆十六年（1751），总督喀尔吉善、巡抚潘思榘再次重修。此后，福州虽屡有修复，但城的范围都没有拓展。

1911年后，尤其是1933年后，由于战争和城市建设改筑道路，城垣陆续被拆毁。

1994年，在于山南麓发现了明府城南门至水部门中长约173米的一小段城墙。后以"于山古城墙"命名，被列为市级文物保护单位。

肖瓛

福州府城池： 汉封无诸为闽越王，都治。晋太康四年，郡守严高改筑越王山之南为子城。唐天复间，闽王审知筑罗城。五代梁开平初，审知又筑南北夹城。宋开宝七年，刺史钱昱又筑东南外城。元初废。明洪武四年，命驸马都尉王恭因故址更筑。广袤方十里，高二丈一尺有奇，厚一丈七尺，周三千三百四十九丈，城上敌楼六十二，警铺九十八，堞楼二千六百八十四，女墙四千八百零五，城表里辟夹道各二丈许。嘉靖三十八年，增置外敌台三十六，环城三面堑壕，深七尺五寸，广十丈，延袤三千三百四十六丈有奇。顺治十八年，总督李率泰增筑。高二丈四尺，厚一丈九尺，计窝铺二百六十四座，炮台九十三座，堞口三千零九，堞外马道五千五百三十丈，城门七：曰南门，旧南夹城宁越门；曰北门，旧北夹城严胜门；曰东门，旧外城行春门，曰西门，旧西夹城迎仙门；曰水部门，旧南夹城水部门，曰汤门，旧外城汤井门，曰井楼门，旧外城船场门。水关四，一在水部门东，一在西门之南，其二关在北门汤门云。闽县、侯官县俱附郭。

——清《考工典》第二十二卷，引自《古今图书集成》

▽ 福州于山古城墙文物
　保护标示碑

▽ 福州城墙遗址

城池图

△ 福安县城池图　引自《福安县志》清光绪十年刊本，载《中国方志丛书·华南地方·福建省（78）·福安县志》

　　福安，位于福建省东北部，三面环山，南面临海。东邻柘荣县、霞浦县，西连周宁县，北毗寿宁县、浙江省泰顺县，南接宁德市、三沙湾。

　　宋淳祐五年（1245），宋理宗御批"敷锡五福，以安一县"。福安因而得名，直隶福建路。元至元二十三年（1286），福安县改属福建行中书省福州路福宁州。明洪武二年（1369），福安县划归福建行中书省福州府管辖。明成化九年（1473），福安县属福建承宣布政使司福宁州。清雍正十二年（1734），福宁州升为福宁府，福安县隶属之。1989年，福安撤县建市，仍属宁德地区。2000年，福安属地级宁德市。

　　福安最早筑城不详。旧城位于崄山之下。旧时城墙仅筑土圩，开城门4座：东曰"瑞应"，南曰"秦溪"，西曰"礼贤"，北曰"衣锦"，周围10余里。

　　明正德元年（1506），分巡道阮宾采邑人郭廷美等建议，垒砖为城。城垣周围长896.5丈、高1.1丈、厚1丈，后又增筑小西门，曰"凝秀"，五门上均建有城楼。嘉靖六年（1527），巡按刘廷篁命颜容端重修，改砖城为石筑。嘉靖三十七年，倭寇多次扰境，知县李尚德命其改造城池，将城高增至1.3丈、厚增至1.5丈。可惜城垣改造尚未结束，倭寇已大举来犯。嘉靖三十八年四月，福安县城被攻陷。同月大雨倾城，城垣俱毁圮。同年十一月，卢仲佃接任福安知县后，对城基重新规划，且筑且守。嘉靖三十九年四月，倭寇再次进犯，卢仲佃奋力防御，并于十月福安城完工，城周长800丈有余、高1.5丈、基宽2.5丈。改造后的护城河由大西门至南门，长296丈、宽3丈。增筑小北门，曰"凤坡"。增筑窝铺50座，并把护城河上原来的石板桥改成木吊桥。嘉靖四十一年，知县黎永清于城上造屋，以蔽风雨。嘉靖四十四年，知县李有朋再次重修。万历九年（1581）七月初九夜，福安发生水灾，洪水从西北淹没县城，城墙三面倾圮，惟有北隅及东面少许留存。此后，知县汪美把城垣移建鹤山之上，南面适当延伸，西面利用龟山、龙山险要地段修筑坝城。并在北城外择地构筑一座双面城垛敌台，作为北城外的防御工事。

此后，明万历二十年（1592）、万历三十七年（1609、清顺治十八年（1661）、康熙五十六年（1717）、雍正三年（1725）、乾隆九年（1744），先后对福安城墙进行较大规模重修。乾隆十六年，因遇水灾，城墙部分倒塌。

▽ 福安县城墙仅存的部分墙体 张越提供

乾隆十七年，知县夏瑚重修。道光二十六年（1846），知县刘枢重修全城，至次年二月完工。修复后的城墙周长967丈，有城门6座，设置枪眼1200个、垛口600座；恢复原设炮台，在城上配备重500公斤大炮11尊，并建哨棚、值宿所，每座城门上加建重檐城楼，绕以回廊，增筑坚厚重壁。道光三十年，添铸7尊1000公斤佛郎机安置城上。光绪四年（1878），知县张景祁修补城墙崩塌部分及城楼炮台。

1918年，刘宗彝率部攻打福安县城，知事戈乃康紧闭城门抵御，当时城池尚有用。此后，由于近代武器的发展，城池失去防御功能，城池也年久失修，损毁严重。1932年起，大部分城砖被拆用于建造监狱、体育场检阅台等。1939年，再次拆除剩余大部分城垣。

由于福安南面城墙有防洪作用，一段200米左右的墙基得以保留。现被民房作为地基使用，墙基依稀可辨。

肖璨

福安县城池：初置惟筑土墙，立四门，广袤十余里。明正德元年，始累砖为城，增小西门及小北门。嘉靖后，砌以石阪，周五百六十五丈有奇，高一丈五尺，厚一丈三尺，垛二百八十七，敌台二十座。万历间，筑西门坝，高一丈八尺，又立六门：曰东门、西门、南门、北门、小西门、小北门。

——清《考工典》第二十二卷，引自《古今图书集成》

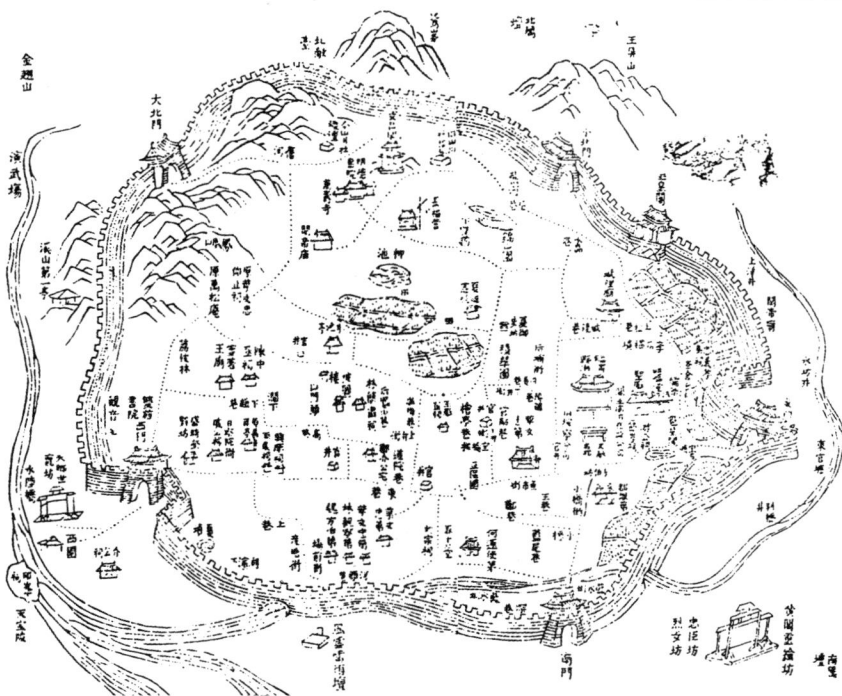

△ 福清县城图　引自《乾隆福清县志》清光绪二十四年刘玉璋刻本，
载《中国地方志集成·福建府县志辑（20）·乾隆福清县志》

福清，简称"融"，位于福建省东部沿海，北与长乐市、闽侯县、永泰县交界，西与莆田市毗邻，东与平潭县隔海相望，素有"文献名邦"之称誉。

唐圣历二年（699），置万安县，隶于泉州。天宝元年（742），改名福唐县，隶于长乐郡。元和三年（808），长乐县并入福唐县。后唐长兴四年（933），以"山自永福里，水自清源里，会于治所"，改福唐为"福清"，隶长乐府。明洪武元年（1368），复为县治，隶福州府。清代仍隶之。嘉庆三年（1798），析福清县海坛岛地置平潭建军厅，直隶福州府。1983年，福清县划属福州市。1990年，撤县设市（县级）。

福清县城修筑较晚，先建城门而后筑城墙，历史上曾多次大规模修筑。据清光绪二十四年刻本《福清县志》记载："福清县向无城，仅有五门，东曰永东，西曰舍福，南曰新丰，南北曰遵义，北曰永福。"

明正德八年（1513），知县朱衮改城门为4座：东曰"文兴"，西曰"双旌"，南曰"龙江"，北曰"玉屏"，尚书林俊为之记。嘉靖三十三年（1554），海上有敌进犯。巡抚王抒上奏请示后，于滨海处择址另建城池。当时的福清城，墙高1.8丈、厚1.4丈、周长993丈，设垛口1300座、警铺24座，建门楼4座、水关2座。时任知县钮纬急于成功，弃险于城外，未把西面山岭圈于城内。嘉靖三十七年，倭寇来犯，遂登山放铳攻城。城池守卫溃不成军，城被攻陷。同年十二月，知县罗向辰修复城池，把北面城墙增高4尺，又造敌台3座。同时深挖护城河，深、广各2丈。又砍伐树木作为木栅栏放于城郊。此后虽阴雨不断，但城池随崩随砌，倭寇终无法攻破。万历元年（1573），知县许梦熊增筑串楼10间。万历二十二年，丁永祚征集士民意见，对福清城进行大规模修建，拓建北城与山岭连亘，把北门改在偏西方向，曰"凤仪门"；偏东北隅设小北门，曰"玉屏门"；移西门于山之半，东、西、南三门仍曰"文兴"、"双旌"和"龙江"。改建移旧城墙400余丈，增新城墙200余丈及铺舍若干。明天启四年（1624），知县康承祖又于东北增筑敌台5座，西北城墙增高4尺，覆以堞楼数十丈。崇祯七年（1634），知县郑尚友再次修筑。

清雍正十二年（1734），知县张廷球申请府库钱款修葺城池，后有部分倾圮。乾隆十年（1745），又先后进行多次修葺，修炮台5座、敌台2座。

1939年，受侵华日军攻陷南京时大批军民因有城墙围隔而无法逃生，造成惨绝人寰的大屠杀惨案教训，福清县政府遂以攻守便利、城池沦陷后易反攻等为由，把城墙拆毁。

附：

万安所城　位于福清市东瀚镇的东南端，因山体裸露、万石峥嵘得名。距县城60公里。明洪武二十年（1387），江夏侯周德兴调集匠役，历时10年修成。城体为花岗石筑就，城垣高1.6丈、周围525丈，设垛口827座、警铺13

▽ 万安所城遗址　周馨提供

△ 福清海口镇城通江门　林馨摄

座、敌楼18座。

据当地考古部门调查，古城现存残墙3段、城门门座1处、炮台1处。东段长45.5米、高5.3米、厚4.5米；西边南段长70米、高4.8米、厚4.5米；北段长80米、高6.2米、厚4米。南城门门座宽5.2米、高3米，是福清尚存的较完整的古城址。1981年，万安所城被列为市（县）级文物保护单位。

海口镇城　明嘉靖二十四年（1545），为防御倭寇侵扰福清海口镇，巡按御史吉澄率镇民筑城840丈，石块垒成。现存通江门段，宽8米、厚2米、高5米。1987年，通江门被列为市（县）级文物保护单位。

肖瀿

福清县城池：明正德八年，始为四门：东曰文兴，北曰玉屏，南曰龙江，西曰双旌。嘉靖三十三年，更筑垣，高一丈八尺，厚一丈四尺，周九百九十三丈，女墙一千三百，警铺二十四，水关二。三十七年，筑三敌台，城增四尺，环垣为堞楼，表里辟夹道，浚壕深广各二丈。万历二十二年，始移旧城四百余丈，增新城二百丈，益以月城。

——清《考工典》第二十二卷，引自《古今图书集成》

安溪 城

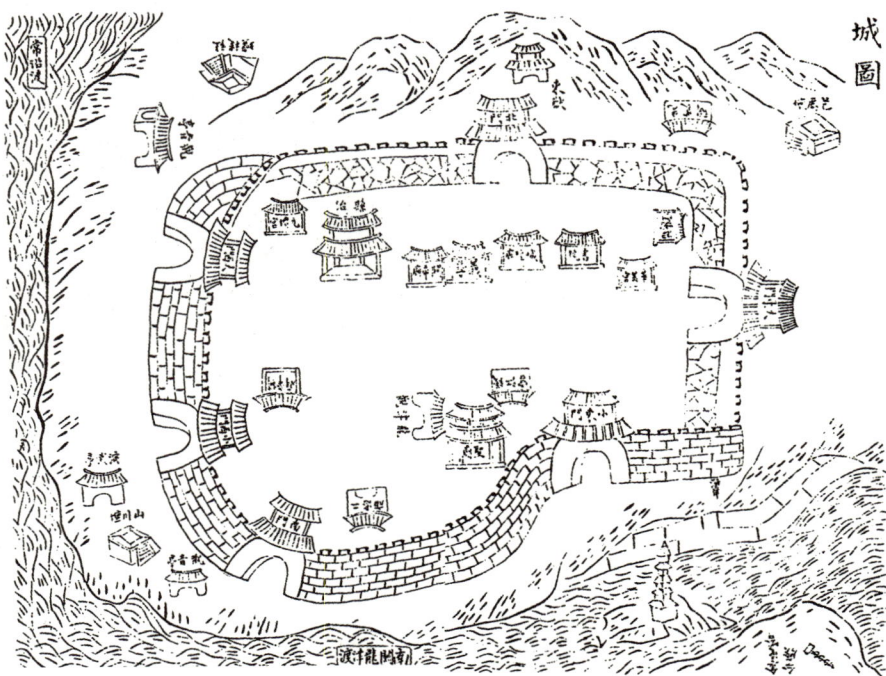

△ 安溪县城图　引自《乾隆安溪县志》清乾隆二十二年刻本，载《中国地方志集成·福建府县志辑（27）·乾隆安溪县志》

安溪县，位于福建省东南部、晋江西溪上游，东接南安市，西连华安县，南毗同安区、长泰县，北邻永春县，西北与漳平市交界。

安溪，居山近海。唐咸通五年（864），析南安县西北部两乡置小溪场。南唐保大十三年（955），升场为县，设清溪县，取溪小清澈之意。宋宣和三年（1121），因睦州清溪洞"盗"起，吏恶其名，故改称"安溪"，希望此地平安。洪武九年（1376），安溪县属福建泉州府。清沿明制。1986年，泉州市升为地级市，安溪县隶属泉州市。

安溪县旧无城墙。南宋嘉定（1208～1224）中期，才由县令陈宓于今址开辟东、南两条街。南宋宝庆（1225～1227）初年，县令颜振仲又新辟西街，仅土堑垒石为隘门。

嘉靖三十九年（1560），倭寇来犯，城几乎不能守。嘉靖四十一年，开始商议并修造城墙，至嘉靖四十五年十月完工。城墙周围660余丈（《考工典》称"六百二十六丈"）、高2.1丈、阔1.8丈，开筑东、西、南、北城门4座（据1995年版《安溪县志》）。万历五年（1577），因"泊岸土薄善崩"，令俞仲章用石砌筑长堤以护城，其长13丈。万历二十三年，县城东隅堤岸被水冲陷，危及城墙，知县章廷训组织民众修筑堤岸，至次年五月完工，堤长33丈、高1.5丈。万历二十九年，知县廖同春于南门处新修子城，城门额曰"迎秀"，规模无记载。万历四十七年（1619），安溪县遭遇洪水灾害，城垣圮坏严重，在地方官吏周之冕、贺详、王用予主持下，相继整治修护，增砌泊岸长堤。

清顺治十二年（1655），郑成功部攻陷安溪县城，城署毁于战乱，城墙也多有损毁。次年，知县韩晓召集乡绅、士民动工重建城垣，历时50天完工。新城周围660余丈，城上均建串楼，城垣连雉堞高2.1丈、宽1.8丈。设城门4座：东曰"定涛"，南曰"澄清"，西曰"安泰"，北曰"拱秀"（乾隆二十二年《安溪县志》卷二），此外还设水门2座。新修的城池较"旧城更为壮观"（1995年《安溪县志》第631页）。康熙年间（1662~1722），知县曾之传再次重修城垣。雍正二年（1724），知县邱镇修理小东门外泊岸，加固护城长堤，以防水患。雍正十年，知县蒋廷重修小东门城垣楼堞。乾隆五年（1740），知县蓝应袭修大东门城墙。乾隆十六年，知县周辑敬修小东门下城垣，至乾隆十八年又修大西门城垣。至此，安溪县城城墙基本完善。

1925年，地方官李敬慎主持修安溪至湖头公路，利用码头（今中百公司仓库处）刘厝书房做车站，安溪开始第一次拆除城墙（西门下至中百公司仓库地段），以供车辆出入。据1995年《安溪县志》载：1930年，省防军陈佩玉带兵进驻安溪，团部设在文庙。县城当时街道宽度约2~3米，陈佩玉的专车无法在城内遍行，于是，他下令拆除城墙，沿城基建设环城公路，拓宽旧街道。从此，安溪县城墙尽毁。

附：

白叶堡遗址　位于安溪县祥华乡柏叶板村，界于泉、漳、延三府边境，地势险要。明嘉靖年间，当地以陈日晖为首聚集饥民起义，嘉靖二十六年（1547），被官军镇压。嘉靖二十八年，地方官余矿请准筑白叶堡。堡垒周围长140丈，垒石为基，以土堆砌为墙。中为分司，西为武所，东为巡司，共百余间。又调泉州卫官兵200人，及源口巡检司添额兵员100人，屯守驻防。据1995年《安溪县志》载：现存城堡残迹依山构筑在山仑脊上，坐北朝南，东西宽约100米、南北纵深130米。残存基础为巨石垒筑，"糯米灰混凝土夯筑为墙"，残墙残宽2.6米。遗址目前还有乡人居住，建有房屋百余间，残堡内垦种地瓜。

肖璇　杨国庆

安溪县城池：在府城西一百五里，旧无城。明知县陈彩筑。周围六百二十六丈，高二丈一尺，基广一丈八尺。顺治十二年，知县韩晓于城上尽盖串楼，城益以完。

——清《考工典》第二十二卷，引自《古今图书集成》

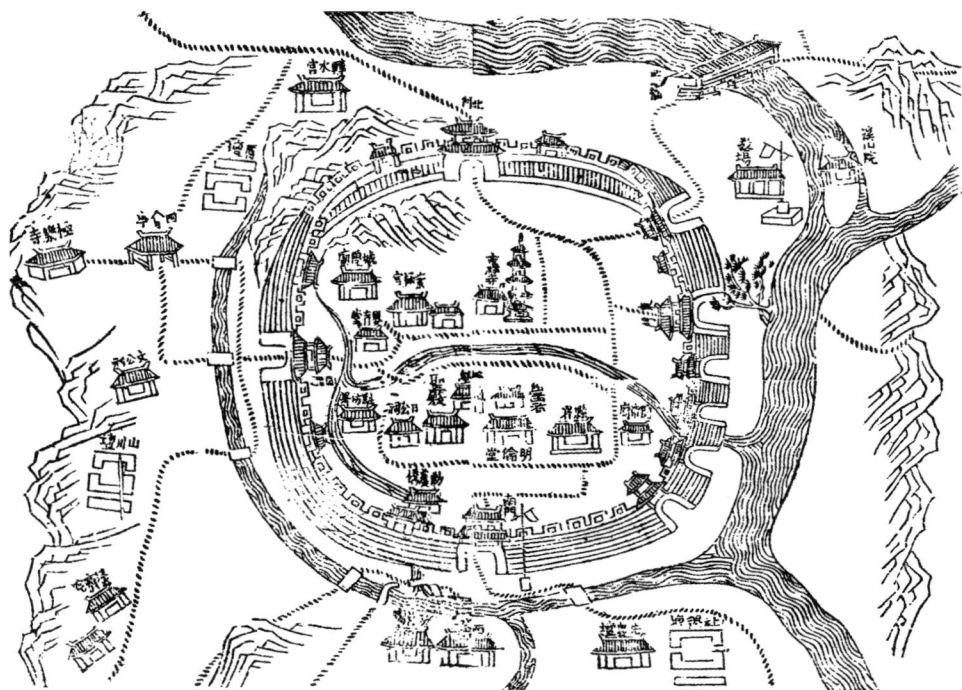

△ 古田县城图　引自《古田县志》清乾隆十六年刊本，载《中国方志丛书·华中地方·福建省（100）·古田县志》

古田，福州自古著名"十邑"之一，位于福建省东北部，因其临于闽江支流古田溪，故名"古田"。

东汉建安（196～220）初，古田属侯官县。隋大业（605～618）初，属闽县。唐开元二十九年（741），始建古田县，属福州都督府。此后，随政权更迭，其建置隶属多有变更，延至明清。1912年，废府设道，古田属东路道。1925年，古田属福建省政府。1970年后，古田县隶属宁德地区。2000年，属宁德市。

古田县治虽早，却无城池。据1942年铅印本《古田县志》载："古田建县于唐之开元，历宋代而治，所凡再迁固有县而无城也。"明弘治十五年（1502，《考工典》称"弘治十三年"），古田始筑城墙。城墙西北跨山，东南濒溪，以砖砌筑。城高1.7丈、基厚1丈、周长约1300余丈。设城门

4座：东曰"万安"（清改"澄清"），西曰"永丰"，南曰"迎恩"（清改"太和"），北曰"望阙"（清改"节镇"）。临溪方向计开水门5座，从北而南顺序为："威武"、"金井"、"朝阳"、"鸣玉"、"观澜"。嘉靖年间（1522～1566），县令陈翀因有倭警，建敌楼于城西北隅。嘉靖四十年，县令王所重修，计修城垛1600余座，增高城垣3尺，建窝铺57间、城楼1座。万历二十五年（1597），又增筑城门5座（《考工典》记为"九座"）、城堡67座、敌台10座、城垛约1600余座。天启四年（1624），县令吴柔思与邑绅余文龙募捐大规模重修城池，耗资白银1169两。

清乾隆元年（1736），县令刘之麟再次修城，修内外马道75丈、城垣37丈。嘉庆二十二年（1817），县令龚懋谕修东城门楼，改其名曰"禹门"。道光十三年（1833），城楼毁于火灾，后重修。道光二十六年，重修沿溪石堤530余丈。光绪二十年（1894），修筑坍塌城垣706丈、外马道264.9丈、沿溪堤岸123.8丈、水门5座、城门2座、炮台6座，共费7196银元。

1912年以后，古田城墙有损无修。1940年，县长黄澄渊下令将西北跨山的部分城墙拆除，将砖石移作构筑碉堡工事之用。1944年，县长梁辅丞下令将南门至西门靠山一段城墙拆除，挖取砖石用以修造大街排水沟。1951年，拆除北门至较场坪一段城墙，拓为公路，较场坪至东门巷一段城墙拓宽为城墩街道。古田城墙后来仅存134米、石护坡80米。

1958年，因建古田溪电站，迁县治另建新城镇。而旧县城最后一段城墙被淹没。水下古田城墙残段至今保存完好，是研究古田城市历史十分珍贵的资料。2013年，当地文保部门公布了古田翠屏湖水下旧城遗址探查结果，已初步探清其水下格局。

肖璇

古田县城池：明弘治十三年筑。西北跨山，东南滨溪，广袤七里许，高一丈七尺，厚一丈，周一千三百丈有奇，为门四：东曰万安，今改澄清，西曰永丰，南曰迎恩，今改太和，北曰望阙，今改节镇。水关五：曰威武，曰金井，曰朝阳，曰鸣玉，曰观澜。万历二十五年，增葺城门，共九座，敌台共十座，城堡共六十七座。

——清《考工典》第二十卷，引自《古今图书集成》

圖外内城縣安惠

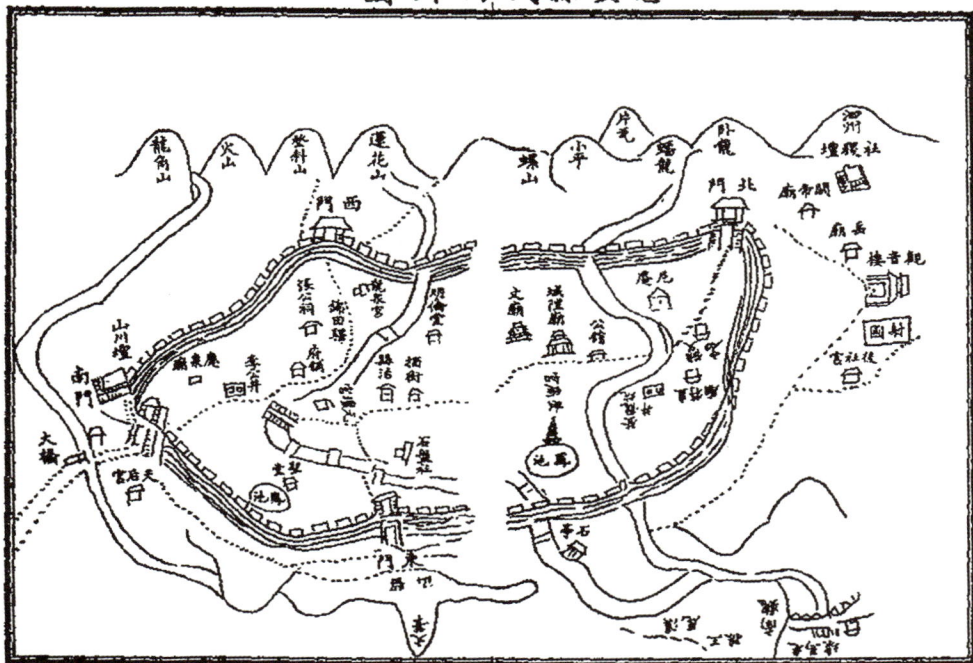

△ 惠安县城内外图　引自《惠安县志》清嘉庆版

　　惠安，位于福建省东南沿海中部、泉州湾和湄洲湾之间，与台湾隔海相望，是闽南著名侨乡和台湾汉族同胞主要祖籍地之一，有"海滨邹鲁"之誉。

　　惠安，开元八年（720）属晋江县。北宋太平兴国六年（981），析晋江县东乡十六里置惠安县，取以惠安民之意称"惠安"。相传初置县时，陈震卜地在螺山之南建县治，迁五代时灵安王张悃之坟于县东南的青山，螺山负邑，又城形如螺狮吐肉，故县城俗称"螺城"。明洪武二年（1369），置泉州府，惠安县属泉州府。清承明制。1927年，惠安县直隶福建省。1986年，泉州市升为地级市，惠安县属泉州市。

　　惠安旧无城，自元代至明代，由于地处海陆要冲之地，为抵御倭寇侵扰，先后开始筑造城池、烽火台、营寨。其中城池有惠安、崇武、莲城、东山、峰尾、獭窟、辋川7座，烽火台有几十座，营寨有10余座。

明嘉靖三十一年（1552），为防御倭寇而建惠安县城，城周围986.51丈、基宽1.2丈、顶宽1丈，建有垛口1875座，城墙内外皆以石筑。设城门4座：东曰"启明"，南曰"通惠"，西曰"永安"，北曰"朝天"。嘉靖三十八年，月城门各建城垣，增3尺；又因西北山高，设敌楼2座、敌台3座。嘉靖四十年，建窝铺木望楼5座。万历三十四年（1606），再建东面敌楼4座、连房（即串楼）1700间，连绵于城上。万历三十八年，建东面敌楼4座。天启三年（1623），修筑城垣。崇祯十二年（1639），增置东、西炮台各1座。

清乾隆十六年（1751），知县徐德竣、黄彬相继修葺。此后几十年间，由于水患等因，导致城墙多处损毁。嘉庆年间（1796～1820），在几任知县主持下，尽管先后进行过多次实地查勘，但未能修治。道光七年（1827），知县全卜年亲自查勘全城损毁地段的城墙后，感到如不及时修缮，不久损毁更加严重。遂商议修城并带头捐俸，获得官民修城捐资2.3万多两白银，并召集有经验的工匠，按"照旧式修筑"（道光版《惠安县志》卷二）。至道光九年，修城竣工。此为惠安最后一次大规模修城。

据1998年《惠安县志》载："民国三十八年（1949），全城拆除"城墙。

附：

黄崎城 又称"莲城卫城"，筑于明洪武二十年（1387），位于净峰东莲村北20米的山上。城濒台湾海峡，前列黄竿岛、黄牛屿，北近湄洲湾，南临莲花港、鬼树湾，与东山城、峰尾城犄角相望，地控惠东沿海中部前哨。原属德化清秦里巡检司。

据当地考古部门测量，现存城址周长520米。南城门呈拱形，残高2.7米、宽2.25米、厚1.1米。城楼已毁，城墙残高5.1米、宽2.95米，城垛已倒塌不存。1979年，莲城卫城被列为县级文物保护单位。

小岞城 遗址在小岞半岛东北端东山村，与台湾海峡相望，南与崇武半岛、北与净峰半岛恰成三叉戟形状，与崇武城、黄崎城互为犄角。明洪武二十年（1387），为防倭患而建。城墙用条石内外叠砌，周长450米，南北设高3米、宽2.4米、厚1.85米的拱形城门。因历代失修，加上20世纪三四十年代群众挖土拆石修建民房，城池损坏。

据1998年《惠安县志》记载：现存北城门及其两侧几十米残墙，墙高4.2米、厚1.85米。

獭窟城 遗址在张坂南端浮山村烟墩山西南50米处的平地上，三面环水，为出入泉州港必经之地，原属南安卢溪巡检司，后巡检司移设于此。明洪武二十年（1387），为防御倭患而建。

据1998年《惠安县志》记载：1972年拆城墙条石修建海堤而毁。今仅存城基依稀可辨。

峰尾城　遗址在后龙峰尾村。明洪武二十年（1387）为防倭患而建，北障沙格，南近黄峰，与兴化吉口、湄洲诸岛互为犄角。明初移沙格巡司于此。

据1998年《惠安县志》记载：今全城已废圮。

辋川城　位于县东北10里许。明嘉靖四十一年（1562），由知县陈玉成、萧继美组织乡民倾资捐助兴建。城周700余丈、高1.8丈，设城门4座，东、北小门各1座。

肖瓛　杨国庆

惠安县城池：在府城东北五十里，旧无城。明知县俞文进筑，周围九百八十六丈五尺，基广一丈二尺，高一丈九尺，堞一千七百有奇。内外甃砖，为四门。后，署县李时芳筑月城，建楼，增高三尺，设敌楼二，敌台三。

——清《考工典》第二十二卷，引自《古今图书集成》

崇武城

△ 崇武城平面图　据崇武地方志及当地导览图综合，张君重绘

　　崇武，位于惠东崇武半岛，与莲城卫城、东山卫城互为犄角。地处泉州湾和湄洲湾之间，处海防要冲，与台湾海峡隔海相望。

　　宋初，于此设置巡检寨（同治十年《福建通志》卷十七）。元初，又改设巡检司。明初，设置千户所。此后，建置及隶属多有变化。1939年，置崇武镇。1961年，析置崇武公社。1984年，复置镇。

　　明洪武年间（1368～1398），为防御倭寇侵扰，明太祖朱元璋派江夏侯周德兴"经略海基，置卫所以备防御"。周德兴根据泉州沿海地区海岸线曲折、地形险要的特点，"一郡者设所，连郡者设卫"。当年，泉州设永宁卫，管辖五所，即福全、中左、金门、高浦、崇武。惠安设立五城，即崇武城、獭窟城、小岞城、黄崎城、峰尾城。崇武城为五城之一，隶属福建司永宁卫的一个千户所。

△ 崇武古城北城楼 本文照片均由杨国庆摄

▽ 崇武古城顶面步道

△ 崇武城外瓮城

▽ 崇武古城城角

△ 古城马面

△ 崇武古城顶面设有步道，还设有
马道，在全国并不多见

　　洪武二十年（1387），因在崇武设守御千户所，周德兴下令筑造所城的城墙，城周737丈、高2.1丈，建有城门4座。八年后，由千总钱忠主持维修。永乐十五年（1417），指挥谷祥主持修城，增高城墙4尺，并在东、西二门建造外瓮城。嘉靖年间（1522～1566），驻军大规模修城，增筑城门楼4座，在城墙内侧添筑跑马道2～3层、宽约4米，并建弓兵窝铺。隆庆元年（1567），抗倭名将戚继光、俞大猷视师崇武时，于城内莲花山置中军台，用以操练兵马。万历三十二年（1604），崇武遭遇大地震，城墙仅局部受损。明置千户所后，长年驻兵千余人，设军房987座，并建有公署、兵马司、演武场、仓厂、铁局等。城外的大岞、赤山、高雷、青山等各筑烟墩1座，大岞山麓筑捍寨1座，沿海处的青屿、三屿、前屿各设汛池1处，构成一套较完整的军事防御体系。

　　清代，先后设陆汛和水汛，分派千总把总及兵丁戍守。顺治八年（1651），抗清名将郑成功曾驻扎此城抗清，并作为渡海收复台湾的基地之一。顺治十八年，其地撤销所城的建置，城墙无修，逐渐损毁。康熙十九年（1680），其地复属金门镇右营把总防守，重修城墙。康熙五十六年，总督觉罗满保、巡抚陈瑸下令大规模修城，并派兵驻守。道光二十一年（1841），此城驻防官兵再次大规模修城。

　　1912年后，崇武城年久失修，导致部分地段坍塌毁圮，最长的地段达100余米。

　　1949年后，地方政府对古城加强保护和管理，并于1963年将之列为县级文物保护单位。此后，崇武城墙多有损毁。"1973年和1997年两次修复"崇武城墙（1995年《泉州市建筑志》第121页）。

20世纪80年代后，据当地文物部门调查：在惠安众多城池中，以崇武城规模最大，防御设施、建制也最完备。全城平面略呈梯形，南北长500米、东西宽300米，总面积15万平方米。城墙周长2567米、基宽4米、连女墙高7米，建城门4座、城垛1304个、窝铺26座（今已废），城墙内砌宽4米的二层或三层跑马道。城墙四方设有敌台5座，城外环以壕沟护城（今已淤废）。在当地政府及国家有关部门大力支持下，崇武城墙再次受到保护。1980～1987年，国家先后分三期拨款72万元对崇武城进行全面重修，计用石材9000立方米，填土约11000立方米，耗工日约5.8万多，拆迁违建1500多平方米，铺筑环城石板路1200多米。

1985年，崇武城被列为省级文物保护单位。1988年，被列为全国重点文物保护单位。

杨国庆

▷ 重修崇武城记碑之一

△ 建宁县城图　引自《建宁县志》民国八年铅印本，载《中国方志丛书·华中地方·福建省（104）·建宁县》

　　建瓯，旧称"建宁"，位于福建省中部偏北、武夷山脉之东南、鹫峰山脉西北侧、闽江上游。建瓯历史悠久，为福建最早被开发的地区之一。

　　东汉建安八年（203），贺齐进兵建安，立南部都尉府。三国吴永安三年（260），设建安郡。此后，建置、隶属及辖地多有变化，先后设有县、州、府的建置。明洪武元年（1368），恢复建宁府，建安县、瓯宁县隶之，并同城而治。清袭明制。1913年撤府，合并建安、瓯宁二县为建瓯县。1992年撤县设市。

　　建瓯筑城较早，先后有三次更变城址。据文献载：汉景耀三年（260，即吴永安三年），"吴以王蕃为建安郡太守，始筑于溪南覆船山下"（康熙三十二年《瓯宁县志》卷二），此为建瓯筑城之始。南朝梁（502～557）末，城毁于战火。太守谢竭遂将治所迁于溪西（"今城西敬客坊"，据康熙版《瓯

宁县志》），并立木栅以护。陈（557～589）时，刺史骆文广又将治所迁回
覆船山下。唐建中元年（780），刺史陆长源于黄华山麓（今城址）"改筑
县城为州治"（1929年《建瓯县志》卷六），并将符山、旗山、芝山围入城
内。该城周长9里343步、高2丈（1994年《建瓯县志》称"高二丈二尺，7.26
米"）、宽1.2丈。建城门9座：南曰"建溪"，东南曰"资化"，西南曰"建
安"（后改名"市门"、"管门"），东曰"宁远"，西曰"水西"（后改名
"平政"）、西津（后改名"万石"），西津的南边曰"临江"，东南隅曰
"通安"，北曰"朝天"。天祐年间（904～907），刺史孟威主持增筑南罗城
（即外城）。晋天福五年（940），闽王延政再次主持大规模增筑，使城周达
20里。南宋时，或因战火或因水患，除先后多次修城外，还先后重建九门。此
后，城墙逐渐出现损毁。元至正十二年（1352），有农民义军侵扰，知府赵节
主持重修城墙，并改九门中的六门名，"临江"、"平政"、"朝天"三门名依
旧。元至正二十年，陈友谅率部进攻建安府，行省参政阮德柔将其击退，加修
城墙。

　　明洪武二年（1369），指挥沐英将此城向西南拓展，创建通济门，仍
设九门。洪武十九年，指挥时禹主持大规模拓筑府城，包黄华山于城内，使
城周达到10里198步、高1.9丈，城上共建楼24座、窝铺76座、垛口3138座。

▽　建瓯城修缮后的通仙门及城楼　本文照片均由杨淑清摄

◁ 通仙门外广场新建的马可·波罗
塑像

还疏浚拓宽了护城河，城区范围较之旧城约增1/3，基本奠定了建宁府城的规制。永乐年间（1403～1424），因拱北、朝阳二门地僻人少，故将二门闭塞。弘治年间（1488～1505），金事彭城于各城门之前建亭8座。嘉靖年间（1522～1566），金事张俭又建楼于广德门（南门）城隅，匾曰"汇江"（即旧"八角楼"故址）。此后，建宁府城墙及附属建筑多有损毁，基本能得到及时修缮，但城门仅有8座并各建有城楼：南曰"广德"，北曰"朝天"，东曰"宁远"，西曰"威武"，东南曰"通仙"，东南隅曰"政和"，西南曰"通济"，西津之南门曰"临江"。城墙增高至2.8丈，垛口为3800座，女墙高6尺。

入清以后，建宁府城墙及附属建筑多次被大水冲毁，城墙垮塌地段甚至达到"数丈"。当时城墙及护城河的修缮与疏浚，由建宁府所属的瓯宁和建安二县负责分段修缮。因此，在地方官吏的主持下，基本得到及时修缮。如康熙二十五年（1686）夏，由于东、西两条溪水暴涨，"六门城墙一时崩塌"（康熙三十二年《瓯宁县志》卷二）。刚上任的建瓯县知县邓其文随即带头捐俸，并号召官民捐资修城。竣工后，他还亲自撰写了《修城记》，详述其事。

1912年后，受全国各地出现的拆城影响，建瓯县也曾出现过拆城取砖挪为他用之议，却遭到民众强烈反对而罢。但是，自此建瓯县城墙任其损毁不修。如宁远门、广德门的城楼已"片瓦无存"（1929年《建瓯县志》卷六）。

据1994年《建瓯县志》记载：1950年，因建荣军修养所、修建人民会堂，改造钟楼前道路，拆城取砖、石，废朝天门为通道。1958年，再次拆城取砖砌筑高炉炼铁，民众在城基上种植和盖房。1963年，钟楼村因建仓库，拆取高门砖石。

1988年，建瓯城墙还有数段遗存，但已残破不堪。1992年，尚存通仙门、通济门、临江门、西门城门台基；城楼仅存通仙门城楼（俗称"太保楼"）。1982～1995年，建瓯残存的几座城门被列为市级文物保护单位。

肖璇　杨国庆

建宁府城池：府城自汉景耀三年。吴以王蕃为建安郡太守，始筑于溪南覆船山下。宋元嘉初迁于黄华山麓。陈刺史骆文广复徙覆船山下。唐天建元年，刺史陆长源复筑城于黄华山麓。天佑中，刺史孟威添筑南罗城。晋天福中，伪闽王延政又增筑之。元至正间，郡守赵节因旧址重修。明洪武二年，指挥沐英拓其西南。十九年，指挥时禹复拓之。周二千七十九丈三尺有奇，高一丈九尺，城楼二十四，窝铺七十六，女墙三千一百三十八，环城二面堑壕长五百三十一丈一尺，深一丈五尺，阔五丈五尺。正北依山，西南滨大溪。康熙五年重修，城高二丈八尺，垛三千八百个，女墙高六尺，城楼八座，门八：南曰广德，北曰朝天，东曰宁远，西曰威武，东南曰通仙，东南隅曰政和，西南曰通济，西津之南门曰临江。又小水门一，先是时禹复辟二门，曰朝阳，曰拱北，永乐初塞。建安、瓯宁二县俱附郭。

——清《考工典》第二十二卷，引自《古今图书集成》

▷ 建瓯城通仙门文物保护标志碑

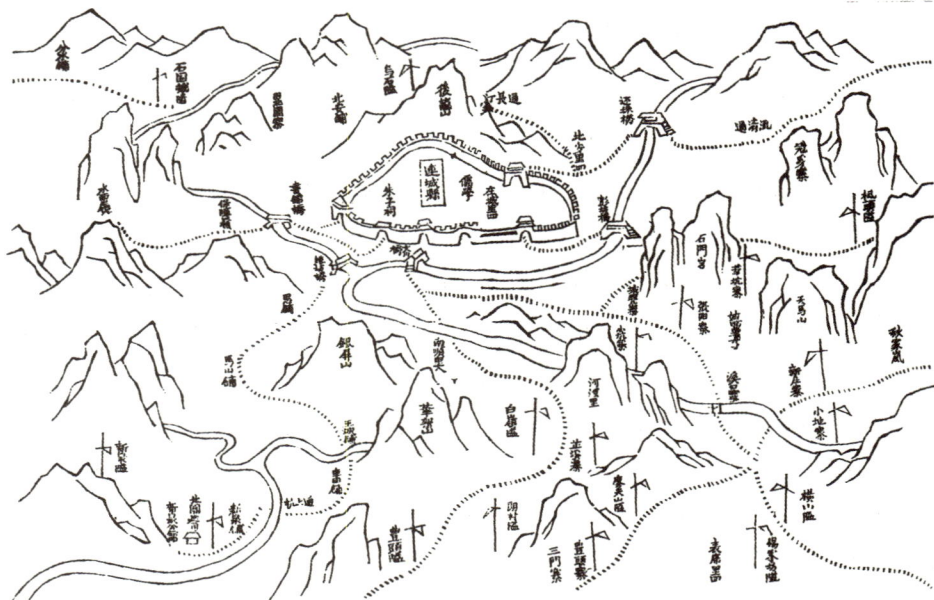

△ 连城县城图 引自《汀州府志》清乾隆十七年修，同治六年刊本，载
国方志丛书·华中地方·福建省（75）·汀州府志》

连城，旧称"莲城"，地处闽、粤、赣三省的结合点，位于武夷山南段
东侧，是客家人的聚居地和发祥地之一。

连城，在宋以前为长汀县辖地。绍兴三年（1133），始设莲城县，因县
置驻地莲城堡得名，隶属汀州。元至正六年（1346，《福建省通志》记作"至
元十五年"），改莲城为"连城"。明洪武元年（1368），改汀州路为汀州
府，连城隶属于汀州府。清代，连城隶属依旧。1970年，改称龙岩地区，连
城县属之。1997年，连城属龙岩市。

宋元符年间（1098～1100），连城仅为堡，周围仅140步。宋绍兴三年
（1133），始设县治。绍兴五年，由于县治周边出现盗寇侵扰，知县事丘钦
若遂始筑县城的土城300丈，周长1里140步。乾道二年（1166），知县事杨立
中加以修葺，建城门3座：东曰"朝京"，西曰"腾骧"，南曰"龙川"。绍

定（1228～1233）初年，福建盗寇四起，知县事米巨宏主持修城。淳祐三年（1243），罗应奇修筑土城，增筑瓮门并改名："朝京"改为"通京"，"腾骧"改为"秋成"，"龙川"改为"薰风"。元至正六年（1346），乡人罗天麟造反，城垣再次被毁。至正七年，知县王成吉再次修筑。至正二十一年，连城被红巾军袁景所攻陷，城损毁殆尽。直至明初，仅存四门，其余毁圮严重。

明正统十三年（1448），邓茂七反于宁化，攻陷20多座县城，连城再次被战火所摧毁。正统十四年，邓茂七兵败被杀。正德三年（1508），因有李四孜反乱，次年由连城县知县蒋玑主持增筑土城700余丈，并在四周围筑木栅栏。修建城门6座，其中主城门4座：东曰"寅宾"，南曰"安阜"，西曰"秩西"，北曰"拱北"；水门2座：东水门曰"福汲"，西水门曰"清泰"，并在城门上修建城楼。正德九年，江西有叛民叶芳造反，汀州府各地遭受动乱。漳南道胡琏下令各地募建砖城。当时，连城县邑人刑部郎中童玺恰也请求筑城，因而出资修筑3丈。城中富者捐筑270丈，又以府库银两修筑500丈，共筑砖城墙770余丈。童玺有《奏请筑城疏》，详述筑城理由。正德十四年，在县丞黄钟岳主持下，用巨石加固城墙基础，用城砖砌筑城墙，使城高增至1.7丈。嘉靖（1522～1566）初年，经历杜泰、推官秦僎先后捐资修建连城县城城楼5座，通判毛谷主持修建城上窝铺30余间。不久，知县方进继续以城砖砌筑。嘉靖二十三年，主薄余德敷主持建安东楼，邑人李旦撰有《安东楼记》，详述其事。嘉靖三十四年，知县郑信建镇南关。同年，由于水患导致城墙出现部分坍塌。次年，连城县遭遇洪水，南门地段城墙出现损毁。灾后，典史潘瑞主持督修。之后，又因抵御倭寇修城300丈。崇祯年间（1628～1644），由于局势不稳，汀州地区动乱不休，在汀州府知府唐世涵，连城县知县陶文彦、顾祖奎等地方官吏主持下，对连城城墙不仅加高3尺，还修缮城楼、修筑垛口和窝铺。

清顺治四年（1647），连城县知县徐承泽主持建北山城楼，添设木城。同年12月，城被义军攻破，城垛损毁严重。次年，地方官裘良怡主持修城，先设木栅栏，后建木城，修北城楼，建敌楼3座、窝铺10间。此后，由于连城经常遭受倭寇侵扰，加之出现饥荒和灾疫，导致全城"几无人迹"（1938年《连城县志》卷六），成为一座荒城。直到咸丰八年（1858），连城被太平军攻占，城池再度损毁。光绪二十一年（1895），地方官吏主持大规模重建连城的城池。光绪三十一年，城楼等附属建筑先毁于飓风，后因没有及时修缮，逐渐毁圮。

1927年，因计划修县城至朋口的公路，拆除了西水门。后又陆续拆除东门，改善城内交通。1939年，县长池彪拆除南门至东门城墙，将城基卖给商人建商店，即当时所谓"拆城墙，卖官基"。

1953年，因县城扩建需要，大规模拆除了连城残余城墙。

附：

新泉汤背寨 俗称"新城"，是连城南境要隘，为防御盗寇侵扰，明正统十一年（1446），设置隘堡，并筑土寨御敌。嘉靖四十年（1561），在新泉汤背寨（今新泉村）筑土围400余丈。隆庆四年（1570）秋，朋口、新泉大水，土围被冲塌。万历三十年（1602），县令徐大化重修汤背寨城，改土墙为石墙，共筑墙506丈、高1.5丈。设城门5座：东曰"启明"，西曰"涌金"，北曰"崇庆"、"锡极"、"浴德"。崇祯十三年（1640），原汀州府卫参军林尧培署北团司时，协同知县雷同声增修寨城女墙和城楼，并更改五门名称："启明"改为"晋明"，"涌金"改为"拥金"，"崇庆"改为"集庆"，"福汲"改为"朝宗"，"浴德"改为"日新"。

1949年后，因市场和民居的扩建，大部分城墙已被拆除，今遗存拥金门和部分城墙。

新泉北团寨巡检司城 嘉靖年间（1522～1566），在新泉设置北团寨巡检司。隆庆五年（1571），县令陈三俊在新泉公馆前（今西村）筑新泉北团寨城墙，周长约1000米、高约5米，东南西向大部分为砖墙，北依山部分为土墙。设南、西、北三门，并在北山筑堡1座，当地俗称"老城"。现存部分城墙和城门遗址。

冠豸山寨城 宋代以前称"东田石"。元至正二十六年（1366），县尹周卿改名"冠豸山"。因山势险峻，上有平地，可以避盗御寇，马周卿"辟南北堑，垒城凿池"，在山上修筑寨城。明弘治五年（1492），县令关铨重修冠豸寨，增筑新城50余丈，设南、北二门，并在最险的石道旁筑石栏杆护卫。后人又在"一线天"中部筑东寨门，名"天堑"；在"丹梯"上筑西寨门，曰"云瞩"。清咸丰八年（1858）九月，太平军入连城，从南寨门进攻冠豸寨，寨门被毁。今尚存东、西、北门部分城墙。

肖骥　杨国庆

连城县城池：宋有土城，周一百四十步，外有濠池。绍兴间，丘钦若创。乾道间，设三门。淳佑间，筑瓮城：东曰通京，西曰秋成，南曰薰风。明正德九年，砌砖。十四年，基以石。计周围七百六十丈有奇，窝铺三十，城楼六座，为门四：东曰寅宾，西曰秩西，南曰安阜，北曰拱北。水门二：曰福汲，曰清泰。

——清《考工典》第二十卷，引自《古今图书集成》

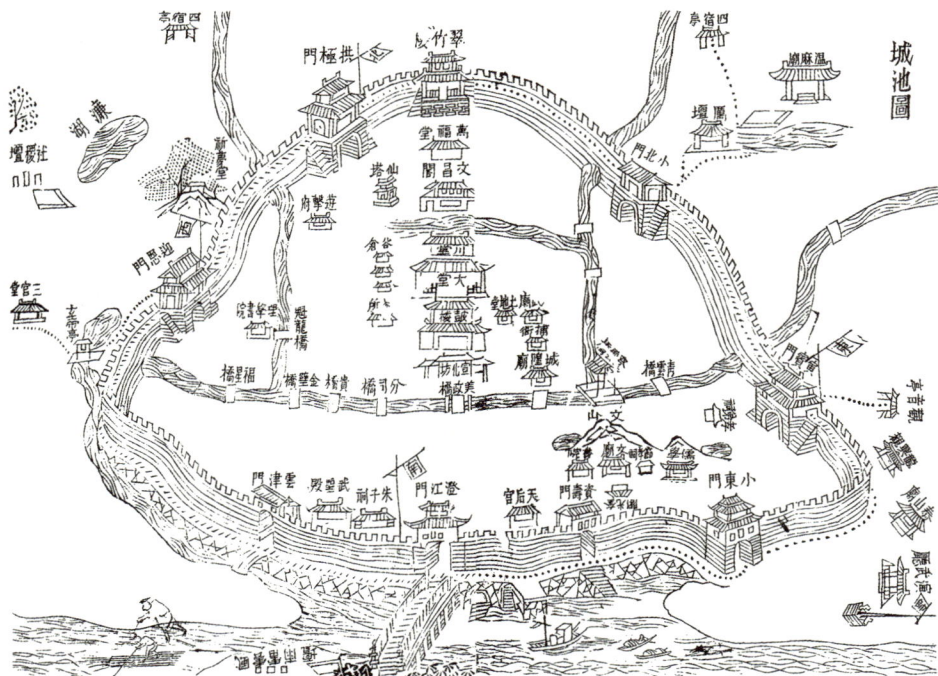

△ 连江县城池图　引自《连江县志》明崇祯十四年刻本，载《稀见方志丛刊·福建（六）》

连江，地处福建省东南沿海、闽江口北岸，东与台湾管辖的马祖列岛一衣带水，西南傍省会福州，南扼闽江入海口，北控闽浙通道。

连江，于西晋太康三年（282）建县。连江县是福建最早设置的五县之一，始称温麻县。唐武德六年（623），改称"连江"。因县域形似展翅凤凰得名"凤城"，雅称"闽都金凤"，寓意吉祥。此后，建置隶属、属地多有变化。1983年，属福州市下辖的一个县。

连江，地处省城福州东北方，东面临海，西北与罗源、宁德、古田、寿宁接壤，而西北之县皆有城，惟独连江无城。明嘉靖三年（1524），参政蔡潮始建4座城门及城楼：东曰"寅宾"，南曰"澄江"，西曰"迎恩"，北曰"拱极"。嘉靖五年，郡守汪盛修筑罗源城，"归途为布画成规（即为连江城规划），以忧去事遂寝"。嘉靖十八年，署县通判徐访以汪盛所画原址，请求修建城池，附议上藩、臬二司，未获批准。嘉靖十九年春，山寇攻入连江县城，知县诜模率兵奋起抵抗，最终兵败。于是，邑人王德溢作"荒邑二议"并极力游说。之后，乡宦游琏、吴世泽、陈坦、王德溢以徐访的前议为基础，再次上请巡按王瑛及守巡二道，仍无结果。原因是"连凤邑也，城则凤不举，其衰矣"。直至嘉靖十九年冬末，邑人宪副吴世泽、御史王德溢请于当道，当时的县府才下令开始建城。城竣工后第二年即遭遇洪水，被冲毁一半。后经参政李香等人勘详，巡按徐宗鲁仍命徐访监修，终于顺利完工。据记载，连江古城平面略呈长方形，周围960余丈、高1.5丈、广1丈。城墙为条石和砖混合结构，城墙上筑有雉堞1600座，便于军士守望作战。设城门4座，门各有楼：东曰"镇定"，南曰"广化"，西曰"承恩"，北曰"怀宁"。又有小门4座：平水门曰"资寿"，小东门曰"齐云"，上水门曰"云津"，门顶呈圆弧形，并筑有小北门及水关4座，内外有路，以通往来。自明嘉靖十九年建城以来，古城历代屡修。嘉靖三十七年，开凿护城河，据当地考古部门测量，由西向东长1260米、宽3.5米、深3米（今已废）。万历四年（1576），邑令张贤又将城墙增高3尺。

清乾隆九年（1744），知县马彭年曾题额城楼上：东曰"海日奇观"，南曰"安澜有庆"，西曰"文笔书天"，北曰"湖山揽胜"。据连江旧城池图（明崇祯十四年刻本《连江县志》）所示，当时的古城外，北有社稷坛，西有风云雷雨坛，东有历坛，南有演武堂，整个城垣威武森严、固若金汤。

1937年，当地军民为便于防空疏散，将连江的东、西、北城墙拆除。在侵华日军向福建进攻时，连江是福建最早沦陷地之一，城乡遍遭狂轰滥炸，县城两度沦陷，浩劫空前。

1949年后，连江县进行城市改造，部分城垣被改建为道路和住宅。1952年，利用南城墙并加高增厚，改为防洪堤，不久，也被陆续被拆除。

附：

定海古城　始建于明洪武二十年（1387），与惠安崇武古城同年开建。当年，明太祖朱元璋深感沿海倭患严重，遂令江夏侯周德兴到福建督建卫所，并调福、兴、漳、泉四府戍兵，得五万人移置卫所。周德兴又派上万民兵和戍兵建造定海城堡。当时，定海城墙环山筑造，由南城门开始，沿沙滩凿壕上山坡至东城门，一直延至双髻峰到达后城墙，再由后城墙开始向西至西城门，最终由西沙滩与南城门相连，全长600丈。嘉靖四十年（1561），又增筑220丈城墙。至此，古城墙周长820丈、高约6米多，城外挖护城河，设立瓮城、城门、哨台、水涵等，古城气势恢宏，在抵御倭寇时发挥了重要作用。

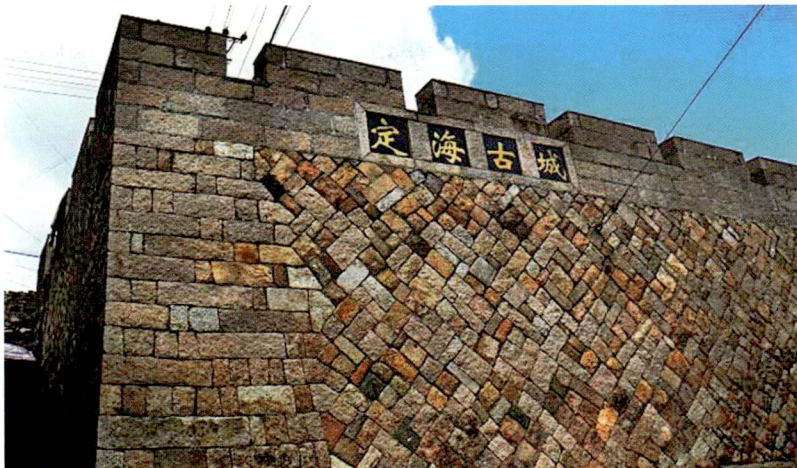

△ 连江县定海古城 张越提供

定海城历经600多年中近百次战火洗劫及遭受风灾侵袭，特别是嘉靖三十七年（1558），该城被破陷，全城遭劫难，城内建筑毁圮。目前仅有南城门和几十米城墙尚存。1984年，定海古城被列入市（县）级文保单位。2010年，连江县博物馆工作人员下乡走访时，在定海村后山又新发现残存的一段古城墙。

肖璇

连江县城池： 明嘉靖二十年始筑。广四里许，高一丈五尺，厚一丈，周九百丈有奇。雉堞一千六百，辟门四：东曰镇定，南曰广化，西曰承恩，北曰怀宁。又小门三，水关三。万历中，增高三尺，置十一敌楼，三十六窝铺，自东至西延衰四百余丈，广一丈二尺。

——清《考工典》第二十二卷，引自《古今图书集成》

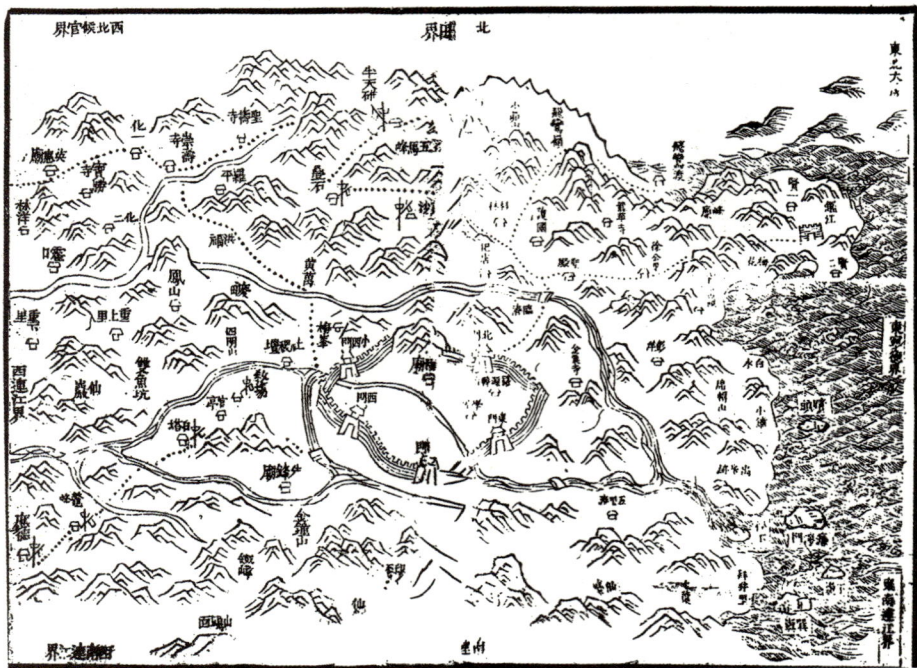

△ 罗源县城图　引自《福州府志》清乾隆十九年刊本，载《中国方志丛书·华中地方·福建省（72）·福州府志》

罗源，位于福州市东北部，东濒罗源湾，西与闽侯交界，南与连江相邻，北与宁德、古田接壤。

唐大中元年（847），置罗源场。咸通二年（861），改称永贞镇。五代后唐长兴四年（933），升镇为县。宋天禧五年（1021），改名永昌县。翌年，定名罗源县。罗源县以境内罗江（今罗源溪）流分三支，同出一源得名。明洪武元年（1368），属福州府。清沿明制。1947年，罗源县为省直辖县。1983年，罗源县划属福州市。

罗源，旧时无城。明代是先建城门，后补城墙；先造土城，后补砖石。明弘治十二年（1499）后，知县李南为防倭患，在各道路的路口设寨门，计11座（据道光版《新修罗源县志》卷八称，此时已筑土垣。有误），以便县城的管理。正德十一年（1516），知县徐珪请筑罗源土城城墙，计长200丈、宽

8丈、高1.5丈。设城门6座：除旧有迎恩门外，新开城门曰"港边门"、"水南门"、"朝宗门"、"孝巷门"和"水西门"。还在东、西两面建造窝铺，"巡逻以戒，规制略备"。正德十四年，知县黄相又于东、西二门增筑土城，使土城基本围合。嘉靖六年（1527），知县陈鹗认为罗源旧城过于低矮简陋，打算增筑拓广，但是，终因各种原因而未能开工兴建。直到嘉靖三十七年，在推官徐必进主持下，才开始大规模增筑：东至北沿旧墙址重筑城墙，北至西将墙址扩展到蒋坑、白云坑一带，南至东改沿南溪之滨另筑新城墙。翌年一月竣工。城墙为卵石结构，延绵3里多，城高1.5丈、宽1.1丈。内设水关3座，有城门5座，门上各有楼。计费银2000两。罗源大规模修城，引发了百姓的不满。但是，不久倭寇万余人侵扰时，由于罗源有新修之城墙，百姓得以保平安。徐必进撰有《重修罗城记》，详述其事。

明万历二年（1574），罗源知县萧蔚主持修城，于城上砌筑垛口，并移北门的迎恩门面向歧阳孔道，"规制倍峻"，卵石构造的墙体没变。万历七年，巡道李乐视察罗源时，请准筹款并拨银6000两，改用大石砌城墙，由邑人黄元珍、郑子亨等人负责督造。数年后，又费银4000两，增高城墙至2丈、底宽1.3丈、顶宽1.1丈，延袤4里多，计周长831丈。又重砌水关，城门仍为5座：东曰"恬波"，南曰"阜薰"，西曰"承金"（清《考工典》记为"西曰岁成"），北曰"迎恩"，西北曰"小西门"。城门之上均有城楼，楼高2丈、前后深1.5丈、左右阔3丈，设敌台6座及千间木造串楼，"罗城至是称崇厚焉"（道光版《新修罗源县志》卷八）。此后，罗源县城先后多次遭遇海风

△ 罗源城墙 周馨提供

或暴雨，城墙出现损毁和局部坍塌，地方官吏先后均能及时修缮。如崇祯十年（1637）后，三任知县相继修复东南水关及女墙。

清顺治六年（1649），城守于和听信风水先生"南向以收水势"之说，拆除罗源县城串楼，塞小西门，建东门瓮城。顺治十三年，守备郝三桂主持在城外构造木栅千余丈，栅设六门，疏浚护城河。当年，有海寇侵犯罗源，并将县城团团围住，而城内守军不足300人。知县陈钦如、守备郝三桂、千总陈忠率兵民防守于城上。每垛设盏灯，每5垛设1个铁箕，内燃松脂，半悬城外。来犯之寇无计攻城，遂于次日退往别处。第二年，建窝铺28处、炮台3座，以加强城防。康熙十七年（1678），知县马化麟为防海寇侵扰，发动民众修城，并按原基建造木城，城外挖深沟，寇不能侵。康熙二十一年，根据朝廷要求查勘罗源城池，经丈量：西至南115丈、南至东155丈、东至北120丈、北至西441丈、城高1.4～1.5丈不等、厚1丈，雉垛510座。东门瓮城与主城墙等高，广4丈多。康熙四十年，罗源城墙再次被水患毁圮，知县陈于宣主持修复。康熙五十八年，知县汪大润再度开通小西门，拨兵守卫。康熙六十年，知县王楠主持南、北两段城墙、城楼和敌台的修缮。雍正四年（1726），罗源部分城墙毁于水患。雍正十年，知县王守敬主持修复。乾隆二年（1737），城墙再次局部坍塌。乾隆四年，知县彭祐申请修城资金3000余两库银，仍没恢复到旧有的规制。乾隆十六年，知县陆宏绪听从乡人建议，恢复北门外的古道，改东门瓮城门向东。竣工后，陆宏绪撰有《修城记》，详述其由。乾隆二十三年，知县梁翰动用库银3600余两，主持全城"易旧石，而新之"，城始坚固。乾隆三十八年，罗源城墙在日常维修资金筹措时，开始提倡捐俸捐资修城，而不再单纯依靠库银。

1938年，因侵华日军侵犯，出于疏散城内军民需要，开始拆除城门及城楼。1949年后，因城市道路建设需要，利用罗源城墙基础，先后修建了东环城路、北环城路等地段的道路。

20世纪80年代以后，罗源城墙仅存北段凤山顶上的数处残迹（1998年《罗源县志》第842页）。

附：

鉴江城堡　位于罗源县鉴江镇。古城墙始建于明洪武年间（1368~1398），为抗御倭寇侵扰，村人在此自发修建城墙，建设海防边关。城周长300丈（900多米），开四门。清道光年间（1821～1850），城堡屯聚千余家。此后，城堡因年久失修，逐渐毁圮。

20世纪80年代后，据当地考古部门测量，其城墙高4～6米、底宽10米、顶宽1~4米。今南、东、北三门仍存，东门左翼还保留有一段长约200米、高约4米的城墙，较为完整，为条石堆砌。

濂澳城堡　始建于明嘉靖三十九年（1560），以当地大石砌筑，长约300米。今面海尚存残墙一段。

肖璇　杨国庆

罗源县城池：旧无城。明弘治中，始列木栅为门十，以司启闭。正德十四年，始于东西二门筑土垣，以备扞御。嘉靖三十七年，拓而筑之。万历间，改砌以石，延袤四里许，高一丈五尺，厚一丈三尺，周八百三十一丈。辟门五：东曰恬波，西曰岁成，南曰阜薰，北曰迎恩，西北曰小西。敌楼六，水关二，涵关二。顺治间，新筑东瓮城一座。康熙二十一年，新筑战楼一座。在旧北门址上，又敌台六座。

——清《考工典》第二十二卷，引自《古今图书集成》

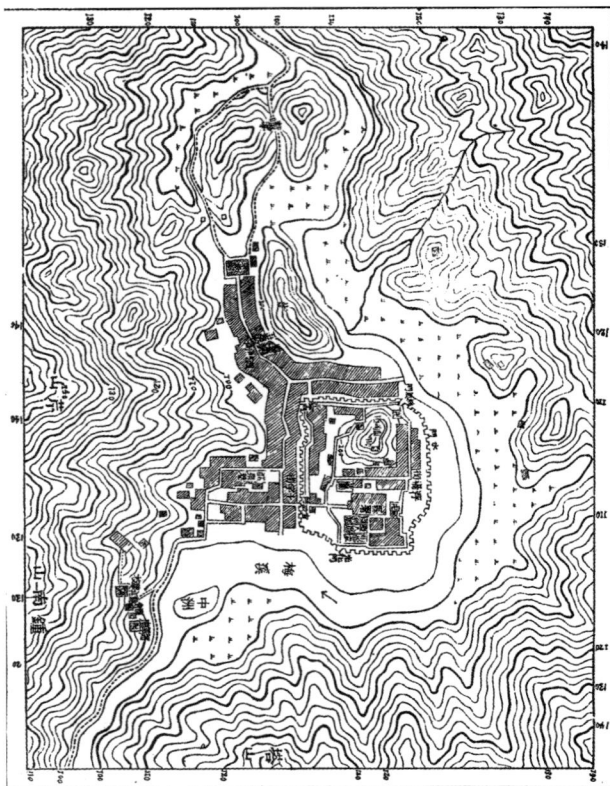

△ 闽清县城图　引自《闽清县志》民国十年铅印本，载《中国方志丛书·华中地方·福建省（101）·闽清县志》

闽清，位于福建省东部、福州市西北部、闽江下游，因古时广种梅树，故名"梅城"。

唐贞元元年（785），观察使察使王翃请析侯官10里置梅溪场，后升为县。五代后梁乾化元年（911），改称"闽清"。从唐代至清代，福州府建制多变，闽清县均属之。1925年，闽清县直属福建省辖。1970年，闽清划归莆田专区。1983年7月，闽清归属福州市，并延续至今。

闽清始无城墙，据1921年铅印本《闽清县志》记载："闽清，历唐、宋、元、明均未建城，惟东南北三面创三敌楼，置栅为门，朝夕启闭。"南曰"迎恩"，西曰"大西门"，北曰"北敌楼"。

清初，闽清境内盗寇四起，局势不稳。顺治五年（1648），知县宠公担心仅凭三座敌楼不能抵挡贼寇进犯滋扰，在周边山顶之上建造多座寨堡，以居高临下便于防御（金镜：《建城碑记》）。但是，这些寨堡"逼仄如巢……不成邑治"。顺治十七年十一月十九日（《考工典》记为"顺治十八年"），上任不久的知县姜良性查勘闽清县情后，感到修城的重要，遂主持动工兴建闽清城池，直到康熙元年（1662）九月落成；次年春，上报竣工（姜良性：《建城记略》）。新建的城墙周长510丈、高2.2丈、宽8尺，城墙内外均采用当地大石砌筑，以断砖碎瓦残损旧石填于城墙之内（陈子达：《建城碑记》）。365座城垛全部使用城砖，"以应周天之象"。全城共计用青砖万余块，每块砖重五公斤。在城砖缝隙之间，用石灰填缝密涂。建城门4座并建水门1座：东曰"光化"，南曰"宣政"，西曰"永宁"，北曰"拱辰"。各门上均建二层重楼，均为歇山顶三开间，呈凤凰展翅状，楼高2.2丈，城楼下中厅宽1.6丈，两边厢房各宽1.2丈，城楼四面均设窗格。还在楼城的东、南、北三面各建1座炮台。还建有悬楼4座，可以瞭望射击。建城不久，就两次遭遇暴雨、洪水，由于新建城墙的呵护，闽清全城百姓得以无忧。几十年后，在长期遭受洪水、暴雨侵蚀下，闽清城墙部分地段城基逐渐崩坏。雍正十一年（1733），巡抚赵国麟拨款重修闽清城池。道光年间（1821～1850），城垣再次圮于水患。咸丰（1851～1861）初年，太平军进攻福建各地，知县刘家达以县城年久失修、几乎无城可守为由，呈请修城资金，获得万余两白银开始修城。修城尚未完工，刘家达调离，继任知县何恒继续主持修城并竣工。此次不仅修城、修缮水关及附属建筑，还对城内外的道路进行了修建，以便百姓通行。

1912年后，城墙东、南两面被陆续拆毁，渐及东北、西南，仅留西北向部分断垣残基及一座城门。1960年以后，城门又被拆除，改建修筑了民房。

1987年，据当地文物部门调查，闽清城墙仅存浮头街北面的一个水门洞（1993年《闽清县志》卷十九）。

附：

闽清寨堡 全县曾建有105座寨堡，此为闽清县一大特色。现部分寨堡已成废墟。此类建筑多建于清代。其建筑特点是规模较大，外墙坚固。周围墙基皆以巨石垒砌，基高4～5米，前后左右设有寨门。寨前左边角和寨后右边角常建有角楼，开有防守用的枪眼。

县内坂东镇旗峰村的品亨寨，于清咸丰三年（1853）动工，咸丰八年竣工，系清代道光十五年（1835）科进士张公鸣岐所建。据当地文保部门调查：全寨建筑面积4448.6平方米。寨墙基础取巨石砌高5.5米、厚3.6米，上筑厚0.7米、高2米的土墙，墙顶铺椽、架桁、钉椽盖瓦，开前、左、右寨门3座，门设三重。该寨堡至今保存较好。

△ 品亨寨堡 张越提供

上莲乡村尾寨堡也较完整，至今尚居住30多户。寨堡内二层均设有四周通道，以防匪患。

肖璓　杨国庆

闽清县城池：旧无城，惟东、南、北三敌楼，置栅为门。顺治十八年，知县姜良性筑小城。周围五百一十丈，高二丈，厚八尺，建门五：曰永宁，曰拱辰，曰宣政，曰光化，曰水门。

——清《考工典》第二十二卷，引自《古今图书集成》

△ 南安县城图　引自《乾隆泉州府志》清光绪八年补刻本，载《中国地方志集成·福建府县志辑（22）·乾隆泉州府志》

南安，旧时与丰州同城而治，别称"武荣"，位于福建省境东南沿海，晋江中游。

南安置县较早，三国吴永安三年（260），在境内的丰州建置东安县。南朝梁天监（502～519）中，置南安郡，为全省三郡之一，辖兴、泉、漳三地。隋开皇九年（589），改郡为县。唐武德五年（622），置丰州于南安县境内，州治设在今丰州镇。此后，建置、辖地及隶属均有变化。明清时，南安县隶属泉州府。1993年，南安撤县设市（县级），由泉州市代管。

南安，旧为武荣州地，位于泉州府西15里。据20世纪50年代考古发现唐代子城砖，说明唐代就有城墙存在（1993年《南安县志》卷四）。但是，诸多旧地方志均称"旧无城"。

明嘉靖三十七年（1558），知县夏汝砺为防倭寇，商议建造城墙，并认为"城固当筑，虽劳民亦佚道（意思是使百姓安乐之道，笔者注）也"（黄养蒙：《修城纪略》）。遂采取"计田出直，计丁出夫"的办法，于次年秋七月动工兴建，甃石为城，嘉靖四十年四月竣工。城周约774丈，建城门4座：东曰"熙和"，南曰"文明"，西曰"平成"，北曰"拱华"，城上垛口2024座，各城门上均建城楼，城门外筑外瓮城。嘉靖四十三年，疏浚南安城护城河200余丈，引万石陂的河水注入环城的护城河，城墙设有多处水关或涵洞。万历二十五年（1597），知县袁崇友主持修城，烧制城砖，增高城墙3尺，并于城的四隅分别添设角楼。万历三十二年，知县周绍祚改四角楼名，分别曰"潮音阁"、"关帝庙"、"聚星阁"、"玄天阁"。万历四十五年，知县吴廷谏再次增修城墙。崇祯三年（1630），南安县遭遇洪水，一些地段城墙出现坍塌。知县李九华主持重修。崇祯十四年，知县韦克济主持修城时，将城墙加高2尺。

清顺治十一年（1654）十二月，南安县城被海盗攻占，城墙损毁严重。顺治十三年，知县祖泽茂主持大规模重修城墙。城周959丈、高2.7丈，设敌台6座、炮台176座，当时垛口数按"并二为一"规制减少为1022垛（另据《福建通志》卷十七载：垛口数为859座）。改熙和门为"富春门"，文明门为"武荣门"，平成门为"乐丰门"，拱华门为"长寿门"。康熙三年至七年（1664~1668），南安城墙两次被特大洪水冲毁，在知县刘翊汉、刘佑等地方官吏主持下，相继修复损毁地段城墙。雍正九年（1731），乡人诸生陈士钠捐田11亩，其租用于城墙的日常维修。乾隆十一年（1746）、乾隆十七年、乾隆二十五年、嘉庆八年（1803），先后修城及重修4座城门楼。

1939年9月，侵华日军飞机轰炸丰州城（即南安城）。地方政府为防备日军入侵时便于疏散城内军民，下令拆城断桥，城墙基本被毁。

1956年，在丰州村东门发现有阴刻"月城"字样的城砖，当为万历二十五年袁崇友增城时的遗物。20世纪80年代后，据调查，南安城现仅存部分城墙残基，以及部分地段的护城河。

附：

石井铳城遗址　位于石井镇渔村东面海口，存有残墙1段，靖海门（东北门）、铳城门楼（东门）各1座。

据当地文保部门调查：铳城残墙长60米左右、高0.5~2.5米，用厚、宽各0.3米左右的花岗岩石条沿山坡砌成，厚1米左右。山坡高约15米，铳城门筑于其上。靖海门，在铳城残墙南面，北面临海，门高2.4米、宽1.9米、深2米，顶部拱形，拱高0.86米，石构，北面拱顶阴刻楷书"靖海门"三字，字径30厘米，门南东侧竖石碑1方，高约2.7米、宽0.94米、厚0.21米，圭首篆额，阴刻

"平寇碑记"四字，字径14×16厘米。铳城门楼，距靖海门东南约300米处。门高2.5米、宽3米、深2米左右，石块垒墙、石板架顶，东面监海，西墙南侧嵌有《石井记事碑记》1方，碑宽1米、高0.6米，右纵阴刻"石井记事碑记"六字，字径8×8厘米。文为明都御史晋江人苏茂相撰。

1998年，铳城遗址被列为市（县）级文物保护单位。

肖瓛　杨国庆

南安县城池：在府城西十五里，旧无城。明嘉靖间，知县夏汝砺始甃石为城，门四，各有楼，有月城覆以营房。周围七百七十四丈有奇，堞二千二十四，敌楼七，窝铺三十六。开城濠二百余丈，环城添设湾角楼四座。崇祯十四年，知县韦克济增高二尺。

——清《考工典》第二十二卷，引自《古今图书集成》

△ 宁德县城图　引自《乾隆宁德县志》清乾隆四十六年刻本，载《中国地方志集成·福建府县志辑（11）·乾隆宁德县志》

　　宁德，俗称"闽东"，地处福建省东北部，东临东海与台湾隔海相望，南接省会福州市。

　　晋太康三年（282），始设温麻县，是区内最早建立的县一级政区。此后，建置、驻地及隶属多有变化。元至元二十三年（1286），长溪县升为福宁州，辖本州和福安、宁德二县。1988年，改县设市（县级）。2000年，宁德地区正式改设为地级宁德市。

　　五代后唐长兴四年（933），因升感德场为县治，遂于白鹤山下四都陈塘洋（今烟亭一带）始筑土城，建城门4座：东曰"崇仁"，南曰"德化"，西曰"和义"，北曰"朝天"。宋时，曾树以木栅为墙，便于管理和防御。

　　明正德元年（1506），知县高思改筑土城为砖城，先开城门4座：东曰"跨鳌"，南曰"清晏"，西曰"憩亭"，北曰"朝天"，城门上均建有城楼。嘉靖四年（1525），县丞李诏砻捐资修城，凿石砌北门，又加固西南隅城墙。嘉靖六年秋，巡按刘廷主持修城，加固城垣。嘉靖四十年，倭寇攻陷宁德，宁德城墙损毁严重。嘉靖四十二年，知县林时芳主持大规模修城，组织民众在当地采石重造城墙，使城周达3里260步、高2.1丈、宽1.6丈。建城屋（又称"游廊"）699间、敌台40座。建城门4座：东曰"镇静"，南曰"永宁"，西曰"崇顺"，北曰"遵化"。城墙内外设有马道，城墙四周环以深濠，上通山涧，下接海潮。

清初，增设小东门，称"登瀛门"。顺治四年（1647）八月，海盗围攻宁德城。至次年正月，城被攻破。顺治十二年，知县李即龙出于城防考虑，于西、南、北三门处各设炮台1座。顺治十六年，知县张承瑞又于东门和西北隅各添设炮台1座。康熙二年（1663），知县张承瑞在原来规制基础上，增高城墙3尺，增修雉堞340座，城屋640处。雍正（1723～1735）初年，宁德遭遇飓风，城墙及附属建筑多有损毁。雍正九年，知县费璜主持重修城墙。乾隆十八年（1753），知县朱景英主持修城。乾隆二十五年，福宁府知府李拔根据朝廷要求，下令宁德县知县楚文璟重修城墙。乾隆三十一年，知县杨德仁主持疏浚西、南两段护城河，修理城门外马道。嘉庆四年（1799），知县盛本昌主持修城。道光二十一年（1841），当时负责县衙事务的王谦倡、乡绅王祖两人独资捐款修缮全城的城墙。此后，宁德县城随圮随修。由于宁德城墙平面形似蕉叶，故俗称"蕉城"。

▽ 大京城堡 张越提供

1939年，侵华日军飞机数次轰炸宁德县城，为便于军民防空疏散，县政府拆毁部分城墙。此后，宁德城墙逐渐毁圮，甚至被拆除。

附：

大京城堡 位于宁德市霞浦县长春镇大京村，历史上是海防巡检司所在地。

明洪武二十年（1387），江夏侯周德兴奉檄建福宁卫大金守御千户所，名列福建12个千户所之首。据当地考古部门调查：大京城堡城周长2815米、高6.5～9米不等、墙面宽3.6米、座基宽5.6米，系花岗岩砌成。辟东、西、南三门（北面依山），东门为瓮城，也叫"双重城"，据说砌石缝均以铁水浇固。城上窝铺、炮位等设备齐全，与外海烽火门、南日山互为表里，结为犄角、斥堠相望、壁垒森严，形成坚固的防御体系，人称"海涯屏藩"。城内一条以条石拼铺的大街直贯东西，宽7米、长1200米，并按一定距离兴建迎恩等四个街亭。

大京城堡是当时福建海疆四大城堡之一，至今仍大体保持完整，城堡内大多是古民居。1991年，大京城堡被列为省级文物保护单位。

肖瓛　杨国庆

宁德县城池：故土城，明嘉靖四十二年，知县林时芳肇造，周围五百九十二丈，城内外有马道，环以深濠。康熙二年，知县张承瑞重修，加高三尺，阔丈余，砌造垛口三百二十，阔二丈一尺，游廊六百四十间。立五门：曰东门、西门、南门、北门、小东门。

——清《考工典》第二十二卷，引自《古今图书集成》

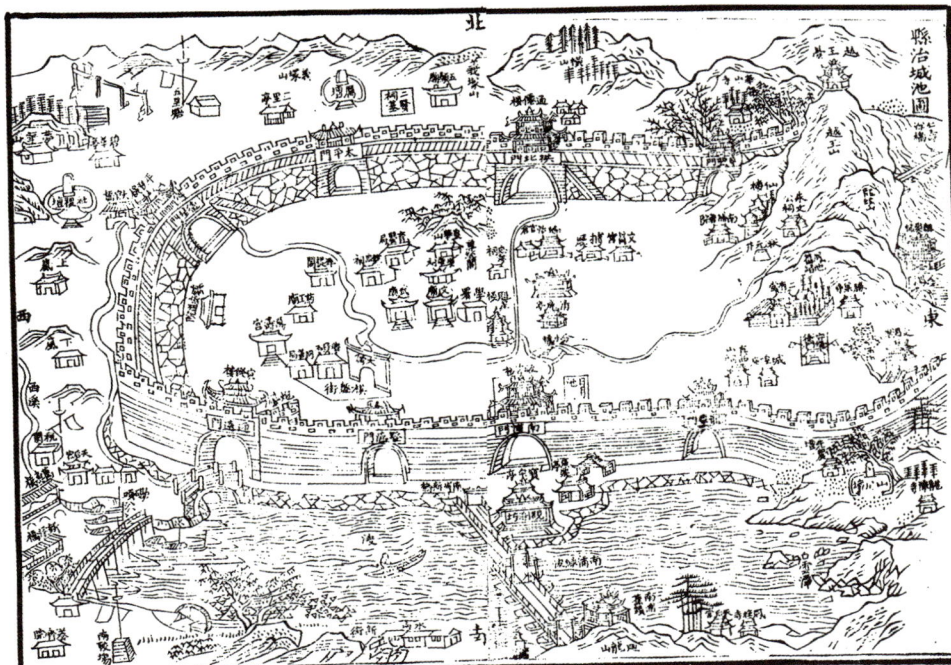

△ 浦城县治城池图　引自《浦城县志》清光绪二十六年刊本，载《中国方志丛书·华中地方·福建省（96）·浦城县志》

　　浦城，简称"浦"，位于福建省最北端、闽浙赣三省交界处，西北接江西省上饶市广丰区，东邻浙江省江山、龙泉二市和遂昌县。

　　东汉建安（196～220）初年，置县，称"汉兴"，是福建省最早置县的五县之一。三国吴称"吴兴"。唐初称"唐兴"。唐天宝元年（742），定名浦城县，自此建置及县名未变。明洪武（1368～1398）初，建宁路改建宁府，浦城属之。清时沿其隶属。1994年，浦城县属地级南平市辖县。

　　浦城，筑城早于置县。汉建元年间（前140～前135），东越王馀善为抵抗汉军而在临浦筑城。汉元封元年（前110），馀善兵败，城废。据光绪二十六年《续修浦城县志》考证：该城并非后来的浦城县城，由于汉军将百姓迁徙到江淮之间，"城遂废"。

　　元至正二十二年（1362），元守将岳承祖守县城，曾因旧址（光绪版

△ 浦城城登瀛门　林霞摄

《续修浦城县志》有存疑）筑城，广袤7里，建城门4座。至正二十六年，朱元璋部将攻克县城后，以城太广阔不易守，而缩东面的一半，改筑新墙。

明洪武二年（1369），因撤销守御兵，城墙逐渐废圮。洪武十二年，将废弃的旧城推平，用以建民房。正统十四年（1449），县丞何俊为抵御矿工起义的民众，遂修筑土城。成化六年（1470），巡抚都御史滕昭查勘浦城后，向朝廷提出"邑（浦城）控闽上游，土城不固宜更筑，以备非常"（同治十年《福建通志》卷十七）。成化九年九月，得到朝廷批准后，按察使刘城负责督造城池，并于次年十二月竣工。新建的浦城城池周10里多，计长1800丈、高1.9丈、宽3.8丈，城上修建垛口，墙体外用坚石，中间填以土。设城门5座：东曰"金凤"，南曰"南浦"，西曰"迎远"、"德星"，北曰"拱北"，城门上各建有城楼。还建有小水门5座，以利通水；城上建有窝铺20座。整座城东依粤山，南临大溪，西北开挖的护城河640余丈。自此，基本奠定了浦城城池的规制。万历年间（1573～1620）知县黎民范、方道通、天启年间（1621～1627）知县高钦舜，崇祯年间（1628～1644）知县杨鹗、丁辛等地方官吏均先后修城，有的还对城楼等附属建筑进行了修缮。"明末，依堪舆之言，金凤门移建金鸡岭，仍称原名"（1994年《浦城县志》第593页）。

清顺治四年（1647），知县李葆贞与驻军将领李绣等为抵御王祁之乱，重修浦城。重修后的城墙周9里13步，计长1600丈、高2.4丈、宽1.2丈。建垛口2902座、大城楼5座、小城楼3座、铁炮9尊。次年，平定动乱之后，在城上增置城铺（即窝铺）40所，按"南浦天关、地灵人杰、金凤来仪、越台嶂叠、华丰耸翠、拱北朝阙、万策遥临、德星序列、悦近迎达、奠安闽浙"40个字为城铺的编号，顺序排列，派兵守卫。雍正二年（1724），知县徐球将金凤门移建龙头山旧址。雍正七年，知县张秉纶维修城楼。乾隆二年（1737），知县杨允玺增筑女墙。乾隆七年，修缮华丰门。乾隆十七年，乡绅孟瑃捐资重修全城垛口2779座、城楼9座、炮台7座、卡房9座。嘉庆五年（1800）夏，洪水自东而西冲毁面向溪水段的城墙。嘉庆十五年，当地乡绅捐资兴修城墙，其中包括大城门5座、垛口3464座、炮台9座、卡房9座，以及城内一些其他建筑。重修后的城墙长1600丈、高2.4丈、底宽2.5丈、顶宽1.8丈。咸丰七年（1857），知县韩湛主持修缮全城，改垛口数为2414座，城楼、炮台、卡房等附属建筑均得到修缮。次年，太平军进攻浦城，城楼、卡房等建筑毁于战火。光绪四年（1878）夏，浦城遭遇洪水，登瀛门、龙潭门等地段城墙被大水各冲毁数丈不等，灾后，署县事裕光主持重修。光绪二十二年，在知县翁天祐主持下，对全城的城墙及其附属建筑进行较大规模修缮。但是，原有的40座城铺至光绪年间时已废弃。光绪二十六年，浦城再遭洪水，城外许多店铺、房屋被荡尽，而城内军民因有坚固的城墙才得以无忧。宣统三年（1911），再次对城墙进行了修葺。

1912年，将金凤门再次移建金鸡岭，并改名"万安门"。次年，城关发生"闹米事件"，堪舆家称其原因是移建了金凤门所致，万安门遂塞（1994年《浦城县志》第593页）。附近的百姓认为堵塞城门不便通行，经多次争取又复开万安门。1931年，曾利用捐款修缮德星门等部分地段城墙。1946年后，地方政府见城墙年久失修，损毁日益严重，成立了修理城墙委员会，希望分组招人承包修城。直到1947年12月时，终因修城资金匮乏，未能完工。

据1994年《浦城县志》记载：1951年后，单位和私人擅自拆城取砖、占地建房。1963年7月，"县人委组织调查组对拆毁城墙事件进行调查，对拆城墙的六个单位和几户居民进行教育，并索取赔偿费1550元"。当月，地方政府组织修缮北段城墙100多米。7月17日，县人委发出《关于严禁拆毁城墙的通知》，拆城现象得到制止。"文革"期间，浦城的城墙再度遭到拆毁。

1988年，据当地文物部门调查，浦城古城墙仅存龙潭门、登瀛门二门，以及部分地段的城址。1999年，龙潭门、登瀛门被列为市（县）级文保单位。

肖璇　杨国庆

浦城县城池： 自汉东越王馀善筑城临浦，后废。元至正间，复筑。岁久，亦废。明成化六年，复筑，周一千八百丈，高一丈九尺，阔倍之。门五：东金凤，西迎远，又德星，南南浦，北拱北。水门五，窝铺二十。

——清《考工典》第二十二卷，引自《古今图书集成》

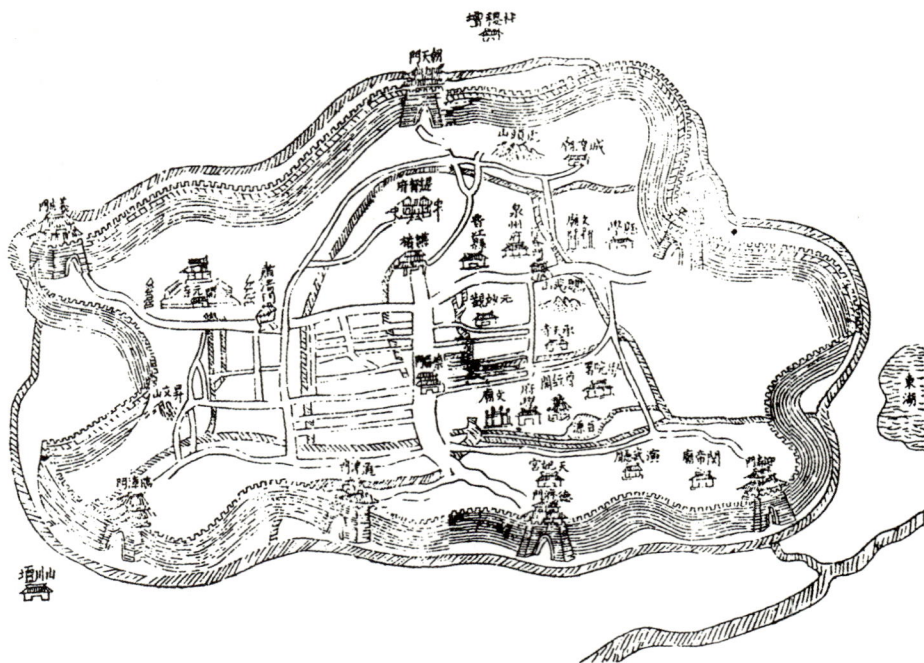

△ 泉州府城图　引自《乾隆泉州府志》清光绪八年补刻本，载《中国地方志集成·福建府县志辑（22）·乾隆泉州府志》

　　泉州，俗称"桐城"、"鲤城"，位于福建省东南部，北接省城福州的永泰县，南毗厦门，东邻莆田，西接漳州、龙岩，是著名侨乡和港澳台同胞的主要祖籍地之一。1982年，被列为国家历史文化名城。

　　泉州是闽南文化源头之一，建置设立相对较早。三国吴永安三年（260），在今南安市丰州镇置东安县治。南朝梁天监年间（502～519），置南安郡作郡治，为本地设置县、郡治之始。此后，建置、隶属及辖地均有变化。唐久视元年（700），置武荣州，州治设今市区。唐景云二年（711）武荣州改名"泉州"。此后，先后设有郡、州、路、府等建置。1951年，设立泉州市（县级），隶属晋江专区。1986年，设泉州市（地级），并沿袭至今。

　　泉州地区城墙，有唐、明年间筑造的府城1座（城内筑有子城和衙城），县城5座，司、卫、所城14座（1995年《泉州市建筑志》第117页）。泉州府城的罗城、子城和衙城三重城墙，由于并非一次性规划建设，历代地方志记载有的语焉不详，有的回避，导致学界对早期建造城墙的时间先后出现了争议。

罗城，始建于唐开元六年至开元二十八年（718～740），泉州初筑城池，后人称之"唐城"。初开南、北二门：北曰"泉山"，南曰"镇南"。大和年间（827～835），刺史赵棨增开东、西二门：东曰"仁风"，西曰"素景"，据1995年《泉州市建筑志》载：城基为条石，石长1米多，高、宽皆30余厘米，城墙内外由长方形砖构筑，内填土夯实；城上砖构城堞，30步立1座候楼，100步立1座候楼，北城楼倚层轩昂……城外有城壕，条石为岸，深宽4～5米，成高垒深堑。此说恐有误，根据许多地方志记载，泉州罗城的城墙筑造砖石，可能在宋宣和二年（1120），由泉州知州陆藻增筑，墙体为"外砖内石，基横二丈，高过之"（乾隆三十年《晋江县志》卷二）。另据贞元九年（793）欧阳詹所作《北楼记》中的描述，表明当时城楼及城墙还很完好（同治十年《福建通志》卷十七）。五代南唐保大四年（946），由清源军节度使留从效拓筑罗城，全城周长23里，开城门7座。

子城，建于光启二年至景福二年（886～893），而据乾隆版《泉州府志·城池》记载："子城，在罗城内，相传唐天祐三年（906）节度使王审知筑。"今据1995年《泉州市建筑志》载：由王潮和王审知、王审邽父子先后

▽ 泉州城护城河　本文照片均由杨国庆摄

△ 泉州临漳门及新建的城楼

主持在罗城内筑造子城，城周3里160步（明万历版《泉州府志》卷四则载"子城，周围三里"），开城门4座：东曰"行春"，南曰"肃清"，西曰"崇阳"，北曰"泉山"，城门上建有城楼。城墙墙体以条石为城基，墙身为砖土构造，城墙上用城砖砌筑垛口、女墙。另据清乾隆版《泉州府志》卷十一引《高霍记略》载："泉之郡治，相传未有罗城七门，先有子城四门……迨后辟罗城，而四门遂为鼓楼。"

衙城（应不属于严格意义的城墙），始建于五代十国南唐保大年间（943～957），由留从效主持在子城内衙署地筑造衙城。据乾隆三十年《晋江县志》卷二记载："衙城，即州治垣墙，留从效筑。为开府建牙之地。"

唐、宋时期，泉州城墙经过多次拓建、修缮，城池规制基本定型，设城门7座：东曰"仁风"（俗称"东门"），南曰"镇南"（俗称"南门桥头"），西曰"义成"（俗称"西门"），北曰"朝天"（俗称"北门"），东南曰"通淮"（俗称"涂门"），西、南二门曰"临漳"（俗称"新门"）、"通津"。元至正十二年（1352），监郡偰玉立始拓建南罗城，与翼城相接，城周30里、高2.1丈。东、西、北三面城墙基宽2丈，内外墙体均用石砌筑。城门仍为过梁式结构，改镇南门为"德济门"，废通津门，另于临漳与德济二门之间开南熏门（俗称"水门"）。

明洪武元年（1368），泉州卫指挥李山修泉州城，"增高五尺，基广二丈四尺，凡内外皆甃以石，建月城六，惟南薰无月城。门各有楼……又于仁风、通淮之间辟小东门"（乾隆版《晋江县志》）。同时，还在城上建有窝铺140座。自天顺至嘉靖（1457～1566）的百余年间，泉州城墙发生过多次损毁，甚至局部坍塌。在驻军部队和地方官吏的主持下，均得到及时修缮。万历三十二年（1604）十一月，泉州发生大地震，造成城楼、垛口等城墙附属建筑尽毁。在副使姚尚德、知府姜志礼主持下，请用库银修城，并将墙体原先用城砖筑城的地段，全部改用条石砌筑。

清顺治十五年（1658），总督李率泰檄文各府依关东式改造各地城墙。所谓"关东式"，主要是指城墙垛口的改筑，即垛口数量减少，俗称"二并一"。关东式垛口长7尺、厚3尺、宽1.5丈，垛口宽1.8尺。泉州府城在提督马得功、兴泉道叶灼棠、泉州知府陈秉直主持下，全城改筑垛口2315座、月城垛口205座。康熙四年（1665），建窝铺94座、敌楼6座、炮台12座。康熙十七年、康熙二十年、康熙五十五年、雍正九年（1731）、乾隆十六年（1751）与十七年、道光十五年（1835），泉州城墙及附属建筑先后出现损毁，也得到及时修缮。

1912年以后，城墙逐渐残缺毁损，其中有战争因素、自然损毁，也有城市建设因素而人为拆毁，修筑道路。如1923年，因建设中山路，拆德济门及附近城墙。同年7月，又拆城墙至通津门。1937年后，因防备侵华日军空袭，出于疏散城内军民需要，省政府下令拆除泉州最后一道城墙（即罗城）。

20世纪80年代以后，据文物部门调查，现遗址有迹可寻的仅东、北、西的环城公路、护城河沟及水关等；原有子城的护城河沟（俗称"八卦沟"）也基本保存。现存部分罗城壕沟，已列为市级文物保护单位。2003年，当地按清代旧制复建了临漳门及城楼。

2012年，泉州经考古发掘发现了建于唐宋年间的涂门水关。

肖瓅　杨国庆

泉州府城池：郡内为衙城，外为子城，又外为罗城。衙城、子城皆废，今所恃为固者，罗城也。宋绍兴三年，守游九功始筑瓮门于城南，外筑翼城。元监郡偰玉立始拓南罗城，以就翼城。周围二十里，高二丈一尺，城东西北基广各二丈四尺，外甃以石；南基广二丈，内外皆石。为门七。明洪武初，指挥李山复增高五尺，基广二丈四尺，月城六，惟南薰无月城，门各有楼。又东有楼曰望海，北有楼曰望山，窝铺百四十。后水啮城下，守张濂筑二坝拦之。佥事万民英又因北城外濠盘石不能通水，建小城楼，临濠围以木栅，筑马羊墙，以为防守。顺治十五年改筑，依关东式为垛子二千三百一十个，月城垛子二百零五个，通共垛子二千五百一十五个。每个长七尺，厚三尺，宽一丈五尺，垛口宽一尺八寸。康熙四年，改修城上窝铺为九十四座。晋江县附郭。

——清《考工典》第二十二卷，引自《古今图书集成》

▽ 临漳门附近新建的"新门旱闸"，顶部修建成垛口样式，以期与周边环境相协调

▽ 临漳门城台下设的说明牌

闽南文化生态保护区泉州古城示范区

临漳门

城门是历史文化古城代表性标志。临漳门始建于南唐（950），为泉州七城门之一，几经兴废，于清顺治十五（1658）大规模修葺，2003年按清代旧制复建，城楼为闽建筑独特的木结构形式，体现对古老营造技艺的继承。

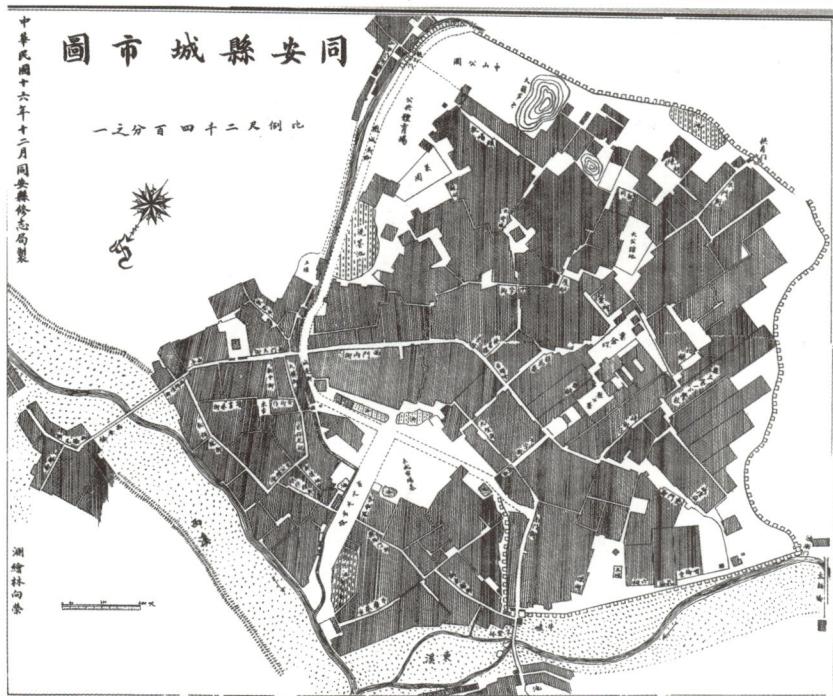

△ 同安县城市图　引自《同安县志》民国十八年铅印本，载《中国方志丛书·华中地方·福建省（83）·同安县志》

　　同安，地处闽南中心地带，为福建省厦门市辖区，是厦门市最大的行政区，其北接泉州的安溪县和南安市，西边紧邻漳州市长泰县，南部和东部分别是厦门市的集美区与翔安区。

　　同安，置县于西晋太康三年（282），当年即废。五代后唐长兴四年（933），再度置县。历史上曾管辖过金门、厦门两座岛及集美、龙海部分地区。1949年后，行政区域曾几度变更。1997年，撤县设为厦门市同安区。

　　同安县城位于大轮山下，东西广而南北窄，形若银锭，故别名"银城"，又因为县城南溪处有块大石，形状似鱼，颜色如铜，故又称之为"铜鱼"。同安自建县以来，均无城墙。直至南宋绍兴十五至绍兴十八年（1145～1148）才由知县王轼开始建造城墙，后由知县刘宽完成土城的修筑。城墙周长795丈、高1.2丈，护城河宽、深各1.2丈，设城门5座：东曰"朝

△ 同安古城墙砌筑方法局部及生长的杂树
本文照片均由杨国庆摄

△ 同安古城墙文物保护标志碑（正面）

天"，西曰"厚德"，南曰"铜鱼"，北曰"拱辰"，西北曰"庆丰"。此后历代屡有修葺，城门几经更名。南宋庆元元年（1195），知县余元一增修。绍定三年（1230），知县韩木重修，并挖掘护城河。元至正十五年（1355），同安达鲁花赤（知县）马哈谋沙"用石内外砌之"，始为石城。

明正统十四年（1449），沙尤匪寇攻陷县城。景泰元年（1450），泉州卫指挥使杨海及主簿蔡麟重修，城墙增高5尺。成化十八年（1482），知县张俨重修，改东门曰"迎阳"，西门曰"镇兑"，南门曰"来熏"，北门曰"绿野"，惟西北门不变。嘉靖三十七年（1558），倭寇来袭，知县徐宗爽增高城墙3尺，于西北各门设窝铺59座。后因久雨不止，又遇倭寇数千人攻打县城，兴化府同知李时芳率士兵昼夜死守城墙，倭寇不能入，但城墙终因雨水而崩塌。之后于坍塌处进行修葺，并建敌楼10座。万历十九年（1591），知县柴尧年疏通并拓宽护城河，后因"凿伤龙脉不利城居，绅士请于葫芦山后少加培佈"（民国十八年铅印本《同安县志》）。万历二十五年，知县洪世俊扩建城垣，周长增至846.8丈、高2.3丈，濠深6尺、宽2.4丈，又命名五门：东曰"鸿渐"，西曰"丰泽"，南曰"朱紫"，北曰"拱秀"，西北曰"朝元"，以后一直沿用。

清顺治五年（1648）八月二十六日，城墙被清兵用炮轰陷，雉碟无存。顺治九年三月初十，郑成功所部用地雷炸城。同年十二月，郑成功再攻占同安县城。顺治十二年，清兵再次大举来犯，郑成功鉴于无险可守，遂拆部分城墙建材及官民入丙洲岛，夯筑新城（新城已无存）。至1680年清兵攻占金门、厦门两地后，清朝稳定了对同安的统治，又对同安城墙加以修整。此后，屡坏屡修，最后一次修整是清光绪二十九年（1903）。

1926年，奉省令毁城填濠筑马路，同安"大部分城墙被拆除"（2003年《厦门文物志》第57页）。

1996年，同安文物管理部门修复孔庙前面城墙计76米，并增筑城墙垛堞32座，垛高1.46米、厚0.65米。现仅存东门至南门傍溪的一段，长450米、高5米、顶宽4米，墙体大部分用条石砌筑，局部地段在墙体内部填土夯实。

1998年，同安古城墙残段被列为县文物保护单位。

附：

金门城　在浯洲（大金门岛）之南，距县城80里、水程100里。明洪武二十年（1387），在此设置守御千户所，江夏侯周德兴修筑。周长630丈、宽1丈、高连女墙2.5丈，建窝铺36个，护城河深广各丈

▽ 城墙与护城河　　　　　　　　　　　　　▽ 同安古城墙

余，辟东、西、南、北四门，上各建城楼。明永乐和清康熙年间曾重修。乾隆五十三年（1788），总兵陈龙因城墙略有坍塌和城中人烟稀少，乃移驻后浦，后城墙塌毁。

同安历史上，除上述同安县城和金门城两座城池外，尚有厦门城、高浦城、官澳巡检司城、西浦巡检司城、峰上巡检司城、陈坑巡检司城、烈屿巡检司城、塔头巡检司城（以上均明初建）、灌口城（清顺治建），石浔城、丙洲城。今大部分倾坍无存，或仅为残址。

肖璇

同安县城池：在府城南一百三十里。宋绍兴十五年，知县王轼筑。元至正间，达鲁花赤马哈谋沙砌内外城以石。明知县徐宗爽改筑，高三尺。知县洪世俊增高三尺，城周围八百四十六丈二尺三寸，基阔一丈一尺九寸，顶阔一丈，堞六百七十五，东、西、南、北四门，楼四，窝铺三十二。城外短墙八百六十九丈二尺三寸。

——清《考工典》第二十二卷，引自《古今图书集成》

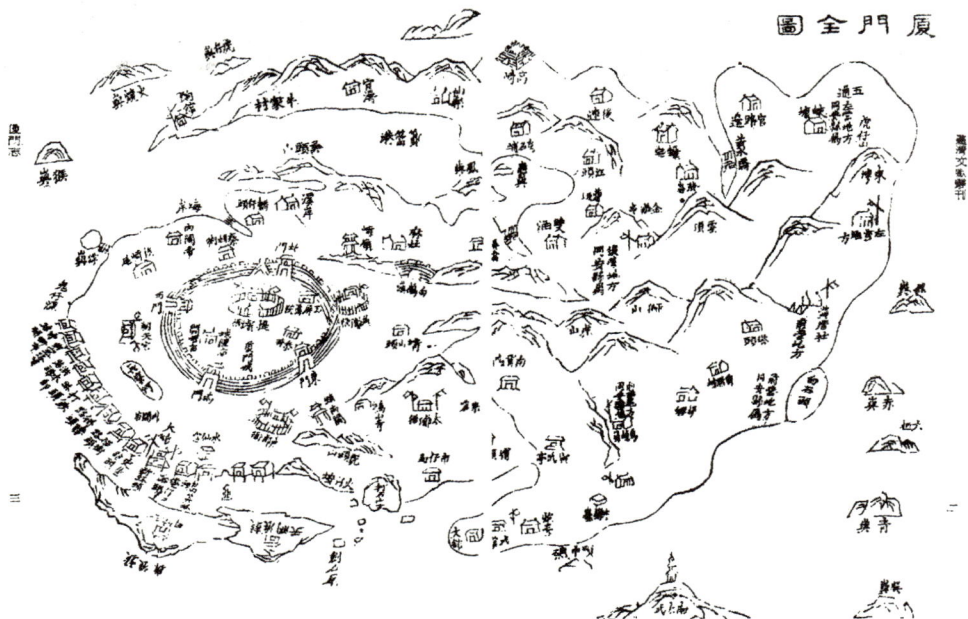

△ 厦门全图　引自《厦门志》清道光十九年版

厦门，位于台湾海峡西岸，南接漳州，北邻泉州，东南与金门岛隔海对望，在20世纪中叶，两岸曾经炮火连绵。如今是现代化国际性港口风景旅游城市，被誉为"东方夏威夷"。

厦门，旧称"嘉禾屿"，由厦门岛、鼓浪屿、内陆九龙江南岸海沧半岛、集美半岛翔安区以及同安等组成。西晋太康三年（282），置同安县，嘉禾屿属之。此后，隶属多有变化。1935年，以厦门及鼓浪屿等七个岛屿设厦门市。1949年，厦门市为福建省辖市。此后，辖区不断扩大。

厦门城墙，始筑于明洪武二十七年（1394）。江夏侯周德兴下令永宁卫中、左两个千户所移防嘉禾屿，命守屿官兵主持建造，城周长425.9丈，连女墙总高1.9丈、基宽9尺（同治十年《福建通志》卷十七）、顶宽8.5尺（道光十九年《厦门志》卷二），建垛口496座、窝铺22座。设城门4座：东曰"启

△ 厦门城古城墙及简约的登城步道 本文照片均
由杨国庆摄

△ 厦门古城墙墙体

明"，南曰"合德"（道光版《厦门志》称"洽德"），西曰"怀音"，北曰"横枢"，城门上均建城楼。永乐十五年（1417），都指挥谷祥主持修城，增高城墙3尺，四门增设外瓮城。正统八年（1443），都指挥刘亮下令千户韩添主持修城，增筑外瓮城的城门楼4座，城墙内外均用石材改筑，始为石城。城北有望高石，"可全收山海之胜"。万历三十年（1602），千户黄銮主持重修城墙。

清顺治四年（1647），郑成功屯兵鼓浪屿，起兵抗清。康熙二年（1663），总督李率泰收复被南明郑氏政权占据厦门城，并强迫厦门沿海居民迁居内地，拆毁厦门城（道光版《厦门志》及2003年《厦门文物志》均载，此事为"康熙二十二年"，现据同治十年《福建通志》）。康熙二十二年，靖海侯施琅向朝廷建议重新修城。两年后，由驻军大规模修筑厦门城，拓广城墙周长至600丈，并派驻水师提督总兵镇守。乾隆十七年（1752），同安县知县张元芝主持重修城墙。嘉庆十一年（1806），闽浙总督温成惠、阿林保巡抚汪志伊主持铸造铁炮置于城门处，铁炮各重2000斤。咸丰三年（1853），厦门城墙在清军与农民义军激战中部分损毁。至晚清时，厦门城墙虽时有损毁，也时有修缮，基本保存完好。美国归正教会牧师腓力普·威尔逊·毕在他撰写的《厦门方志》一书中，对厦门城做了以下记载："城的四点方位上各有一个门。这个有城墙的城市是值得一游的。……它建成于几世纪前，用以保护厦门居民免受海盗的蹂躏。"1919年，厦门进行城市建设，拆城墙筑马路，城墙大部分被毁。

1949年后，厦门城墙北门段一段包山的残墙被驻军利用，设置高炮阵地，现仍存部分炮位掩体以及山体南侧清代摩崖石刻若干处。1961年，厦门仅存的北门段一段残墙，被列为市级文物保护单位。1994年初，为纪念厦门建城600周年，市政府拨专款15万元修残补缺64米，复建城垛，铺设通道，并竖立《厦门城遗址重修碑记》。

2005年，以"厦门所城墙"之名，被列为省级文物保护单位。

附：

在今天的厦门市辖区内，除厦门、同安古城之外，城隘、古寨遗址尚存多处。如同民安关隘遗址、高浦所城遗址、钱屿铳城遗址（1992年因建设需要拆毁）、镇北关遗址、后溪城内城遗址、胡里山炮台遗址、盘石炮台、龙头山寨遗址、水操台遗址、高崎寨遗址、嘉兴寨遗址、集美寨遗址、笔架山寨古寨遗址、蔡牵寨遗址等。这些遗址大多曾筑有规模不等、形制各异的墙体。

杨国庆

▽ 厦门所城墙文物保护标志碑（正面）

▽ 厦门城遗址文物保护标志碑（正面）

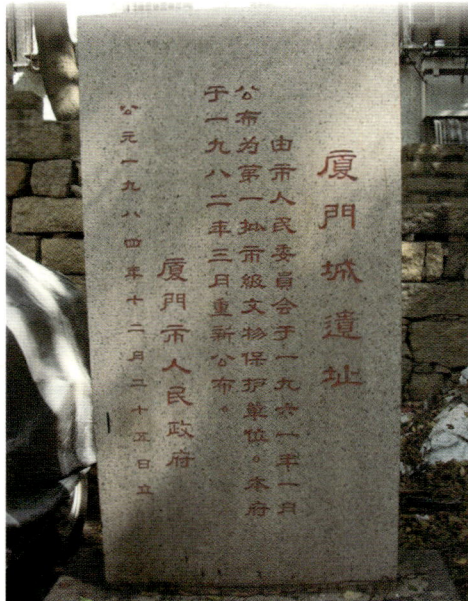

▽ 重修厦门城墙碑记

△ 长汀县总图　引自《长汀县志》清光绪五年版

　　长汀别称"汀州"，简称"汀"，隶属于福建省龙岩市，地处福建的西部山区、武夷山南麓，南与广东近邻，西与江西接壤，是闽、赣两省的边陲要冲。1994年，被列为国家历史文化名城。

　　西晋太康三年（282），为新罗县境。唐开元二十四年（736），于九龙水源长汀村置长汀县，属汀州。天宝元年（742），改汀州为临汀郡。宋开宝八年（975），南唐亡，入宋版图。元至元十五年（1278），改为汀州路。明洪武元年（1368），改路为府，属福建行中书省。清代沿袭明制。1913年，废府建置，属汀漳道，隶福建省。1997年后，隶属地级龙岩市。

　　长汀筑城始于唐大历四年（769），刺史陈剑将州治由东坊口大丘头迁今县城内，并筑城于卧龙山南，西北负山，东临河，南据山麓。大中（847～860）初年，刺史刘岐（1942年《长汀县志》记为"刘峻"，疑误）始创敌楼179间，筑子城。据《临汀志》载："更创之初，庶事未备，岐乃筑子城，创罗城敌楼……郡之壁垒，于是乎具。"宋治平三年（1066），郡守刘均拓修州城，周长5里254步（1993年《长汀县志》记为"240步"，疑误）、基宽3丈、顶宽1丈、高1.8丈。自北部龙山沿东北山势穿南麓至西北龙山右脉开城门6座：东北曰"兴贤"，东曰"济川"（1993年《长汀县志》记为"济州"，疑误），东南曰"通远"，南曰"颁条"、"鄞江"，西曰"秋成"。又开挖城壕引西溪水东流，深1.5丈。绍兴年间（1131~1162），因李淳仁叛乱，郡守黄武增修垛口。隆兴（1163~1164）初年，郡守吴南老又增修敌楼515间。嘉熙年间（1237~1240），郡守戴挺以砖石包砌颁条、济川、兴贤三门（据清光绪五年《长汀县志》卷六）。

明洪武四年（1371），汀州卫指挥同治王珪重修，并将城墙包以砖石，重修城门：封闭颁条门，改"济川"为"丽春"，改"秋成"为"通津"，改"通远"为"镇南"，改"鄞江"为"广储"，改"兴贤"为"朝天"。于卧龙山巅设总铺1间、窝铺81间。设女墙1195座、箭眼814个。弘治十一年（1498），卫指挥张韬建广储门城楼。次年，又建丽春门城楼（据清光绪五年《长汀县志》卷六）。嘉靖五年（1526），郡守邵有道疏浚城壕，后又淤塞。嘉靖三十四年，署府同知李仲偰重新疏浚城壕。嘉靖四十年，因匪寇之乱，知府杨世芳及知县王邈于丽春门侧沿河至镇南门外折向西筑土城，与西

▽ 长汀历代城址变迁示意图

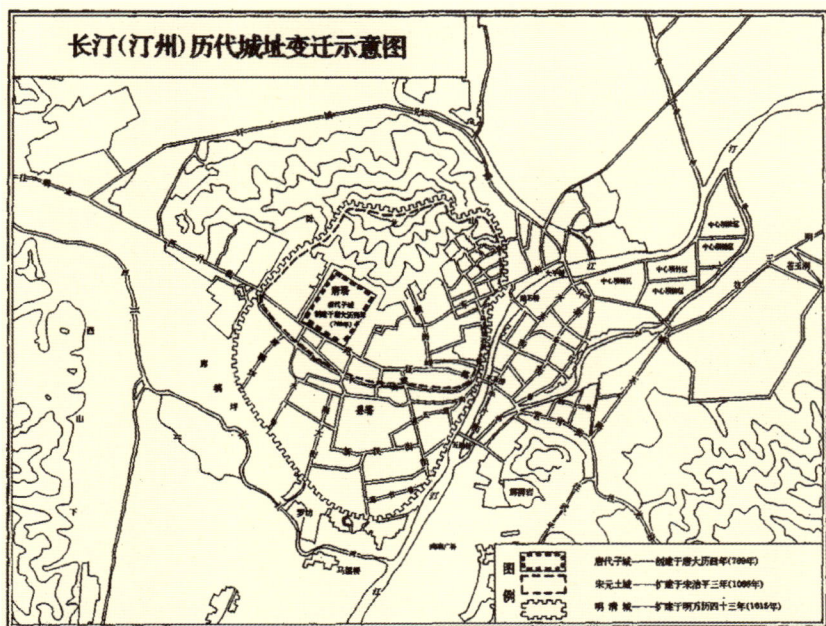

△ 三元阁 本文照片除署名外，均由长汀城墙申遗办公室提供

▽ 修缮后的惠吉门及城楼

门相接为县城。周长619.9丈，雉堞2180多座。开城门7座：东曰"会川"，南曰"五通"、"惠吉"、"富有"、"常丰"（《考工典》为"长丰"），西曰"西瑞"、"通金"（据1942年《长汀县志》卷五。《考工典》记载，开此门时间为弘治年间，似有误），至此，汀州府形成两圈城墙，内圈为汀州府城墙，外圈为长汀县城墙。隆庆四年（1570），知县陈金陶以砖包砌城墙。万历四十年，东门被毁，署县推官吴明昌重修，重题城门：改"会川"为"挹清"，改"五通"为"环雁"，改"惠吉"为"正笏"，改"常丰"为"宝珠"，改"通金"为"凝瑞"（据清光绪五年《长汀县志》卷六）。万历四十三年（1615），郡守沈应奎倡议拆除府城墙，使府、县合并，未果。崇祯元年（1628），挹清门毁，知县薛应聘重建。崇祯四年，拆府城南墙包砌县城，于是合府、县城为一，郡丞黄色中增修自挹清门至通津门城垣660多丈，共计149个垛口。原城墙

▽ 汀州城墙及护城河

△ 新修的汀州城墙

高1.35丈，加高4尺。外墙底宽3.8尺、顶宽2尺，内堤底宽1.4丈、顶宽1.1丈。崇祯八年，郡守唐世涵、郡丞黄色中增修城墙。次年竣工，增修东南自丽春门至元武460丈，西面通津门至元武215丈。东城墙原高1.5丈，加高4尺；西城墙原高1.45丈，加高5尺。护城堤自丽春门至东阁，通津门至西阁各增扩1.4丈。共计增城675丈、垛口1200座、窝铺24座。崇祯十年，筑宝珠门瓮城，增扩惠吉门（据清同治六年《汀州府志》卷五。《考工典》记为"崇祯八年"）。

清顺治三年（1646），朝天门毁于火，瓮城倾圮，郡守鄢翼明、邑侯潘世嘉重修。康熙三十五年（1696），重修北极楼。康熙三十七年，郡守王廷抡疏浚西城壕。嘉庆（1796～1820）末年，丽春、挹清两座城楼倾圮，邑人陈泉、汤紫绥、叶朝兴等捐修。道光（1821～1850）初年，小西门城楼圮塌，邑人陈泉、陈兆熊等捐修。道光十七年，郡守刘喜海劝修东、西阁城垛。道光二十一年，郡守廞音布、总镇陶飞熊重修。次年，遇水患，城未坏（据清光绪五年《长汀县志》卷六）。光绪四年（1878），大雨坏城，挹清门右侧及西瑞门左侧城墙各圮毁10余丈，郡守刘国光重修。光绪二十二年，郡守胡廷幹封富有门。光绪三十三年，郡守张星炳重修（据1942年《长汀县志》卷五）。

1915年，大水，朝天门北城墙坍塌2丈余，惠吉门西城墙倾圮数丈，游子龙重修。修毕后，城周长1283丈、高2.2丈，雉堞2110座，富有、小水二门已淤塞。1924年，驻军师长李凤翔为扩大市内主要街道，拆墙砌路，毁原卵石路面，改拆城垛及墙砖六七成以铺路和排水道，仅余朝天门至宝珠门近河地段。1932年，废子城为公园（据1993年《长汀县志》卷十七）。

20世纪70年代起，民众多在城墙上建房。

现仅存筑于明代的东门段城墙。沿汀江向南延五通门、惠吉

▽ 惠吉门段城墙　王梅生摄

△ 朝天门城楼 王梅生摄

门到宝珠门，残墙长约2500米、高5.75米、宽6.47米。宋广储门城楼位于今汀城和平路，坐北朝南，为砖砌城门，基本完好。进深三层，第一层2.65米，第二层2.80米，第三层3.10米。城墙基高0.85米左右，均为花岗石筑。拱门高3.4米，跨度第一层4.40米，第二层6米，第三层6.10米。城门垛上有一座唐式八角基座复盆式柱基。宋朝天门城楼在汀城东大街。楼阁式双层，砖石、木结构，面阔3间，进深2间，重檐歇山式，保存完整。明宝珠门城楼在汀城南大街，坐北朝南，为二进式城墙，中间联结二城为马房。现存构件大部分为明代城墙砖，基座为石构，墙为砖筑，城楼为木构重檐楼阁式建筑。现存二层楼阁为后期所建，保存基本完好（据1993年《长汀县志》卷三十四）。

1996年，汀州城墙被列为省级文物保护单位。2013年，被列为全国重点文物保护单位。

王腾 肖巘

汀州府城池：唐大历四年，刺史陈剑移筑卧龙山阳，西北堑山，东滨河，南据山麓。大中初，创敌楼。宋治平三年，增广，周五里二百五十四步，浚三濠，修六门：正东曰济川，正西曰秋成，南曰颂条，曰鄞江，东南曰通远，东北曰兴贤。明洪武四年，塞颂条门，改济川为丽春，秋成为通济，通远为镇南，鄞江为广储，兴贤为朝天。周城包以砖石，创总铺一，窝铺八十一，女墙一千一百九十五，箭眼八百一十四。弘治间，知府吴文度拓城围自通济门至济川门数百丈，又筑土为县城，列七门：东曰会川，南曰五通，曰惠吉，曰富有，曰长丰，曰西瑞，曰通金，长六百一十九丈，堞二千一百八十有奇。崇祯四年，合郡、县城为一。八年，筑宝珠门、月城，增扩惠吉城门。长汀县附郭。

——清《考工典》第二十二卷，引自《古今图书集成》

▽ 长汀城墙、城楼及护城河的现状　王冬青摄

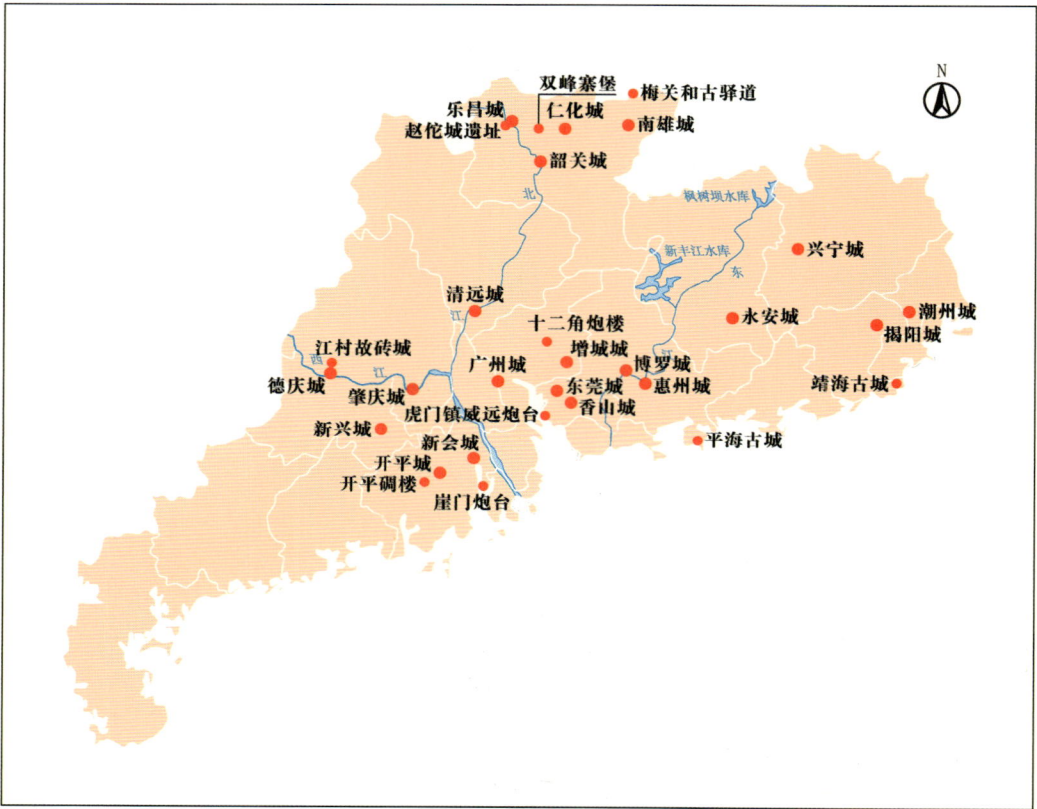

双峰寨堡
梅关和古驿道
乐昌城　仁化城
赵佗城遗址　南雄城
韶关城

北

铁溪坝水库

新丰江水库

兴宁城

清远城

十二角炮楼
增城城
博罗城　　　潮州城
广州城　　　　　　揭阳城
东莞城　惠州城
香山城
靖海古城

江村故砖城
德庆城
肇庆城
虎门镇威远炮台
新兴城
新会城
开平城
开平碉楼
崖门炮台

平海古城

N

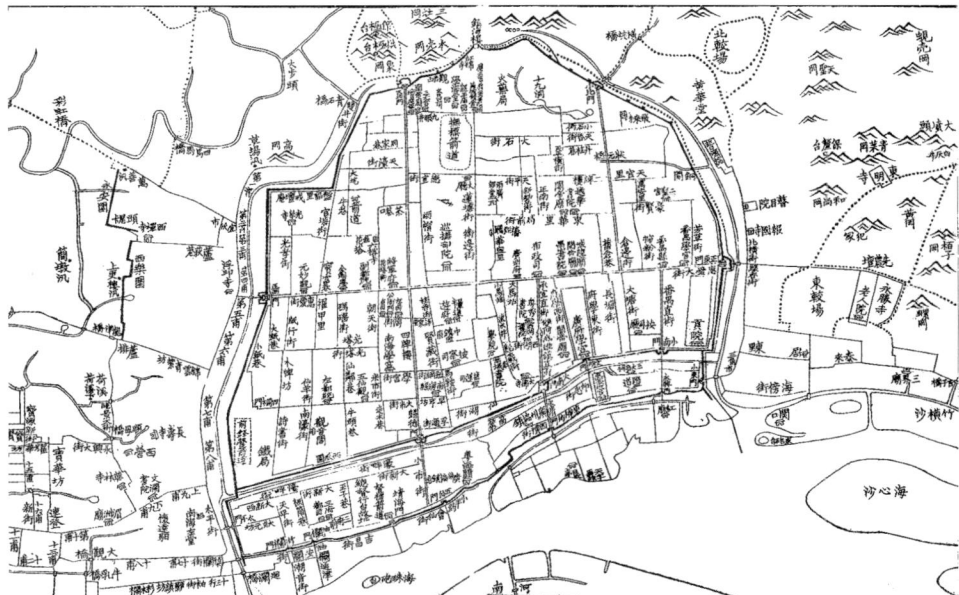

△ 广州府城图　引自《广州府志》清光绪五年刊本，载《中国方志丛书·
广东省（1）·广州府志》

广州，又称"羊城"、"穗城"、"花城"，地处中国大陆南部，位于珠江三
角洲北缘，有中国"南大门"之称。1982年，被列为国家历史文化名城。

汉高祖三年（前204），赵佗在岭南建立了南越国，定都番禺。东吴孙权
黄武五年（226），分交州东部而置广州，始有"广州"之名。明清时，设广
州府，治所在番禺、南海二县。1921年，广州市政厅成立。1925年，正式设广
州市。1954年，广州划归广东省，为省辖市，也是省会驻地。

广州筑城较早，且历代文献记载较详实。据《史记》等史籍的记载，秦
始皇统一六国后，派任嚣、赵佗率军南下，于秦三十三年（前214）统一岭
南，分岭南地为南海等三郡，南海郡治番禺，即《史记》《汉书》所称的"番
禺城"。秦亡后，赵佗建立南越国，定都番禺城，把城区扩大到周长10里，俗
称"越城"或"赵佗城"。

建安十五年（210），交州刺史步骘把交州治所从广信（今广西梧州）迁到番禺，重修越城的西半部，将城区大规模向北扩大，并筑城以护。

宋代，广州城进入了一个重要的建设发展时期，城的扩建和修缮达10余次。庆历五年（1045,《考工典》记为"庆历四年"），广州知州魏瓘在南汉宫城范围修子城（又称"中城"），周长5里，雉堞300座。熙宁元年（1068），广州知州张田在子城东建东城，周长7里。同年七月，吕居简、王靖烧砖改建东城和子城，这是广州见诸史志记载的最早砖城。熙宁六年（《考工典》记为"熙宁四年"），广州经略使程师孟为保护外商聚居地，又在子城之西筑西城，周长13里，后称此三城为"宋代三城"。南宋嘉定三年（1210），广州经略使陈岘于城南增建雁翅城，并疏通护城河，东、西置水关。

明洪武十三年（1380），永嘉侯朱亮祖以旧城低矮为由，合宋代三城为一，四周城垣往外扩展，城北拓800余丈至越秀山，其城周21里32步、高2.8丈、上广2丈、下广3.5丈。设城门7座，分曰："正北"、"小北"、"正东"、"正西"、"正南"、"定海"、"归德"，又因北临越秀山，遂于正北门外筑瓮城。设城楼7座、警铺97间、雉堞10700座。城东、西外有护城河，在东北城下

▽ 广州城墙旧影 引自［德］恩斯特·柏石曼《中国的建筑与景观》1926年德文原版，余洋提供

△ 广州城北门 约翰柏比隆摄（1858～1859），
刘振海提供

△ 20世纪初，广州城墙及护城河
本文除署名外，均由丁俊驰提供

置小水关1座。成化二年（1466），总督左副都御史韩雍筑南城、归德二门月城，各向外延伸38丈。弘治十六年（1503），月城渐圮，巡抚潘蕃命广州知府袁爀，指挥使韩雄协同修之，并增高7尺。嘉靖十三年（1534），增筑定海门月城。嘉靖四十四年至四十五年，增筑自"西南角楼以及五羊驿，环绕至东南角楼"的城墙，把濠畔街等地都包括在内，称为"外城"或"新城"，而称原来的广州城为"内城"或"旧城"。当时广州外城有8座城门：东曰"永安"，西曰"太平"，南曰"永清"，东南曰"小南"，西南曰"五仙"（明称"五羊"，清改为"五仙"）、"靖海"、"油栏"、"竹楼"。外城"周长三千七百九十六丈，高二丈八尺，上广二丈，下广三丈五尺。有城门、城楼和敌楼各七座，警铺九十七个"（据《广东通志·舆地志》）。万历二十七年（1599），内城又复于正南迤东辟一门，曰"文明"。自此，广州内城也为八门。崇祯十三年（1640），广州增筑北城，将城墙增高7尺，增厚墙基，内砌女墙，加雉堞5尺，又增筑敌台2座，并每隔20丈置有台阶，以便上下城墙。

清顺治四年（1647），总督佟养甲筑东、西二翼城，各长20余丈，直至海旁。城高1丈、厚1.5丈，各有一门，东南曰"正东"，西南曰"安澜"。康熙九年（1670），垛口、城墙、炮台共颓300余丈，由平南王尚可喜修复。当年，五仙门地段城墙损毁10余丈。由知县陈万言、高去侈修葺。康熙十一年，归德门段城倾30余丈，知县桂沖云、王之麟修复。康熙二十五年，巡抚李士桢倡议捐资修筑城垣。此后乾隆至咸丰年间（1736～1861），广州城曾多次损毁，也基本得到及时修缮。

1918年后，广州市政公所拆城墙，开筑马路，导致广州城墙大规模损毁。

20世纪80年代后，据当地文物部门调查：广州城墙尚余越秀山西起大北

△ 清末，广州城墙及水关

△ 清末，广州城墙大西门

▽ 广州越秀公园段修缮后的城墙顶面　徐振欧摄

△ 越秀公园明城墙遗址　徐振欧摄

水塔脚、东至小北越秀公园门口长1100米的一段残垣，城墙上的垛口、敌楼等附属建筑已无存。镇海楼附近一段长达200米的城墙，后经修缮保存较好，并被展示。

1989年，广州城墙残段遗存被列为省级文物保护单位。

肖璇

广州府城池：周赧王初，粤人公师隅为越，相度南海筑城，号曰：南武。任嚣、赵佗相继增筑之，是为越城，周迴十里。汉筑番禺城，于郡南五十里，西接牂柯江，为刺史治。建安十五年，刺史步骘辟番山之北，广故越城，筑而固之，复徙治焉。唐天佑末，靖海军节度使刘隐以南城尚隘，凿平禺山以益之。宋庆历四年，经略使魏瓘加筑子城，周五里，东西南有瓮城。门南曰镇安，西曰朝天，东南曰步云，东曰行春，西南曰素波。又改朝天为有年，步云为冲霄。熙宁初，经略使吕居简复谋筑古越城，遗址上其事，会移荥阳诏转运使王靖成之。袤四里，为三门：南曰迎熏，北曰拱辰，东曰震东，与子城行春门相接，是为东城。熙宁四年，经略使程师孟筑西城，周十三里，城广一百八十步，高二丈四尺。为门七：东南曰航海，南曰朝宗、曰善利、曰阜财，西曰金肃、曰和丰，北曰就日。后改就日为朝天。嘉定三年，经略使陈岘筑雁翅城于州城南，东西长一百四十丈，上建高楼：东曰番禺都会，西曰南海胜观，联以敌台。经略使谢子疆大修城壁，城外筑羊马墙，高六尺许。雁翅城下，隙壤植木为栅，翼而至海。明洪武十三年，永嘉侯朱亮祖疏请连三城为一，辟东北山麓以广之。城周三千七百九十六丈，计一十五万一百九十二步，高二丈八尺，上广二丈，下广三丈五尺。为门七：曰正北，稍东曰小北，曰正东，曰正西，曰正南，稍东曰定海，稍西曰归德。城楼七，敌楼七，警铺九十七，雉堞一万七百。北城上有粤秀山，山左有楼五层名镇海。北城外，为粤王台。成化二年，都御使韩雍筑南城归德二门月城，城各延三十八丈，上建层楼，下辟三门。嘉靖十三年，增筑定海门月城。万历二十七年，于正南门迤东辟门一，颜曰文明其池。

大中祥符中，邵胜知广州，始凿濠为池。庆历中，魏瓘再知广州，环城浚池。熙宁初，王靖成东城复濠其外。嘉定三年，经略使陈岘重浚之，长一千六百丈。东、西置闸，南濠在城楼下限以闸

△ 部分广州城墙城砖及砖文 徐振欧摄

门，与潮上下，古西澳也。景德年间，经略使高绅所辟，纳城中诸渠水，以达于海。粤楼至闸门，长一百丈，阔十丈；自闸至海，长七十五丈；清水濠在行春门，穴城而达诸海，古东澳也，长二百有四丈，广十丈。东濠在郡东。洪武三年，永嘉侯朱亮祖上疏，请连三城为一，因旧浚濠，周一千三百五十六丈五尺，惟北一面枕山未浚。西濠在郡城西，宋经略使陈岘浚濠通江，建东西二闸。及元至元中，宣慰使世杰班始建木桥，跨西壩以通往来，名曰太平桥。成化八年，都御使韩雍改砌以石，按会城古渠，有六脉渠通濠，濠通海。水闸在旧城，东西雁翅城濠口。嘉定三年，经略使陈岘所建。绍定三年，经略使方大琮增筑两岸，石瓮各长二十余丈，中为重闸，阔丈余。洪武十三年，改瓮濠南旧水关，广六尺。关下铁石柱闸，凡用两重以严防御。

顺治四年，总督佟养甲筑东西二翼城，各长二十余丈直至海旁，厚一丈五尺，各为门一。顺治七年，塞文明门，不行。至康熙八年，复开。南海、番禺二县，具附郭。

——清《考工典》第二十三卷，引自《古今图书集成》

圖城縣

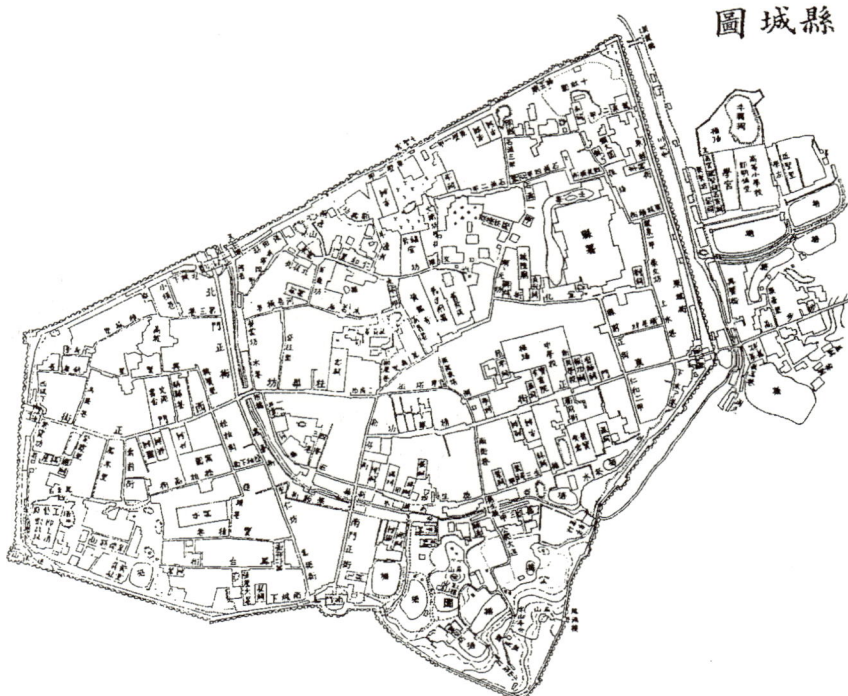

△ 东莞县城图　引自《民国东莞县志》民国十六年铅印本，载《中国地方志集成·广东府县志辑（19）·民国东莞县志》

　　东莞，位于广东省中南部、珠江口东岸，是广州与香港之间水陆交通的要道。

　　东晋咸和六年（331），其境置宝安县，属东官郡。唐至德二载（757）更名"东莞"，县治从芜城（今宝安南头）移至涌（今莞城）。南宋绍兴二十二年（1152），析置香山县（今中山市）。明万历元年（1573），析置新安县（今深圳市）。清朝，仍名东莞县。1985年，撤县建市（县级）。1988年，东莞升为地级市。

　　东莞筑城较早，但明以前详情难考。《读史方舆纪要》称"东莞治宝安废县，本东莞盐场。唐至德二年，移于到涌。洪武三年，改筑郭城，周十四里"（道光二年《广东通志》卷一百二十五）。其实，此说有误。明洪武年间所筑之城，实为洪武十七年（1384）之史实（详见明金都御史李义壮《修城记》，转引嘉庆三年《东莞县志》卷十六）。明以前东莞筑城之事，多数地方志仅记："邑之旧城，砖砌。东南循到涌为城，即今放生桥（又称'德生桥'）濠是也"（嘉庆版《东莞县志》）。

明洪武十七年（1384），指挥使常懿主持大规模始筑新城，将钵盂山、道家山圈入城内。城墙外砌以石，城周2299丈、高2.5丈、顶宽2丈、基宽3.5丈。开城门4座：东曰"和阳"，南曰"崇德"，西曰"迎恩"，北曰"镇海"，城门上各建城楼4座。另建敌楼4座、警铺40座、水关2座（位于城东和城北各1座）、水门1座、垛口2031座、吊桥3座、石桥1座。护城河长1350丈、宽3丈、深3.5丈。整座城池的地形为"西南依山稍高，东北平衍"（道光版《广东通志》）。天顺年间（1457～1464），知县吴中增筑谯楼。竣工后，郑敬撰有《东莞谯楼记》。嘉靖年间（1522～1566），发现城池多处损毁，知县孙学古、主薄李文明等地方官吏主持重修。嘉靖四十二年，知县舒应龙因有兵变，遂议增筑城门外瓮城，由继任杨守仁主持并竣工。隆庆（1567～1572）末年，倭寇滋扰严重。万历元年（1573），知县董裕营遂主持修城，计长432丈。竣工后，参政罗一道撰有记，详述其事。此后，知县李文奎、翁汝遇等地方官吏先后主持城墙日常维修。崇祯三年（1630），因东莞遭遇大水，毁城百余丈。灾后，知县李模号召乡绅捐资修城，并"分督修完"。崇祯十一年，知县汪运光增修城楼，维修损毁处，其中北水关旧为木结构框架，容易腐蚀，遂改以石筑，并取名"保章关"。

清雍正三年（1725），东莞城墙有多处损毁，未能及时修缮。知县于梓召集工匠对全城需修缮地段进行资金估算，约需银3000余两。工程尚未开始，

▽ 东莞迎恩门 李晟睿提供

于梓离任。继任知县周天成在雍正六年与七年主持修竣。城墙及附属建筑（垛口、城楼等）"皆壮固完整"，修城经费"皆出己赀，不役民力"（嘉庆版《东莞县志》）。乾隆三十七年（1772），飓风毁四门城楼。乾隆五十五年，知县宣聪重修西门城楼。乾隆五十七年，知县史藻主持大规模修城，计东、南、北城楼3座，以及西、北护城河2段。嘉庆二年（1797）与嘉庆六年，飓风先后摧毁东、南、西城楼，以及左右炮楼及城墙百余处。嘉庆七年，知县朱振瀚复修城墙7段。次年七月，新修的7段城墙内侧又坍塌了两处。同年，知县田文焘主持修葺。嘉庆十九年，知县陈兆熙主持修复接龙桥段城墙。嘉庆二十一年，知县仲振履修复东、南、西、北城楼，以及各处损毁的城墙。嘉庆二十三年，署知县吉安主持修复东北角一段城墙。同治三年（1864）五月，连降大雨，导致东江河水暴涨，冲垮北城墙20余丈。灾后，知县吴经采主持修复。同治十二年，署知县张庆铼主持重修。此后，东莞城墙曾发生多处损毁，也曾多次被重修。

1912年后，东莞城墙逐渐损坏，但整体规模保存尚好，也有小规模的修建。

1949年后，因为城市建设的需要，东莞城墙大部分被拆除，有的地段城址被改建为马路。

20世纪80年代后，据当地文物部门调查：昔日城墙仅存东莞城西正路口的迎恩门（俗称"西城楼"）。2004年前后，曾对该城楼进行过大修。

1982年，东莞迎恩门被列为市级文物保护单位。

附：

明代，粤东沿海为海防战略要地，朝廷在此建24个卫，"五十九城，星罗棋布"（道光版《广东通志》）。因此，东莞除县城城墙外，还建有一些所城、寨堡和炮台。如：明洪武二十七年（1394）筑造的东莞所城，万历十六年（1588）筑造的虎门寨城，嘉庆五年（1800）筑造的沙角山炮台，嘉庆十四年筑造的新涌口炮台，嘉庆十九年筑造的镇远横档炮台，嘉庆二十二年筑造的大虎山炮台等。

清康熙二十六年（1687）筑造的山前寨城。康熙五十六年筑造的南山炮台。道光十年（1830）添建的大角山炮台。道光十五年添建的巩固南炮台和巩固北炮台。道光二十三年筑造的靖远炮台、九宰炮台、竹洲炮台、蛇头湾炮台、水军寮炮台。光绪七年（1881）筑造的定洋炮台等。

上述规制不等、规模不一的城墙，有些已毁圮，有的仅存遗迹，还有的保存尚好。其中：

△ 虎门威远炮台城墙　殷力欣提供

虎门镇威远炮台　位于东莞市西南部，虎门镇威远岛南山前偏西南海滩处。道光十五年（1835），广东水师提督关天培为加强中路海防力量所建，是虎门海口防务的主要阵地。现大部分保存尚好。

据当地文物部门调查，该炮台平面呈半月形，全长360米、高6.2米、宽7.6米。底层均用宽和厚各0.3米、长1.5米的花岗岩石垒砌，顶层用三合土夯筑。全台有券顶暗炮位40座，各高2.9米、宽4.2米、深6.6米。

1982年，虎门威远炮台被列为全国重点文物保护单位。

肖璇　杨国庆

东莞县城池：旧城砖砌。明洪武三年，南海卫指挥常懿始筑新城，包钵盂、道家二山于内，砌以石。周迥二千二百九十九丈，高二丈五尺，上广二丈，下广三丈五尺。雉堞一千三十一，城楼四、敌楼四、警铺四十，门四。崇祯十一年，知县汪运光修北关，以石易木，关城益固。其池一千二百五十丈，广三丈，深一丈五尺。

东莞守御千户所城：在旧东莞郡基，地名石子冈，去县二百五十里。明洪武二十七年，始筑。周迥五百五十二丈，高一丈八尺，上广一丈二尺，下广二丈五尺，城楼四，敌楼四，警铺二十五，雉堞一千二百，门四。其池五百九十二丈，广二丈，深一丈五尺。

——清《考工典》第二十三卷，引自《古今图书集成》

△ 博罗县城图　引自《乾隆博罗县志》清乾隆二十八年刻本，载《中国地方志集成·广东府县志辑（16）·乾隆博罗县志》

博罗，位于广东省东南部、珠江三角洲东北部，是客家文化和南粤文化汇聚地。

秦始皇三十三年（前214），博罗始置县，因境内有博罗山，故名博罗县（另有一说原名为傅罗县，晋太康元年改"傅"为"博"）。隋开皇十年（590），设循州，五代十国，南汉改名"祯州"。北宋天禧四年（1020），改名"惠州"。此后直至明清时期，博罗县皆属惠州。1988年，改惠阳地区为地级惠州市，博罗县随属惠州市至今。

秦置傅罗县时，县治设于梁化，城旧址在今惠东县梁化镇，但其形制、规模等详情无考。南齐建元元年（479），所置的罗阳县（县治在今境内龙溪镇南侧），废于唐太宗贞观元年（627），其遗址规模、形式也无从稽查。梁武帝天监二年（503），析南海郡置梁化郡，徙博罗县治于浮碇岗之西（即今县城罗阳镇）至今。县治徙于浮碇岗后，初无城墙。元时，邵宗愚占据广州起兵反元，马丑寒占据博罗相呼应，乃设置木栅及土墙环绕县城，"引溪为隍"（1958年《博罗县志》卷三）。

明成化十三年（1477。各地方志有不同说法：有"二十二年"、"二十三年"。此据道光二年《广东通志》），都御史宋旻亲到博罗勘定城墙界址，并责成按察使陶鲁负责主持建城。规划初定的城墙四至为：东抱浮碇岗，西跨榕溪，南抵东江，北面越过旧土城墙30步，凿开干涸的旧城壕引入榕溪水。时任知县欧阳楷担心费用过大而不能完工，乃缩小规模，由主薄林秀督工，建成东西长2里、南北宽120丈、周围600余丈、高1.6丈、厚1丈的砖石城墙。设城门5座：东曰"安仁"、"安阜"，南曰"镇远"，西曰"钜关"，北曰"太平"，建垛口1435座（1958年《博罗县志》）。弘治九年（1496），佥事王相认为博罗城池过于狭长，遂责成县丞向华主持扩建西面城墙，规模同宋旻原来规划的。城墙周长1025丈，高、厚如故。还建有附属建筑垛口1317座、更铺20座、敌台4座。至榕溪水口城门仍曰"钜关"，在其西边增建城门1座，曰"乐成"，博罗城主城门遂为6座，"又辟子门五，以便民汲"（1958年《博罗县志》）。嘉靖四十二年（1563），知县胡郁主持修城时，增高城墙4尺。嘉靖至隆庆年间（1522～1572），博罗发生民乱，许多地方遭侵扰，但博罗县城却未被骚扰，旧志称"乃推成城功"。因此，陶鲁、王相及一些地方官吏大规模修城后，均竖碑记事，以告后人。万历八年（1580），博罗遭遇洪水，许多地段城墙被冲毁。灾后，知县张守为主持修缮。万历二十二年，知县邓以诰缩南门若干步，并"树塞门于外。今形家以非便"（1958年《博罗县志》）。此后，博罗城墙虽时有损毁，但在地方官吏主持下也时有修缮。

清康熙六年（1667），知县胡大定主持修复南门。康熙十年，知县杨硕捐资主持修城，修复大南门城楼及城上损

▽ 博罗残存的城墙　李晟睿提供

毁的窝铺。乾隆五年（1740）、乾隆十六年，均有朝廷拨款由地方官吏主持城墙修葺。同治（1862～1874）初，知县朱用孚倡议修城，但尚未竣工即离任。以后，继任官吏继续主持修城，"阅数年，全城始完固"（光绪七年《惠州府志》卷六）。此时，博罗城墙周长5里、高2.4丈、厚1丈。开有城门10座：大东门曰"广仁"，小东门曰"安阜"；南门曰"文治"、"景星"、"小南"、"应骊"、"忠勤"；大西门曰"钜关"，小西门曰"乐成"，北门曰"太平"。还有窝铺6座、垛口2737座，其中博罗城垛口的数量值得一提：明成化时垛口数为1435座，到此时数量几乎增加了一倍，这与清初全国许多地方实行垛口"并二为一"的现象恰恰相反。如果不是文献记载有误，明清时博罗城垛口现象则为特例。

1912年后，博罗古城墙因战火、自然灾害、年久失修，尤其20世纪50年代因城市建设人为拆毁，逐渐毁圮。

20世纪80年代后，据当地文物部门调查：博罗城墙现存两段，一段位于博罗中学内，长约34米，城墙保留较为完整；另一段发现于2004年，在博罗县城榕溪西段河堤施工现场挖掘出一段古城墙，经考证此段城墙为明代所筑，与博罗中学老校区内的明代古城墙是同期建筑。为避免这段长约80米的古城墙遭到破坏，在城墙外部修建河堤，把城墙掩盖在河堤内面。

1985年，博罗古城墙被列为县级文物保护单位。

肖灏　杨国庆

博罗县城池：故无城环，治仅土墙。明成化二十三年，按察使陶鲁始建城。弘治九年，金事王相复即城西辟地二百五十步为今城，因榕溪为池。城高一丈七尺，周围七百丈有奇。门五，各有敌楼，窝铺一十六。嘉靖四十二年，知县胡郁增高四尺。

——清《考工典》第二十三卷，引自《古今图书集成》

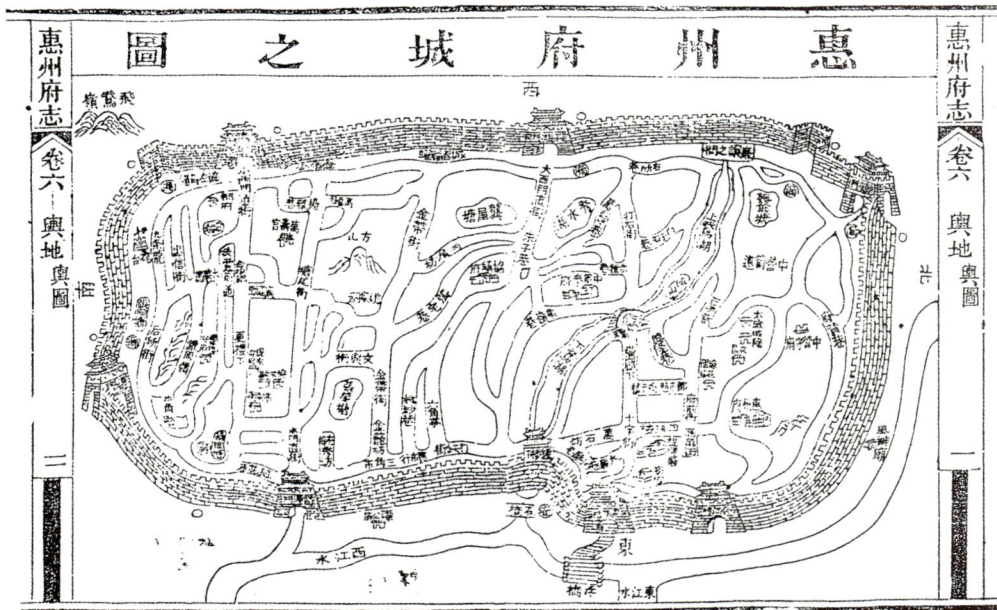

△ 惠州府城之图　引自《惠州府志》清光绪七年刻本

　　惠州，位于广东省东南部、珠江三角洲东北端，南临南海大亚湾，与深圳、香港毗邻，有"岭南名郡"、"粤东门户"、"半城山色半城湖"之称。

　　隋开皇十年（590），废梁化郡置循州。此后，建置、名称及辖地多有变化。宋天禧四年（1020），改称"惠州"。明清时期，惠州为府的建置。1912年，废惠州府，归善县改为惠阳县，后置惠阳地区。1988年，撤销惠阳地区，改为地级惠州市。

　　惠州最早筑城无考，故各地方志对元之前的城墙均统称"故城"。

　　明洪武三年（1370），惠州知府万迪以"宋元故城甚隘"（嘉靖三十五年《惠州府志》卷六）为由，与守御千户朱永率军民分段修筑。洪武二十二年，因设立卫所，由知府陈继主持再次扩建城墙，城墙周长1255丈、高1.8丈，建垛口1840座。开城门7座：分别曰"惠阳"、"合江"、"东昇"、"西湖"、

"朝京"、"横冈"、"会源",门上分别建城楼,在各城楼的旁边建窝铺28座。另据光绪七年《惠州府志》考证:称旧城南门改建为后来的钟楼,旧城北门改建为城隍庙。嘉靖十二年(1533),惠州知府蒋淦曾替换了各城门的匾额。嘉靖十七年,由于惠州遭遇飓风,导致部分城楼及垛口损毁。嘉靖二十年,知府李玘主持重修城墙。嘉靖三十五年,知府姚良弼、通判吴晋"阅城垣低薄请增筑之"(嘉靖版《惠州府志》)。此次大规模修城,军城自水门至小西门长308.5丈;民城自都督坊至武安坊长357.9丈,各增高约3尺(道光二年《广东通志》卷一百二十六称"九尺",有误。另《考工典》所载数据略有差异),"费金三百六十四两有奇,府卫共之"(嘉靖版《惠州府志》),竣工后,曾佩撰有修城记。嘉靖三十八年,知府顾言增筑城墙1.5尺,将尖垛口改筑为平垛口,耗"费一千八百八十八两"(将此次修城费用,对比三年前修城耗资"三百六十四两",难以理解。因此,嘉靖三十五年耗资"三百六十四两"恐有误)。崇祯十三年(1640),知府梁招孟奉诏增筑城墙,城墙加高3尺、增厚了5尺。城墙周长1326丈、高2.2丈。在梁招孟捐资500两带动下,守道杨鸿捐100两,推官鲍文宏捐30两,还修筑了城墙周边的桥道。

清顺治十八年(1661),惠州在地方官吏主持下重修城墙。康熙二十四年(1685),知府吕应奎主持大规模重修城墙,不仅城墙本体,还对其附属建筑,如城楼、窝铺、马路、水关、炮台等均修葺一新。雍正七年(1729),提督奉行督修。乾隆三年(1738)和乾隆八年,惠州地方官吏先后奉命修城,资金由国库调拨。道光二十八年(1848),在知府江国霖的倡议下,得到官民及乡绅支持,再次大规模重修惠州城,并改部分城门名:西门曰"平湖",小西门曰"环山"南门曰"遵海"。北门、水门、小东门及东门名依旧。此次修城经费,全部靠募捐所得,竣工后尚有余款竟多达2000余两。这笔费用被用于经商生息,"为随时修葺之用"(光绪七年《惠州府志》卷六)。

1912年后,惠州由于城市建设,逐渐拆毁城墙修筑马路(如环城东路、中山南路南段、水门路、南门路和环城西路)。

20世纪80年代后,据当地文物部门调查,位于中山公园至朝京门的一段长300多米的城墙尚存。2005年,因建设需要,惠州残存城墙部分遭野蛮拆毁。次年,惠州有关部门修复与重建了朝京门城台和城楼。

1990年,位于惠州市惠城区桥西街道上米街至北门渡口所的惠州府城遗址,被列为市级文物保护单位。

附:
在今日惠州境内,还有一些昔日城墙、城楼或城墙遗址,如位于惠州市惠阳区淡水街道张屋社区东门的淡水城墙遗址，于2010年被列为区级文物保护单位；位于惠州市龙门县龙城街道办城内社区居委会环城西路的龙门城墙遗址，于2003年被列为县级文物保护单位。除上述两座城址外，还有平海城。

平海古城　位于惠州市惠东县东南，始建于洪武十八年（1385），明太祖派花都司到平海建造城池，抵御外侵。"城周五百二十丈，高一丈八尺，雉蝶八百七十一，城门四座。"平海建城设所后，又设立平海巡检司署、平海营参将署、平海营中军守备署，还设有平海仓，为直隶归善县屯粮机构。

清康熙至嘉庆年间（1662～1820），在平海城前沿相继筑有大星山炮台、盘沿港炮台、墩头港炮台、东缯头炮台和吉头炮台，筑成一道道壁垒森严的海防线，因形似燕尾钟，而又被称为"钟城"。

20世纪80年代，据当地文物部门调查，平海古城墙周长1700多米、高6米，由砖石垒筑，仍较完整地保留着四座城门楼和部分城墙。

1984年，平海城遗存被列为市级文物保护单位。

肖璇

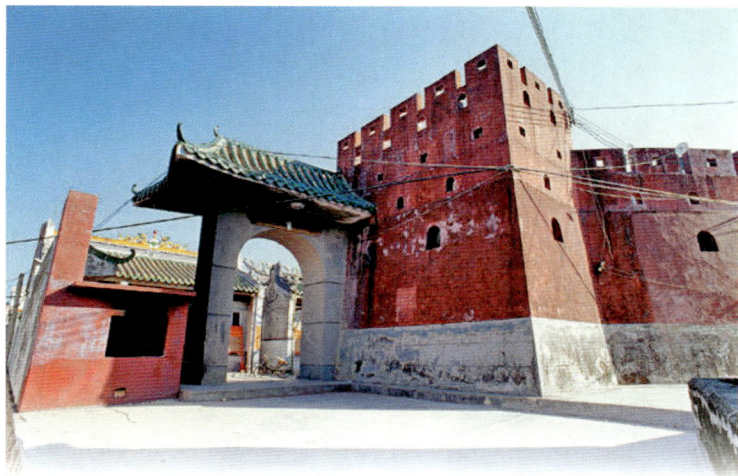

△ 平海古城　李晟睿提供

惠州府城池：宋元旧基，甚隘。明洪武三年，知府万迪率千户朱永拓之，高一丈八尺，周围一千二百五十五丈。门七：曰惠阳，曰合江，曰东昇，曰西湖，曰朝京，曰横冈，曰会源，上为敌楼。嘉靖三十五年，知府姚良弼、通判吴晋增筑之，军城自水门起至小西门都督坊止，长三百八丈；民城自本坊起至武安坊止，长三百五十七丈，各增高三尺。

——清《考工典》第二十三卷，引自《古今图书集成》

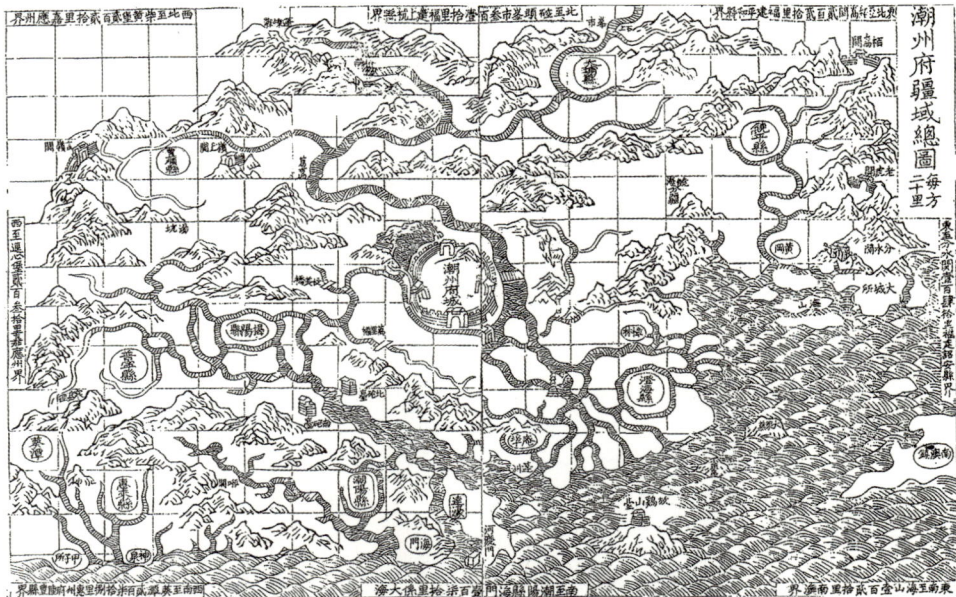

△ 潮州府疆域总图　引自《潮州府志》清光绪十九年重刊本，载《中国方志丛书·华南地方·广东省（46）·潮州府志》

潮州，位于广东省东部、韩江中下游，东与福建省接壤，素有"海滨邹鲁"、"岭海名邦"之美称。1986年，被列为国家历史文化名城。

东晋咸和六年（331），于南海郡东部析置东官郡。东晋义熙九年（413），析东官郡置义安郡，为潮州建置之始。隋开皇十一年（591），因地临南海，遂取"潮水往复"之意命名"潮州"，海阳（一说义安）县为州治。明洪武二年（1369），改潮州路始置府制，称潮州府。清代沿用。1912年，废潮州府。1914年，海阳县改名为潮安县。1991年，设地级潮州市。

潮州筑城较早，但北宋之前筑城详情不明。北宋以后，潮州筑城在规制和建造年代上大致可分为子城、外城、堤城和凤城。分述如下：

子城　北宋皇祐五年（1053），因广西发生"侬智高叛乱"，朝廷始令岭外各州"完壁垒以御寇"。两年后（至和二年，1055），郑伸出任潮州知州，随即主持州城的营造。该城为土筑，"后依金山山北，而南绕以濠，东临大江，外郭以土为之"（光绪十九年《潮州府志》卷六）。竣工后，郑伸撰有《筑城记》，并制碑立于金山（至今仍存）。此城，又被称之"子城"。

外城 又称"外郭"，始建年代不详，文献仅记"外郭以土为之"（光绪版《潮州府志》）。南宋初年，外郭大多夷为平地，且多为城厢民居侵占。两位知州徐渥、李广文在任时，先后酝酿复筑城墙，都因"议论不协"、"讼者纷然"而中止。直到绍定年间（1228～1233），由于海盗滋扰频发，出于城防需要，在知军州事王元应、许应龙、叶观先后主持下，才将南、西、北三面城墙修复，全长951丈。墙体结构内为夯土，外侧甃石。城东一面，由于临溪，环境特殊，未能修筑。

堤城 元大德年间（1297～1307），郡守太中帖里（《考工典》称"大中恰里"）主持修城，重点修东城滨溪一带，后人称之"堤城"（此据光绪版《潮州府志》）。关于堤城的修筑年代及史实，另有今人依据《三阳图志》的记载，将之提前到理宗端平（1234～1236）初，知州叶观上任后，认为"州治之东，溪界于左，……此方空阙，南西北虽有城，与无城同"，在判官赵尔禹、县丞赵必魁具体督工下，"遂东自新城门，沿溪傍岸，筑砌以石，至于三阳门之南，首尾与旧城联属，计五百五十丈，高二丈，雉堞与焉。仍结四门，以通水陆往来之道"（转引

▷ 潮州广济门
李晟睿提供

庄义青《隄城：潮州古城的瑰宝与历史见证》，载《韩山师范学院学报》2000年第3期）。其中四门为上水门、竹木门、浮桥门、下水门。嘉熙元年（1237），刘用行主持再次整修堤城，部分修城资金由坊户承担。

凤城 明洪武三年（1370），指挥俞良辅主持修城，扩建西南城墙，并以石筑砌，改门为7座，谓之"凤城"。城周长1763丈、高2.5丈、基宽2.2丈（光绪版《潮州府志》）、顶宽1.5丈。7座城门名为：东距溪曰"广济"、"上水"，左有涵洞曰"竹木"、"下水"；南曰"南门"，前有涵沟；西曰"安定"，门左有水关1座；北曰"北门"。门各有楼，内有兵马司。设东、西、南、北四门，后增为"义仓"，外筑以月城。城有敌台44座、窝铺67座、垛口2932座。宣德十年（1435），知府王源主持修城，不仅修缮了城墙的本体，也对一些附属建筑进行了修葺。弘治八年（1495），因水患，潮州城毁160余丈，城内可行舟。灾后，同知车份主持修缮。嘉靖十三年（1534），知府汤冔重建南门城楼。万历二十四年（1596），兵备道王一乾修外城马路。

清康熙三年（1664），由将军王光国（《潮州志》称"王国光"）主持修城，并改进城门抵御洪水的设施，城门安装带槽的石柱，一旦洪水来袭即插上木板，以堵洪水。雍正九年（1731），知府胡恂、知县张士琏申请修城，获准后利用库银主持大规模修缮城墙。乾隆六年（1741），地方官吏再次获准并得到资金而主持修城，疏通护城河东自上水门至南濠口，南面挖濠引韩江水绕至城西北角，周围共1412丈、宽8丈。城北因倚靠金山，而未开挖护城河。同治十年（1871），潮州城遭遇洪水，城墙有多处损毁。灾后，潮州镇总兵方耀采纳乡绅杨淞、朱以锷的建议，对堤城进行大规模修缮，自金山山麓至南城，全长780余丈，耗资16050两银，历时一年多竣工。此后，直至清末，潮州城墙虽多有损毁，但在地方官吏主持下，也多有修缮。

1912年后，潮州城墙局部也有修缮。如：1931年，潮州城广济门大修，部分木构架被改成钢筋混凝土结构。

20世纪50年代后，随着城市建设和改善交通的需要，潮州城的南、西、北三面城墙相继被拆除，惟东面城墙因面临韩江具有防洪功能得以幸存。

20世纪80年代后，据当地文物部门调查：潮州城墙保存较好的东面一段，北起金山，南至南门，全长2132米，保存四门，即上水门、竹木门、广济门、下水门。其中广济门城楼于2004年进行大修，修复后的广济门城楼，为三层重檐歇山顶，面宽五间，穿斗式梁架结构。

1989年，潮州广济门被列为省级文物保护单位。

肖璇 杨国庆

潮州府城池： 旧有子城。宋绍兴十四年，知府李广文循旧址甃砌，为门十一。元大德间，总管大中恰里修东城之滨溪者，谓之堤城。明洪武三年，指挥俞良辅辟其西南筑砌以石，改门为七，谓之凤城。城高二丈五尺，基阔二丈五尺，城面一丈五尺，周围一千七百六十三丈。东距溪曰广济、曰上水门，左有涵洞曰竹木、曰下水；南曰南门，前有涵沟；西曰安定，门左有水关一座；北曰北门。门各有楼，内有兵马司。东西南北四门，今增为义仓，外罗以月城。城有敌台四十四座，窝铺六十七间，雉堞二千九百三十二。万历二十四年，兵备王一乾修砌外城马路，其池广七丈有奇，延袤一千二百余丈，环西南北三面，合西湖通三利溪。有水关、石桥二所，惟东枕韩江。丰顺镇城，隆庆初筑。设通判一员驻镇，后通判仍居郡城，改设把总一员，募兵汛守。海阳县附郭。

——清《考工典》第二十三卷，引自《古今图书集成》

德庆 城

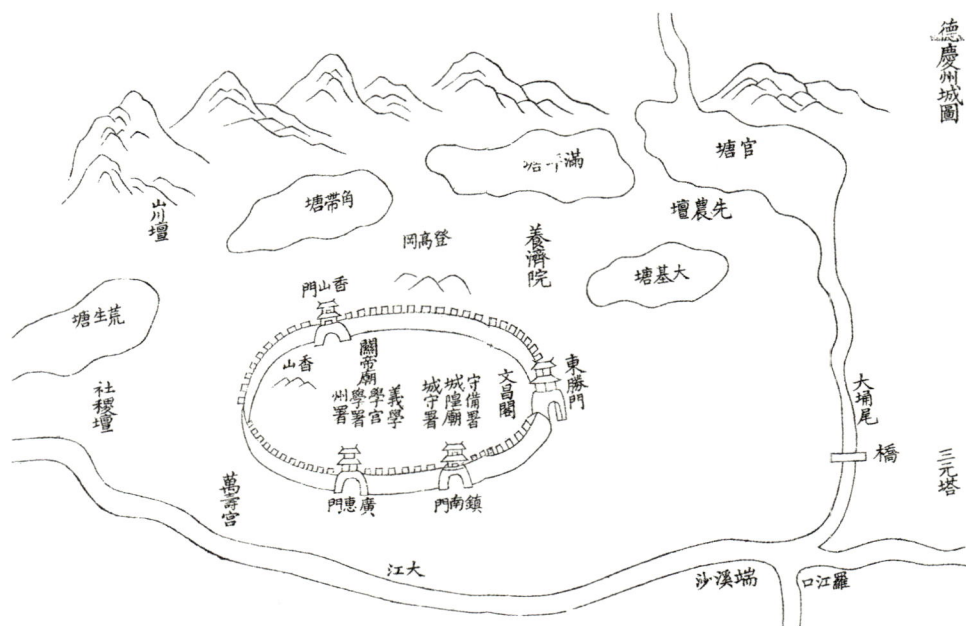

△ 德庆州城图　引自《德庆府志》清道光十三年修光绪二年重刊本，载
《中国方志丛书·华南地方·广东省（110）·德庆府志》

德庆，位于广东省西部、西江中游北岸，地处西江走廊之中，自古是岭南地区东西交通通道。

汉武帝元鼎六年（前111），设县，初名"端溪"。此后，建置、隶属及辖地多有变化。宋绍兴元年（1131），改名德庆府。明洪武九年（1376），改府为州。1912年，改州为县。1988年，属肇庆市至今。

德庆筑城较晚。据地方志记载："德庆古无城池。"皇祐四年（1052），广源州蛮首领侬智高起兵反宋，德庆（当时称"康州"）因没有城墙，遂被轻易攻陷。有鉴于此，平乱后的皇祐六年开始筑建城墙（后称"子城"）。当时的德庆城墙高1丈、厚8尺、周长230丈，仅能容纳州署及仓库，规模较小。《德庆州志》记载："德庆扼广右之门户，据岭西之上游，绾邕、桂、贺三江之口，诚为雄固山川的锁钥要地。"此后300年间，德庆城仅有过几次修葺，而州城规模未变。如元至正年间（1341～1368），"重修峻之"（道光二年《广东通志》卷一百二十七）。

明洪武元年（1368），守御千户邵成领兵镇守德庆，发现旧城太过矮小狭隘，不足以容兵防守，于是"度山川形胜，会本府官属，命议上闻，撤而大之"（明·衡守敬：《德庆新筑城垣记》）。新城以砖石砌砌，周长1100丈、高3丈、厚1.5丈。城上置串楼720座、敌楼39座。全城设城门5座：东曰"东胜"、"忠顺"，南曰"广惠"、"镇南"，北曰"香山"，各城门均建城楼。护城河周长1150丈、深1丈、宽3丈。不久，又将城上串楼拆除。景泰七年（1456），都御使马昂主持重修德庆城，并增高城墙3尺。成化七年（1471）、成化十五年先后重修。嘉靖五年（1526），筑香山门外瓮城。隆庆五年（1571），知州杨士中主持修城及疏浚护城河，并增修全城垛口。次年，增筑东胜门外瓮城。万历元年（1573），增筑镇南门外瓮城。同时，认为位于东北的忠顺门偏僻，难以防御，风水先生称此门为"艮位"（《周易》六十四卦中第五十二卦，代表"山"），被称之"鬼门"，遂将其堵塞不开。万历二十年，知州陈荣祖复开忠顺门，"果不利"。万历二十七年，再次封闭忠顺门。崇祯六年（1633），知州商朝仕主持重修城墙，增筑城墙3尺，并于忠顺门楼右侧建造文昌阁（后供奉商公神像），以改善风水的不利。

康熙五年（1666），德庆城东北段的城墙坍塌数十丈，知州秦世科修城并兼修北门城楼。康熙十二年夏，暴雨，毁城40余丈，知州谭桓再次维修。康熙四十年、康熙五十六年，在地方官吏主持下均进行过规模不等的修缮。雍正九年（1731），知州王玉璱号召乡绅捐资修城，范围是城东北角110多丈。乾隆十二年（1747），知州施德宏申请到库银修城资金，遂主持大规模修城，修缮了北门城楼、全城周边马路及窝铺。乾隆十六年，西面城墙坍塌一段。次年，知州宋锦对其进行修缮，并修葺各城门楼，疏浚护城河。此后，城墙虽时有坍塌，也时有修缮。

1912年后，德庆城在经历了1914年、1915年和1925年三次特大洪水后，城墙残破不堪，城楼、城门等附属建筑也荒圮日甚，有乡人多次提请政府予以处理。1927年秋，当局派人拆除了濒危的大东门城楼，此为德庆拆城之始。之后又陆续拆除大东门以北城墙，修筑德城至高良公路。1931年继续拆东城墙南段，拆"康衢古埠"牌坊和白帝楼，以扩建大码头。以后数年，其余各城门也先后被拆除，城砖多为附近居民取去。

1949年后，随着德庆城市发展，昔日残存城基再度遭到损毁。

附：

江村故砖城　位于德庆县官圩镇江村，始建于南宋，传为南宋江璆所建。江璆，南宋江万里之子，德庆府知军州事、兵部尚书。据清光绪版《德庆州志》记载：宋，江璆宦康州，遂家金林乡二都钦仁里双朵村。卒，葬村后圣岭岗。此后，其后人就墓前族居，遂改"双朵村"为"江村"。《德庆州志》还记载："江村旧名双朵（垛）村，有故砖城，有江璆墓。"城墙保存至今基本完好，特别是北城墙和三座城门基本完好。

20世纪80年代后，据当地文物部门调查：该砖城墙高3.76米、厚0.35米、周长480.5米。城墙座北朝南，呈长方形，共设四门：南城墙正中设"仁和门"凸出向前，与东西两端城墙连接后呈弧形；北城墙设三门，正中称"仁义门"，靠东称"福禄门"，傍西称"福德门"。

2003年，江村故砖城被列为县级文物保护单位。

肖璇

德庆州城池：宋皇佑六年，始筑子城，高一丈，厚八尺，周二百三十丈。明洪武元年，守御千户邵成奏改立城址，甃以砖石，高三丈，厚一丈五尺，周一千一百丈。上置串楼七百二十，敌楼三十九，门五，俱有楼。后撤串楼。景泰七年，都御使马昂命周城增高三尺。嘉靖五年，始筑香山门月城。隆庆五年，知州杨士中修复益增雉堞，以忠顺门僻在东北，塞之。六年，创建东胜门月城。万历元年，创南门月城。池，宋黄佑六年浚。明洪武元年加浚，深一丈，阔三丈，周一千一百五十丈。隆庆五年，知州杨士中濬深，仍引香山泉水而环注之。

——清《考工典》第二十三卷，引自《古今图书集成》

△ 揭阳县疆域图　引自《潮州府志》清光绪十九年重刊本，载《中国方志丛书·华南地方·广东省（46）·潮州府志》

揭阳，位于广东省东部潮汕平原，东邻汕头、潮州，西接汕尾，南濒南海，北靠梅州，素有"海滨邹鲁"、"小戏之乡"之称。

揭阳是粤东古邑，得名于古五岭之一的揭阳岭。汉元鼎六年（前111），始设揭阳县治。以后，几经复废。宋绍兴十年（1140），再次设立揭阳县。明清时期，揭阳皆属潮州府。1991年，揭阳撤县建市（地级市）。

揭阳，"自宋置县，旧未有城"（道光二年《广东通志》卷一百二十六），仅建县衙、街巷。元至正十二年（1352），因其境常有倭寇袭扰，无险可守，难以防备，地方官吏达鲁花赤达不歹（《考工典》记为"苔不歹"）遂主持营造城池，城墙分内、外两重。内为石城，周200丈，外为土城，周800余丈。至正十六年，当地乡民陈遂拓广土城。

明初，揭阳"太平日久，城坏濠湮，遗址十无一二"（陈瑄：《城池记略》）。天顺四年（1460），海寇魏崇辉、罗刘宁作乱，知县陈良贵到任后，遂主持大规模修城。再次用石材扩建内城的东北100丈，共计长300丈、高1.5丈、宽1.4丈。扩外城之西北700余丈，共计长1600丈、高1.2丈、宽1.6丈。次年六月竣工后，潮州知府陈瑄撰有《城池记略》，详述其事。成化二十三年（1487）七月，流寇千余人于白天入城，劫库放囚。九月，平乱后，按察使陶鲁下令让通判吴璘主持督修城池。弘治元年（1488），佥事陈英下令让同知沈景继续修城，役民雇工，以石为基，高5尺；上累以砖，高7尺；垛口高3尺，总高1.5丈。总计费银6300多两。不久，许多地段出现损毁。弘治四年，知县邵遵道主持修复损毁地段。弘治十一年，知县敖公辅主持大规模修城，易砖以石，修葺女墙、城楼"为之一新"，费银5900多两，征调民夫数十万，民众怨声载道。正德三年（1508），县丞陈琳主持大规模修城，城墙内外马路各增2丈"水脚签桩，桩缝复垒以石和灰土筑之。灰土上面复纵横其石，城称巩固"（光绪十九年《潮州府志》卷六）。嘉靖七年（1528），主簿季本又重修内外腰城百余丈，马路600余丈，城楼、窝铺也全部重修。嘉靖三十四年，沿海有寇警，揭阳又增筑四门的外瓮城。万历十八年（1590），城垣部分坍塌，知县李樗重修并增高城5尺。天启元年（1621），知县曾应瑞于东、北二门上下建学宫，并新开一门，取名"进贤"。崇祯二年（1629），

◁ 揭阳进贤门
　李晟睿提供

因海寇来犯，"直抵城下"，知县冯元彪仓促组织军民修城，修缮原有垛眼2628座、烟墩9座，分7坊各设窝铺，派兵守御。另筑铳柜（放置火铳的建筑）11座，置于城下各要害的地方。崇祯五年，知县陈鼎新又新筑铳城2座，南置于观音阁边，北置于马牙罗家田界。

清顺治三年（1646），因有民乱，遂关闭进贤门。康熙三十九年（1700），知县蔡毓志重辟之。雍正八年（1730），因东关外和西关外钓龟桥两侧设有灰窑，有碍护城河，知县陈树芝遂令填平以护河堤，并"勒石永禁"（光绪版《潮州府志》）。乾隆八年（1743），因获朝廷批准并得到拨款，揭阳遂大规模组织疏浚护城河。内护城河长1600丈、宽1丈、深8尺。外护城河1600余丈、宽2丈、深1丈。嘉庆五年（1800），添官鞋石炮台。此后，揭阳城墙虽时有损毁，但在地方官吏主持下，基本能得到及时修缮。

1912年后，揭阳城墙已无大的修葺。1938年，当时的县政府将揭阳城墙逐步拆除，大部分城址改建为环城马路。

20世纪80年代后，据当地文物部门调查，元时揭阳达鲁花赤所建内城墙，也称"禁城"，是省内唯一保留至今且大部完整的元代城墙。同样保留下来的还有揭阳城的进贤门，该城门分上下两部分，城门拱券为石筑，城台上为三层的城楼，城楼通高16.77米，为纯杉木结构。

1992年，进贤门被列为市级文物保护单位。2010年，揭阳禁城被列为省级文物保护单位。

附：

靖海古城　地处粤东沿海突出部，东北、东、南三面濒临南海，形似半岛，居航海要冲，地理位置独特，向为海防前哨、屯兵要塞，历来有"东土屏藩"、"惠来锁钥"之称。

靖海古城墙于明嘉靖二十八年（1549）始建，历13年建成。康熙三十八年（1699），重修。雍正五年（1727），再次修缮。

20世纪80年代后，据当地文物部门调查：古城墙为近600米的石头城墙，两边系条石垒筑，中夯灰土。城上设有垛口，垛墙设有望孔，城墙设有宽约四米的跑马道。古城设东、西、南、北四门（现存东、西、北门），城门上均勒石刻牌匾。城门附属建筑有城楼和外瓮城。城墙四角有突出城外并高于城墙的方形角台，现存东南、东北角。城内贯通四门的长十字形架干道骨及卵形围墙形成古城独特的象形格局，故被称为"象城"。2006年，地方政府及文物部门曾组织加固维护，并撰立石碑"重修城墙记"。

2010年，靖海古城被列为省级文物保护单位。

肖瓛　杨国庆

揭阳县城池： 宋宣和三年，割海阳县永宁、延德、崇义三都地置县。元至正十二年，达鲁花赤苔不歹因海患，始砌内城二百丈，筑外城八百余丈。明天顺间，知县陈侯爵于城之东北、西北各增修一百丈，阔三百丈，周围一千六百丈，高一丈五尺，广一丈四尺，砌以石门四。成化二十三年，按察司陶鲁命增筑之，甃石为址，上累以覽。弘治十一年，知县敖公辅易覽以石，门楼、警铺俱备。嘉靖三十四年，筑四门月城。万历十八年，重修，增高城五尺。其池周围七百五丈，深一丈，广二丈。天启间，知县曾应瑞增进贤门，为五门。

——清《考工典》第二十三卷，引自《古今图书集成》

△ 乐昌县城全图　引自《乐昌县志》清同治十年刊本，载《中国方志丛书·广东省（61）·乐昌县志》

　　乐昌，位于南岭山脉南麓，北毗邻湖南省的宜章、汝城县，是广东省最北的一个县级市，有"广东北大门"之称。

　　西汉时期，其境属曲江县地。梁天监七年（508），析曲江县西北境置梁化县，为乐昌县建县之始。隋开皇十八年（598），改梁化县为乐昌县，因其县内有乐石、昌山而得名，直属韶州。元朝隶属韶州路。明清时，隶属韶州府。1912年后，属岭南道。1994年，撤县设市（县级市）。

　　隋开皇九年（589），乐昌迁治于赵佗城（详见附）。唐武德四年（621），县治北移，迁往泷溪和禄溪之间，未建城垣。北宋开宝四年（971）。县治迁往城南都（今县治所在地）。元至正十五年（1355），县治复迁赵佗城。

　　明洪武二年（1369），知县索彦胜又复迁县治于城南都，始筑土城。其周围360丈、基厚1.3丈、高2.6丈、垛墙高4尺，四门。成化三年（1467），知县潘昱重加版筑，并疏浚城壕，西北长150丈、深5尺、宽1丈，南临武水，东接禄溪。弘治元年（1488），通判伍惠，知县吴景温、叶蓁、宋湖辈相继易土为砖，扩50丈，建串楼268间。弘治十三年，知县袁尚宾重修城门4座：东曰"东川"，南曰"武水"，西曰"西泷"，北曰"桂山"（据清同治十年《乐昌县志》卷二）。正德七年（1512），知县林琦筑东、南、北三门子城。嘉靖二年（1523），知县龙章修串楼37间。嘉靖十六年，知县张坚重修城门。嘉靖四十一年，知县王三聘在西门口增筑一座子城，周围半里，子城的西、南、北共三门，后被洪水冲毁。万历八年（1580），知县张祖炳重修四门城楼。崇祯十四年（1641），知县罗铭鼎重加筑城池，增高6尺，加厚2尺，并增添雉堞（据清同治十三年《韶州府志》卷十五）。

清顺治十六年（1659），乡人白世师等合子城居民倡捐修葺。雍正七年（1729），知县马燧重修乐昌城，并于四门上添设城楼：东曰"丰乐"，南曰"文明"，西曰"阜城"，北曰"承恩"。道光十三年（1833），知县姚鼎略重修。咸丰三年（1853），泷水上涨，县城水深过丈，三日始退，城墙崩塌数处，知县经文改筑正东门。咸丰五年，知县方鉴源又进行重修，并改建了原四门，改名东曰"朝阳"，南曰"阜财"，西曰"韩泷"，北曰"拱宸"，四门皆钉以铁叶。咸丰十年，知县吴裕徽修造城楼8座。其后因风雨侵蚀，年久失修，城墙逐年崩塌，所存无几（据1931年《乐昌县志》卷七）。

1915年，霪雨为灾，县城南门崩塌数处，冲垮房屋，损失巨大。1930年，因城建需要，拆除古城南门及城墙60余丈，开辟马路。此后，拆城不断。

1949年后，乐昌城墙基本无存。现仅存为一座4～5米高的拱形石砌关口，名曰"蔚岭关"。太平天国将领石达开曾多次率部往返于湘、粤时，均经此关。

1987年12月，蔚岭关（小庾岭）被列为市级文物保护单位。

附：

赵佗城遗址　位于广东乐昌城西岸的武水泷口。据史料记载，赵佗曾分别于仁化县的城口和乐昌县的泷口等要隘修筑城池，建造工事，加强防卫，重兵把守，以断绝秦皇在粤北的通道。元至正十二年（1352），此城因兵乱被毁。

据当地文物部门调查，该遗址城基东临武水、县城，西望衡广复线武江铁桥，离河面高约10米，台地高出地面约2米，距河边约3米，南北延伸约50米，残墙城基为河卵石筑砌。这座汉代古城址的发现，为研究粤北先秦文化和历史以及南海尉赵佗在粤北的布防提供了重要的史料和依据。

1987年，赵佗城遗址被列为市级文物保护单位。

肖璠　王腾

乐昌县城池：周回二里有奇，凡三百六十丈，高二丈二尺，广一丈三尺，上广一丈，垛墙高四尺。明洪武二年，知县索彦胜始筑土城。弘治元年，通判伍惠，知县吴景温、叶蓁、宋湖辈相继甃砖，拓五十丈，置串楼二百六十八间。正德七年，复作子城。嘉靖十六年，知县张坚修四门：东曰东川，西曰西泷，南曰武江，北曰桂山。四十一年，知县王三聘筑西门外子城。其池西北二百五十丈，阔二丈，深半之，南临武水，东临禄溪。

——清《考工典》第二十三卷，引自《古今图书集成》

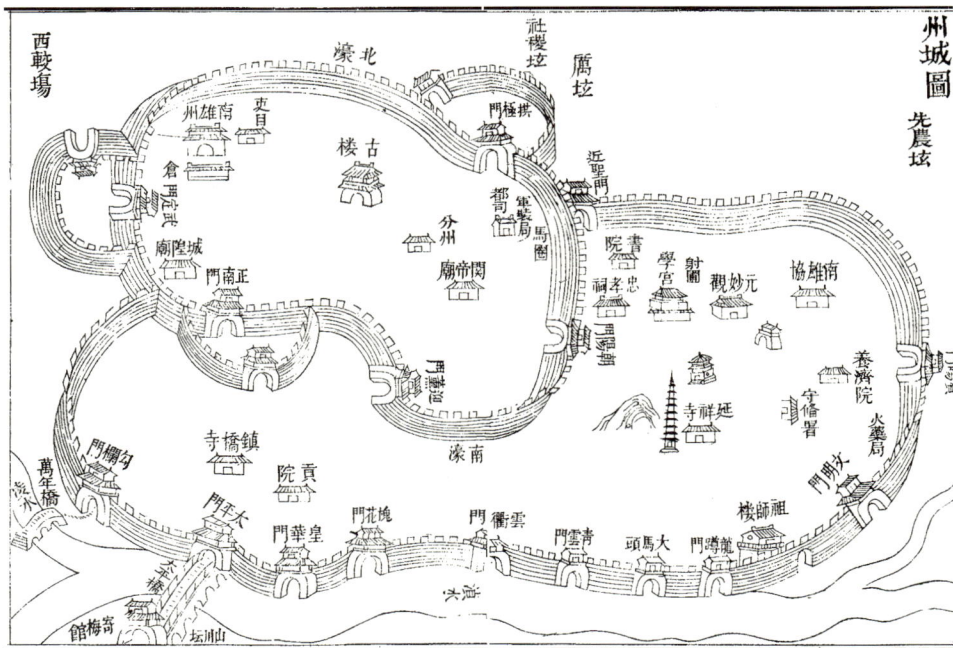

△ 南雄州城图　引自《南雄直隶州志》清道光四年刊本，载《中国方志丛书·广东省（60）·南雄直隶州志》

南雄，位于广东省北部、大庾岭南麓，毗邻江西省大余、信丰、全南三县，自古是岭南通往中原的要道，史称"居五岭之首，为江广之冲"，也有"枕楚跨粤，为南北咽喉"之说。

春秋时期（前770～前476），其境为百越地。唐光宅元年（684），置浈昌县。南汉乾亨四年（920），在浈昌县置雄州。宋开宝四年（971），改名南雄州。明洪武元年（1368），置南雄府。清嘉庆十二年（1807），改为直隶南雄州。1912年后，改为南雄县，隶属广东省。1996年6月，撤县设市（县级市）。

北宋皇祐四年（1052），南雄始筑城墙，由知州肖渤倡建，名为"斗城"。城周长6860尺、高2.5丈，女墙6尺（据清道光二年《广东通志》卷一百二十八）。设城门3座：东曰"春熙"（后建钟楼），西曰"凌江"（后改为"武定"），南曰"政平"。三门均设有外瓮城。南宋淳熙五年（1178），知州李嵘重修。嘉定七年（1214），知州刘公亮重修。嘉定十年，知州黄庶重建三门。嘉定十三年，知州孙宓重修。嘉定十七年，知州赵汝轮重修。绍定六年（1233），知州张友重修（据清道光四年《直隶南雄州志》卷十一）。

元至正二十五年（1365），镇守指挥王玙率民重修斗城，并在斗城东面连接扩建土城，名曰"顾城"。土城周长340丈、高和宽各1丈余。增设三门：东曰"朝阳"，又称"小东门"；南曰"迎熏"，又称"小南门"；北曰"拱极"（据清道光二年《广东通志》卷一百二十八，《考工典》称"明初"）。城壕周长与城垣相当，深1丈余。

明成化二年（1466），南雄知府罗俊又改顾城土墙为砖石，后将斗城与顾城合称为"老城"。城墙周长合共727丈，共设城门5座：分曰"小东门"、"大北门"、"大南门"、"小南门"、"西门"。成化五年，巡抚都御史韩雍命金事陈贵率南雄吏民扩建南雄城，即从小北门起向东北方筑土城至牛轭潭，所筑城墙长300余丈，并沿浈江河岸竖立木栅，称"新城"。成化十二年，斗城西河泛滥，知府江璞筑堤以卫城。正德三年（1508），为防流寇作乱，知府王珀改新城土墙为砖墙。正德九年，知府李吉将新城女墙增高6尺，并增设东面"宾阳门"和东南面"文明门"（据清道光四年《直隶南雄州志》卷

▽ 南雄正南门 李晟睿提供

十一），城壕宽和深各1丈。嘉靖五年（1526），知府伍箕重修。嘉靖十三年，知府何岩重修。嘉靖四十三年，知府欧阳念倡沿河筑城，改木栅为砖石结构，称为"水城"，并入新城。至此，南雄城经近百年的大规模营建、扩建，斗城、顾城、新城三城连环，其城墙总周长达至1131.7丈。设城门11座，其中水门6座：曰"小北门"、"宾阳门"、"文明门"、"龙蹲阁水门"、"大马头水门"、"青云水门"、"云衢水门"、"皇华水门"、"槐花水门"、"太平门"、"小西门"（据清道光二年《广东通志》卷一百二十八）。万历四年（1576），斗城水陷导致坍塌数十丈，小东门右至小南门倾圮城垣30余丈，沿河水城尽废，倾圮400余丈，知府周保重新修筑。

清顺治八年（1651），南雄内、外城陆续倾圮，知府郑龙光修葺。顺治十四年，大水。斗城、顾城、新城俱陷，水城全圮。灾后，知府陆世凯重修。康熙十五年（1676），因逆贼进犯，内、外城俱倾圮，后由郡守党居易修筑。康熙三十四年，知府罗衍嗣开文明门。雍正七年（1729），知县逯英动帑大修城池。雍正十一年，知县朱金山补修。乾隆九年（1744），知县范容治重修。乾隆十三年、十六年，知县杨天德重修，城壕宽1丈，水城未修城壕（据清道光二年《广东通志》卷一百二十八）。嘉庆十三年（1808），在南门上建南薰楼。

1912年后，南雄城墙大部分已毁，仅留有部分城墙以及正南门等城门、城楼。

20世纪80年代后，据当地文物部门调查，正南门位于现南雄市区中山街，为明万历年间（1573～1620）改筑。城楼门额嵌有石匾，石匾通高100厘米、宽60厘米，直书阴刻正楷，右落款直书刻："万历二十三年五月吉旦"；左落款直书刻："南雄府知府张东旸同知陆鲤通判谢文炳重修"。其城门楼则为清嘉庆年间（1796～1820）重修，楼坐北朝南，用麻石砌基和青砖平卧顺放叠砌。城楼高8.2米、进深12米、上宽10.25米。城门拱券高3.6米、宽3.95米；穿斗式和抬梁式梁架结构，重檐歇山顶。

2002年，南雄城墙遗存被列为省级文物保护单位。

附：

梅关和古驿道　位于江西省大余县和广东省南雄市交界处的梅岭上，是唐朝名相张九龄所开凿。现存梅关关楼和古驿道约8公里，宽仅5尺，为鹅卵石铺筑。北宋时扩修驿道，并在岭上设关楼，匾额"南粤雄关"、"岭南第一关"。清初于楼侧立"梅岭"碑，高2.75米。

2006年，梅关关楼和江西境内的古驿道，被列为全国重点文物保护单位。

肖瓛　王腾

南雄府城池： 城仅环府治。宋皇祐壬辰，知州肖渤辟之。为三门：东曰春熙，西曰凌江，南曰政平。明初，镇守指挥王玙修改三门为东、西、南，谓之"斗城"。增筑外郭三百四十丈，崇一丈有奇，厚称之。东、南、北各开小门。成化丙戌，巡抚都御使韩雍檄知府罗俊石甃之。己丑，佥事陈贵自小北门至牛轭潭筑土城三百余丈，沿河固以木栅。正德戊辰，知府江璞请于都御使林廷选奏以瓴甋易之。甲戌，知府李吉增女墙六尺，门其东曰宾阳，谓之新城。其池广一丈，深亦如之。保昌县附郭。

——清《考工典》第二十三卷，引自《古今图书集成》

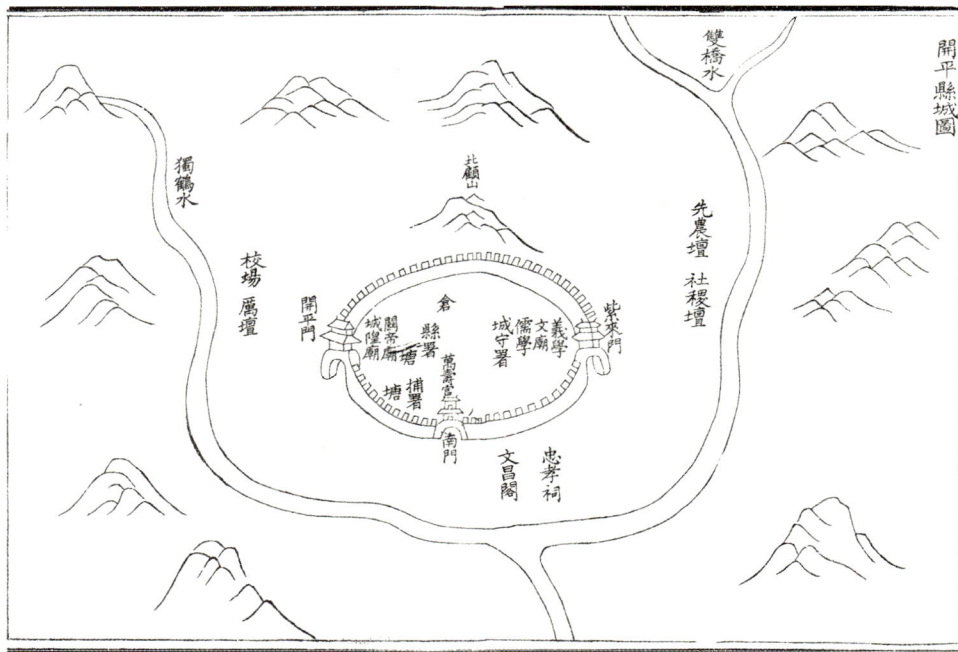

△ 开平县城图　引自《德庆府志》清道光十三年修光绪二年重刊本，载
《中国方志丛书·华南地方·广东省（110）·德庆府志》

　　开平，位于广东省中南部、珠江三角洲西南面，因原开平县三埠镇被潭江分割为长沙、新昌和荻海三个区域，与武汉三镇有相似之处，故有"小武汉"之称。

　　汉武帝元封五年（前106），其境隶属交趾刺史部合浦郡临允县。唐开元二十一年（733），其境分属岭南道新州新兴县，冈州新会、义宁县。明万历元年（1573），因在仓步村（今苍城）屯兵，称开平屯。清顺治六年（1649），开平立县，隶肇庆府。1912～1949年，先后隶属粤海道、南路行政公署。1993年，撤县建市（县级市）。

　　明万历元年（1573），开平始筑城墙，为岭西兵备李材平定阳江、恩平、新会、新宁一带匪患后，就地置开平屯并建石城以防御。后称为"仓城"或"苍城"。此城周长358丈（据1931年《开平县志》卷七中记载，对比下文，疑为误记，实为"二百五十八丈"）、高8尺、厚2尺。开城门2座：东门和南门（据清道光二年《广东府志》卷一百二十七）。

清顺治七年（1650），城守张瑞汉在东门、南门上各建城楼1座，又在城墙周围筑起敌楼5座。康熙四年（1665），城墙再增高3尺，并筑雉堞320座，另筑窝铺6座。又命名东门曰"紫来"，南门曰"开平"（《考工典》记为"常平"）。康熙十一年，知县薛璧又修葺加固城墙敌楼。雍正十三年（1735），知县陈冠世将砖土间杂、低矮单薄的城墙改为砖墙，城周扩为328.4丈、基厚1丈、顶宽8尺、高连雉堞1.6丈。设东、西、南、北四门并各建敌楼，北门因近山人少，故常闭。将雉堞增至528座，疏改南门城壕绕城西流（据清道光十三年《肇庆府志》卷五）。此后城墙曾因水浸、台风等造成损坏或部分崩塌，在地方官吏主持下，先后均作修复。乾隆五年（1740），城因水倾圮，知县汤万炽重修。道光三年（1823），东、西二门城楼损毁，知县王文骧重修。同治十三年（1874），飓风毁城，知县吴廷杰重修。光绪三十四年（1908），大水，城东、西、南三面倾圮城垣20余丈，知县冯秉经重修（据1931年《开平县志》卷七）。

1935年后，开平县进行市政建设，拆城墙、开马路，城墙大部分被拆除。

据2002年《开平县志》记载：开平城墙，现存完好的仅有风采古城墙，位于荻江西岸，即靠近风采中学操场北边地方。呈弧形，全用花岗岩石砌成，城墙上面铺水泥，城墙中建有九个炮孔。另一处位于风采中学操场中间至风采堂前殿地方，原荻获嘴炮台设在风采中学的传达室附近；现在的围墙，是建好风采堂后于1915年迁建的，不过围墙用的花岗岩仍是当年城墙用的石料。

附：

开平碉楼 集防卫、居住和中西建筑艺术于一体的乡土建筑群体，其作用是中国古代乡村中起瞭望、预警作用的"角楼"。根据现存实证，开平碉楼最迟在明代后期已经产生，大量兴建在20世纪20年代左右。从建筑结构与材料上分，有石楼、三合土楼、砖楼、钢筋混凝土楼等四种。从建筑形体看，悬山顶式，也有国外不同时期的建筑形式、建筑风格，它的最大特点是按照自己的意愿选取不同的外国建筑式样综合在一起，自成一体，既有古希腊、罗马的风格，又有哥特、伊斯兰、巴洛克和洛可可风格的建筑要素。开平碉楼有一个共同的特点，即门窗窄小，铁门钢窗，墙身厚实，墙体上设有枪眼。有的碉楼更是在顶层四角建有突出楼体的"燕子窝"，从"燕子窝"的枪眼居高临下便可以对碉楼四周形成上下左右全方位的控制。

2001年，作为近现代重要史迹及代表性建筑，开平碉楼被列为全国重点

△ 开平碉楼群　王莹摄

文物保护单位。2007年，广东开平碉楼与村落被列入《世界文化遗产名录》。

肖巚　王腾

开平县城池：旧开平屯堡，周三百五十丈，高八尺，厚二尺，止东、南二门。顺治七年，城守张瑞汉各建城楼于二门，敌楼五。康熙四年，知县高子翼修高三尺，建雉堞。颜二门：东曰紫来，南曰常平。

——清《考工典》第二十三卷，引自《古今图书集成》

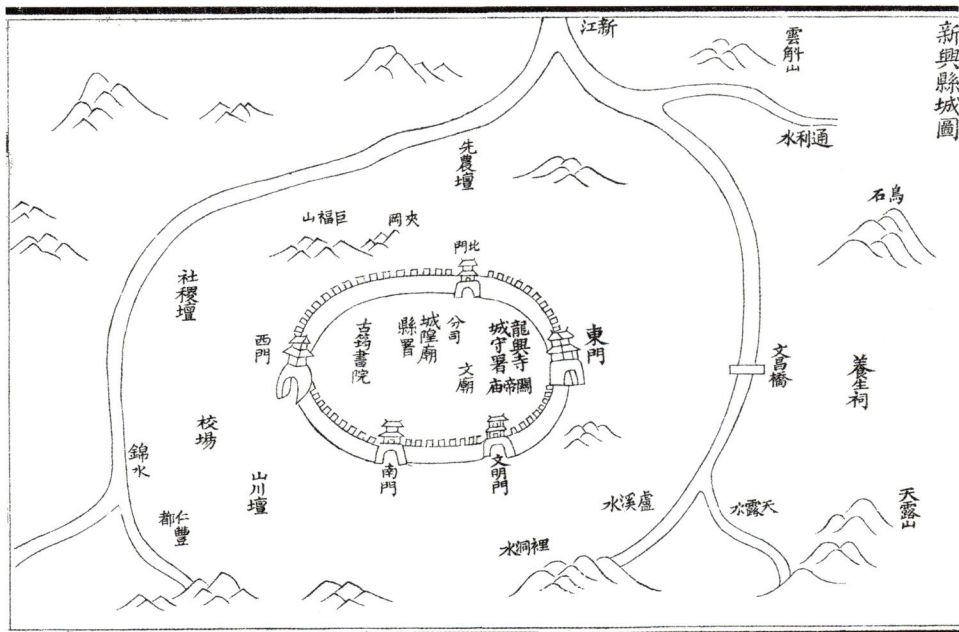

△ **新兴县城图** 引自《德庆府志》清道光十三年修光绪二年重刊本，载《中国方志丛书·华南地方·广东省（110）·德庆府志》

新兴，位于广东省中部偏西、云浮市南部，是禅宗六祖慧能大师的故里，1300多年的禅宗文化在新兴传承不息，有"中国禅都"之说。

汉元鼎六年（前111），置临允县，属合浦郡。东晋永和七年（351）改西晋设的新宁县为新兴县。南朝宋元嘉年间（424~453），改名新城县，隶新宁郡。梁天监二年（503），更名新兴县。元至元十六年（1279），改新州为路，属江西等地行中书省。明洪武二年（1369），废新州，新兴县隶属于广东布政司岭西道肇庆府。1958年，新兴、云浮并为一县，称新云县。1994年，地级云浮市设立，新兴县隶属云浮市管辖。

新兴城始以竹为障，《广东新语》记载："……新兴向无城，环种是竹，号笋城……"隋唐以后历称"筠城"。宋建炎四年（1130），州守王敦仁始用砖石修筑城池，周长1278步。绍兴二十一年（1151，《考工典》记为"绍兴二十年"），州守黄济（《考工典》记为"王济"）将城南扩大1里，东、西、北各扩半里植竹环城，称"竹城"。城周长1484丈，设四门，城外设有城壕。元至正十年（1350），广西壮民入城将城焚毁，后修复（据清道光十三年《肇庆府志》卷五）。

明洪武十三年（1380），增建土垣于竹城之内，周长1180丈、高8尺、厚5尺。设有城门及城楼4座：东曰"朝阳"，西曰"德胜"，南曰"长生"，北曰"拱辰"。天顺七年（1463），城又被广西农民起义军攻破，知府黄瑜请都御使叶盛奏于土垣内另筑砖城，周长649丈、高1.8丈、厚1.7丈（《考工典》记为"高一丈五尺，厚一丈四尺"）。四门外皆设月城，改东门曰"阳和"，西门曰"接胜"（《考工典》记为"捷胜"），并设警铺55座。砖城外开挖壕沟，长700余丈、宽2丈、深6尺。弘治七年（1494），重修。弘治十二年，金事徐礼开辟宽1丈的马路，修敌楼、串楼及月城。嘉靖十年（1531），金事王澄撤串楼，修雉堞。嘉靖三十七年，金事（《考工典》记为"金宪"）殷从俭因城蔽学宫移南门于学宫前，题曰"南征得路"。嘉靖四十一年，知县周崑重建城楼（据清道光十三年《肇庆府志》卷五）。崇祯十三年（1640），大水坏城70丈，知县张复普重修（据清道光二年《广东府志》卷一百二十七）。

清顺治二年（1645），"建城墙子基"（道光十三年《肇庆府志》卷五），并且在城墙的四门上加建了城楼。顺治四年，知县刘可模增建西、南二门瓮城，改"长生"名为"镇南"。康熙三年（1664），知县李雄飞重建四门城楼。康熙十三年，洪水冲毁城墙80多丈，由知县李超重新修复。康熙二十五年，再次重修。康熙三十年，知县徐斌因镇南门闭塞，迁建城门于署前街口，并于学宫前右侧增建文明门及城楼。乾隆二年（1737），知县裘建仍开镇南门。乾隆二十年，大雨坏城，西门城楼倾圮，知县刘芳再次主持修葺城池。乾隆四十五年，知县洪煦重修，嘉庆十七年（1812），东河水泛滥，四门崩塌，知县吴文照重修如旧。此时城壕周600余丈、深1尺多、宽2.5丈（道光版《肇庆府志》）。

1931年，由县长梁翰昭主持，将城垣及五座城楼拆除，城基辟为环城路，县公署辟为中山公园。政府从前清县衙迁至城南金台寺，拆县衙署及城墙，将其中一部分砖石运至井料冈建学校。原来城池的东、西、南、北门作为地名，沿用至今。

2005年，因为电信工程施工，在南街的十字路口下挖不到一米，还可以见到新兴古城墙的城基，城脚所用的城砖长32厘米、宽16 厘米、厚8厘米、重6公斤，经新兴县博物馆的人员初步认定，这批城脚的城砖为明代砖。

肖瓛　王腾

新兴县城池： 宋建炎四年，州守王敦仁始用砖石修筑，周一千二百七十八步，即古新州旧址。绍兴二十年，州守王济以城隘，于城外植莿竹绕之，周一千四百八十丈。明洪武十三年，增土城于莿竹之内，高八尺，厚五尺，周一千一百八十丈，四门：东曰朝阳，西曰德胜，南曰长生，北曰拱辰。天顺七年，都御使叶盛奏于土垣内筑砖城六百四十九丈，高一丈五尺，厚一丈四尺，设警铺五十五。四门，外各环月城凿池，改东门曰阳和，西曰捷胜。弘治十二年，佥宪徐礼檄城内外各辟马路，广一丈，修敌楼、串楼及月城。嘉靖十年，佥宪王澄檄撤串楼、修雉堞。三十七年，佥宪殷从俭经彦寀，谓城蔽学宫，移南门于学宫前，曰南征得路。池深一丈有奇，阔二丈五尺，周七百余丈。

——清《考工典》第二十三卷，引自《古今图书集成》

△ 德庆府城图　引自《德庆府志》清道光十三年修 光绪二年重刊本，载《中国方志丛书·华南地方·广东省（110）·德庆府志》

　　肇庆，位于广东省珠江三角洲，为粤西咽喉之地。1994年，被列为国家历史文化名城。

　　隋开皇九年（589），其境始置端州。北宋政和元年（1111），改端州为兴庆军。重和元年（1118），宋徽宗亲赐御书改为肇庆府，意为开始带来吉祥喜庆。元至元十七年（1280），改府为路，置总管府。明洪武元年（1368），复称肇庆府。清代沿明制。1988年，肇庆改为地级市。

　　宋皇祐五年（1053），因侬智高造反，肇庆始筑土城御敌。政和三年（1113），郡守郑敦义将土城改拓筑为砖城墙，城垣周长871丈、厚1丈、高2丈（清宣统版《高要县志》记为"城墙周长七百四十二丈八尺、厚一丈五尺、高二丈二尺、垛埠一千二百二十"）。设城门4座：东曰"宋崇"、南曰"端溪"，西曰"镇西"，北曰"朝天"，各有城楼。四门之外各有半月形瓮城，城墙高2.2丈、东边长10.5丈、南边长13.5丈、西边长23.5丈、北边长25.2丈，月城各开一门，称"郭门"，月城之上又各有小楼1座。根据方浚师《重修肇庆府城垣记》（1872年）的记载，城上设有炮台：空心炮台6座，基方2.5丈、高2.8丈，每台分三层，上立瞭望垛口，为施放火器处，墙四围开小窦，若圆若方，下置炮门。另设兵房13间、小炮台17座。还设有水城炮台2座，一座在东南隅外，水城1座，长5.5丈，中为炮台；一座在西南隅，只存炮台而无水城。城外有城壕，周458丈、广8尺、深6尺，东、西、北三面绕城，城内还有内濠，内濠通窦出城外，接外濠而注入西江（据1996年《肇庆市志》第五编）。

明洪武元年（1368），江西行省郎中黄本初来掌府事，请修筑城垣，并改宋崇门为"正东门"，镇西门为"景星门"（据清道光二年《广东府志》卷一百二十七）。而后，千户郭纯因城南靠江疑有水患，随筑2丈高的石墙，与城墙共同抵御水灾。天顺年间（1457～1464），知府黄瑜置栅栏于城周，栅栏外种植莿竹，栅栏内建造敌楼，故成功御敌（据清道光六年《高要县志》卷七）。成化元年（1465），于城上增置串楼810间。成化三年，建南门楼，于城上西南隅建披云楼。成化五年，建东、西二门楼及城墙上四角的角楼。其后，参将杨广又建了北门楼。成化十一年（《考工典》记为"十年"），知府李璲增筑砖城长70余丈、厚1丈，并亲自题书四门石匾额，改东门曰"庆云"，西门曰"景星"，南门曰"南薰"，北门曰"朝天"。正德六年（1511），知府程昹重修串楼。嘉靖七年（1528），兵备金事李香、知府郑璋撤串楼、修雉堞。此时城壕自西门城外绕而北，各深1丈、阔10丈、周480丈，过北门桥至东门，称"外濠"。自西门城内起小水通窦过南门街，至清军管后，称"上濠"。复通窦过塘基头街下注，称"下濠"，下濠通窦出城接外濠

▽ 肇庆古城墙西北角（由西向东拍） 卫绍泉摄

△ 肇庆城墙朝天门 本文照片除署名外，　　　△ 肇庆古城墙
均由杨国庆摄

达江。自西门石嘴引江而入，称"西濠"。古澳在东门外，自东门水埠头起，
至天宁寺前，接内濠，也称"外濠"。城北外濠旧从西门外绕披云楼后转东。
嘉靖三十九年，大雨坏城，城东北隅倾圮，兵备佥事皇甫涣、知府徐鹳重修。
万历三十七年（1609），知府陈濂以府治龙脉自西来，命人筑塞，分北面城壕
为两截。城北原有监军道，左渠日久淤塞。次年，知府江中楠拆铺，重新疏浚

▽ 古城墙西北面　陈新忠摄

城壕。崇祯二年（1629），城西门楼倾圮，知府陆鳌重修，张明熙疏浚城壕。崇祯十四年，肇庆府总督张镜心等人对古城作了更大规模的修葺，把城墙增高了3.5尺，改建了四门月城，增筑了城门附近的马路（据清道光十三年《肇庆府志》卷五）。

清顺治四年（1647），总镇罗成耀疏浚城壕，城壕周长972丈、宽1.5丈、深1丈。顺治八年，总兵许尔显、知府张之壁增筑城上炮台6座、炮房27间、窝铺148间、水城炮台2座，与河畔东、西各筑城墙，东长12丈、西长14.5丈、高1.2丈、厚8尺。又离城1丈处重挖城壕，宽8丈、深6尺，东、西、北三面绕城。康熙六年（1667），肇庆城东北隅及披云楼圮，知府杨万春，闵子奇相继修复。康熙七年，知府周有德疏浚城壕（据清道光十三年《肇庆府志》卷五）。康熙十一年，知府史树骏重修城池。乾隆三年（1738）、八年，相继重修城池。乾隆十九年，知府吴绳再次重修城池。嘉庆十二年（1807），知府庆德、张纯贤重修四门楼。道光三年（1823），总督阮元奏请于南门外重建炮台两座。咸丰四年（1854），土匪伍百结、何炳等作乱，殃及城垣，倾圮甚多。同治十一年（1872），肇罗道方濬师重修。光绪年间（1875～1908），屡经水患，略有倾圮，未予修复（据1938年《高要县志》卷六）。

1915年，洪灾，城垣抵御了洪灾，使城内仍安然无恙，但城垣因此受到损害。1916年，肇罗镇守使李耀汉拨款修葺城堵，浚治东门外的城壕。1924

▽ 肇庆古城墙东段北面（由东向西拍） 陈新忠摄

年，有人把战乱归咎于城墙，主张拆掉。县长严博球也有"拆北留南"的主张。但有人认为城墙有防洪作用，主张保留。肇庆修理城壕公所总理梁赞梁领衔上书西江善后督办李济深，力陈拆城之弊。后经定论，只将南北城墙雉堞一致拆低，以相当于景福围高度或稍高为准。是年，拆毁东门楼与月城，填塞庆云门，构筑东门斜坡，以连接东门街，并将东门街泥基加高培厚改为马路，改名"正东路"（据1996年《肇庆市志》第二编）。

1987～1996年间，肇庆市人民政府为保护名城的标志性建筑，发展旅游事业，曾多次拨专款抢修北段城墙。经当地文物部门调查，现存城墙周长2801.2米、东城墙长403.4米、宽8.47～9.14米；西城墙长376.9米、宽16.1～18米；南城墙长992.3米、宽8～10米；北城墙长1028.6米，由于被占用（建房屋），无法丈量全部的实际宽度，高6.5～10米。墙体两边砌砖，中间填土，砖墙厚0.6～1.2米。城墙外围有28个凸出的城台，城墙的砖有9种不同的规格，是历史上多次修葺的证据。当地文保部门恢复了朝天门、墩台和雉堞，并重建

▽ 古城墙西北段披云楼　卫绍泉摄

△ 肇庆古城墙垛口与马面

▽ 肇庆古城墙保护牌

了披云楼以及雉堞，使肇庆古城墙得以重现。

1984年，肇庆城遗迹被列为市级文物保护单位。2001年，肇庆古城墙被列为全国重点文物保护单位。

王腾　肖巍

肇庆府城池： 宋皇祐中始筑子城。政和癸巳，郡守郑敦义筑石城，周八百七十一丈，高二丈，阔一丈，南临大江，西南隅至东南隅三面绕以濠。濠深、阔各一丈，周四百五十八丈。四门：东宋崇，西镇西，南端溪，北朝天。明洪武初，千户郭纯以城南滨江，甃涯以石，高平城址。天顺间，知府黄瑜浚濠立栅，外树荊竹，内环敌楼。成化元年，增城上串楼八百一十间。三年，建披云楼于城上西北旧址。四年，建南门楼。五年，建东、西二门楼及四隅角楼。参将杨广建北门楼。十年，知府李璲以披云楼近濠，增城七十余丈，厚一丈，高並旧城。改四门：东庆云，西景星，南南薰，北朝天。嘉靖七年，兵备佥事李香、知府郑璋撤串楼，修雉堞。其池自西门城外绕而北，各深一丈，阔十丈，周四百八十丈，过北门桥至东门，谓之外濠。自西门城内起小水通窦过南门街，至清军馆后，谓之上壕。复通窦过塘基头街下注，谓之下壕。下濠通窦出城接外壕达江，自西门石嘴引江而入，谓之西壕。舟楫避涛，古澳在东门外，自东门水埠头起，至天宁寺前，接内壕达江，乃其故址，亦谓之外壕。城北外壕旧从西门外绕披云楼后转东。万历三十七年，知府陈濂以庇治龙脉自西来，命工筑塞，分北壕为两截。城北原有监军道，左渠日久淤塞。三十八年，知府江中楠修濬。崇祯二年，知县张明熙复濬之。高要县附郭。

——清《考工典》第二十三卷，引自《古今图书集成》

△ 香山县城郭图　引自《香山县志》民国九年刊本，载《中国方志丛书·
华南地方·广东省（111）·香山县志》

香山，位于广东省中南部，地处珠江出海口。因《太平寰宇记》中"东
莞县香山在县南……地多神仙花卉"之说而得名。

秦朝末年，其境属南越国领地。此后，隶属多有变化。北宋元丰五年
（1082），设立香山寨，仍属东莞县。南宋绍兴二十二年（1152），设香山
县，隶属广州府。明清时期，皆为县治。1925年，为纪念孙中山先生改名为中
山县。1983年12月，撤县建市。1984年，正式设县级中山市。1988年，升为地
级市。

宋朝初期，香山始筑城池，为陈天觉所筑。当时，当地郑姓族人想在雍
陌乡建城。陈天觉认为不妥，称建城需要贵地，贵地的土重。秤土（因混有
铁屑）重于雍陌，于是屑铁和泥置土城，称"铁城"（据明嘉靖版《香山县
志》卷一）。元代沿袭之，周长450丈。设城门4座：南曰"阜民"，西曰"登

瀛"，东、北二门失记（清同治十二年《香山县志》卷六记为"东曰启秀、北曰拱辰"）。

明洪武二十八年（1395），守御千户陈豫主持大规模扩城，并改土城为砖城，城周长636丈、高1.7丈、上宽1丈、下宽1.8丈。设四门，沿用旧名（清同治十二年《香山县志》卷六记为"各以方名"）。并设雉堞3640座。建城楼4座、敌楼4座、兵马司4间、警铺12间。另建水关2座：一为明关，上建门楼，位于西门、南门之间；一为暗关，位于东门、南门之间。弘治年间（1488~1505），知县刘信于砖城外扩地2丈许，筑子城，周长3里有余（计529.28丈）、高7尺，设雉堞1230座（据清·顾祖禹《方舆纪要》）。嘉靖二十三年（1544），飓风毁城，东南一带倾圮，知县邓迁修复，疏浚城壕547丈，另新挖146丈（共计周长693丈）、宽4.5丈、深1.3丈（据明嘉靖版《香山县志》卷一）。崇祯十一年（1638），因南门原位直对正薰街，署县刘大垣听从众人意见，改辟南门，直对县治。崇祯十三年，知县顾其言（清道光二年《广东通志》卷一百二十五记为"知县刘大垣"）增筑城4尺，原窝铺14间，又增造11间，筑"来青"、"郁金"两座望台（据清同治十二年《香山县志》卷六）。

清康熙十七年（1678），知县卞三魁听从民意改复南门。康熙五十五年（清同治十二年《香山县志》卷六记为"五十七年"），知县陈应吉因东门内外异向，改开正东门，以接连峰秀气。乾隆十年（1745）（清光绪五年《广州府志》卷六十四记为"乾隆十一年"），知县张汝霖疏浚南面城壕。嘉庆七年（1802），知县许乃来捐修各城楼，西门因当时被称维修不利，未修，并疏浚城壕，东南长547丈，北有长塘，宽89丈，西枕武山。嘉庆十五年，邑人郑汝贯捐修东南、西南水关。嘉庆二十一年，知县马德滋捐修城壕及蚬涌。道光七年（1827），典史左昌垣重修水关。道光二十七年，因西门原内外异向，知县徐瀛听从乡绅提议，改开正向门。道光二十八年，知县陆孙鼎倡修各城门。同治二年（1863），邑绅捐资疏浚城壕。同治三年，邑绅曾望颜等复开旧门（据清道光二年《广东通志》卷一百二十五）。

1921~1925年间，县长吴铁城拆城扩街，逐渐将香山城墙拆去。拆城时四门的位置分别于：东门（启秀门），在现孙文中路与扒沙街交界处；南门（阜民门），在长泰街与治安街之间；西门（登瀛门），在弓箭巷与孙文中路之间；北门（拱辰门），在拱辰路与扒沙街之间。

现残存的香山城墙位于原东门处。据当地文保部门调查，墙高5米多、厚约0.8米、长约32米，城墙用褐色花岗岩石块及方砖砌成，保存尚好。

1990年，香山城墙遗迹被列为市级文物保护单位。

肖璘　王腾

香山县城池：宋初开设，缭以土垣，号"铁城"，陈天觉所筑。明洪武二十八年，置守御千户所。千户陈豫更为砖城。周六百三十六丈，高一丈七尺，上广一丈，下广一丈八尺。城楼四，敌楼四，警铺十二，雉堞三千六百四十，皆甃以砖。四门以其方名之。弘治中，知县刘信环筑子城，高七尺，其池五百四十七丈，旱堑二百四十六丈，濠堑周六百九十三丈，广四丈五尺，深一丈三尺。崇祯间，知县顾其言增高城四尺，又筑台二：曰郁金，曰来青，以广眺望。原窝铺一十四座，增造十一。其县原行香山门，崇祯十一年，知县刘大垣始改行南门。今因之。

——清《考工典》第二十三卷，引自《古今图书集成》

△ 清远县城郭之图　引自《清远县志》清道光六年刊本，载《中国方志丛书·广东省（54）·清远县志》

　　清远，又称"凤城"，因其地形貌似凤凰，故名，位于广东省中部、北江中下游、珠江三角洲北端。是广东省地域面积最大的地级市，也是广东省少数民族主要聚居地之一。

　　春秋战国时期，其境属百粤。南朝梁天监六年（507），置清远郡，"清远"之名由此而始。隋开皇十年（590），废郡置清远县。此后，建置及隶属多有变化。明清时期，清远县属广州府。1988年，设立清远市（地级）。

　　清远城始筑时间不详。汉元鼎六年（前111），设中宿县时，在今清城镇范围内已建有城池，为南海郡七城之一。隋置清远县时，在城南凤凰台后设知县署，不久又建学宫，初具城镇规模。宋末，城毁于兵战。元至正二十二年（1362），主簿白太平重筑土城（据清光绪六年《清远县志》卷四）。

　　明洪武二十二年（1389），指挥使李英改筑砖城（清光绪六年《清远县志》卷四记为"指挥同知李应")。城周1450丈、高1.9丈、上广1.4丈、下广2丈。设有城门5座：分曰"正南"、"正东"、"正西"、"正北"、"通津"，其上皆有城楼。另设敌楼5座、水关2座、警铺70间、吊桥5座，共设雉堞4400座。天顺七年（1463），广西匪贼陷城，城垣损毁。成化二年（1466），守备指挥姚英修建城垣，自城中通津门水关起至正西门东北一带加筑一道土城墙，称"子城"，周长437丈、高1.85丈。成化六年，知县沈宪、指挥使尹铎以砖包砌城垣，新城周长共计908丈、高1.85丈，并增建城楼4座、角楼2座、钟楼1座、串楼745座（《考工典》记为：715座）、垛口745座、铳眼330个。另于城下设马墙。嘉靖五年（1526），知县洪子诚重修。万历年间（1573～1620），知县刘幼学、指挥陈治相继重修（据清道光二年《广东通志》卷一百二十五）。以后每因战乱，城墙屡毁屡修。

清康熙十年（1671），知县冯皇疆重修，乡绅呈请南门瓮城小楼不利风水，请拆改两边炮台各1座，前立照墙，外为熏风亭。又于四方修大楼4座，另建西门瓮城小楼1座、东南角钟楼1座、西北角鼓楼1座。城壕东、西两面各长1460.8丈、宽2丈、深1丈，南面近河，无城壕（据清光绪五年《广州府志》卷六十四）。嘉庆二十二年（1817），知县张钧修南门。光绪十四年（1888），除已废的子城外，其余进行全面修葺，城基旧砖用灰沙改砌，城墙雉堞添置新砖，并改建了城楼。次年，知县何福海增高南门，开通西、北二门。

1912年后，城区扩大，城墙因阻碍城市发展，逐渐拆除。1933年，因修筑清阳公路，把附近部分城墙拆除。

20世纪初期，据当地文物部门调查：清远城墙尚有遗存，其位于清远旧城城中路一带的小巷里，有几段不足百米的旧城墙依稀可辨。青砖和砂岩用料仍十分坚固，上面盖起了高矮不一的幢幢民宅。

2002年，清远城墙遗存被列为市（县）级文物保护单位。

肖瓛　王腾

清远县城池：旧无城池。元至正间，主簿白太平始筑土城。明洪武间，立守御千户所；二十二年，指挥花茂奏置清远卫，指挥李英筑砖城，周一千四百五十丈，高一丈九尺，雉堞四千四百，城楼五，敌楼五，门五。成化初，指挥姚英更筑，城中包土，城四百三十七丈，限之以便巡守。六年，知县沈宪、指挥尹铎仍措砖包砌，复建串楼七百一十有五，城下旁筑拦马墙。万历间，知县刘幼学葺治一千四百六十丈八尺，深一丈，广二丈。

——清《考工典》第二十三卷，引自《古今图书集成》

△ 仁化县城图　据《仁化县志》清光绪九年版，张君重绘

仁化，位于广东省北部，是粤、湘、赣三省交界地，东接江西省崇义、大余县，北邻湖南省汝城县，南面紧邻韶关市区。

秦始皇三十三年（前214），其境属南海郡。汉元鼎六年（前111），为曲江县地域，属桂阳郡。南朝齐置仁化县。唐垂拱四年（688），隶属岭南道韶州。北宋开宝五年（972），并入乐昌县。宋咸平三年（1000）复置县。元代，属江西省广东道韶州路。明洪武二年（1369），改属广东行省韶州府，并沿袭至清。1958年，并入韶关市。1961年，从韶关市分出，恢复县的建制。

唐垂拱年间（685～688），仁化始筑城，城址在县北十里（《考工典》记为"北三里"）的走马坪，规制、范围等详情俱不可考。宋开宝年间（968～976），县治迁入乐昌，城逐渐荒废。咸平三年（1000），县治重新迁回，未筑城（据清同治十三年《韶州府志》卷十五）。

明成化四年（1468），通判蔡周始筑土城，周长不可考，高1丈，并设有护城河。成化十一年，知县李准清以石砌四门。成化十六年，知府王宾、知县翁同修葺（《考工典》记为"知县翁"，疑漏字），周长280丈，并以砖石建门楼4座、串楼286间。成化十八年，知县张同以石砌东面坍塌处60丈。成化二十三年，知县邱璨（《考工典》记为"丘璨"）以砖砌南城墙脚60丈，并修西门护城河，长80余丈。正德十年（1515），知县李萼重修北门外子城，并疏浚城壕，城壕西、南、北长285丈、宽2丈，东面临河，未挖城壕（清《考工典》记为"池东、南、北二百一十五丈，西七十丈，阔一丈，南临河，无池"）。嘉靖二十六年（1547），知县严时中重修串楼，推官黄□重修城楼（据明嘉靖版《仁化县志》卷一）。万历二十二年（1594），知县司马炜重建四门城楼及串楼。崇祯十四年（1641），知县杨憲卿增筑城垣数尺（据清道光二年《广东通志》卷一百二十五）。

清康熙二十三年（1684），知县吴璺主持重修城垣。嘉庆年间（1796～1820），门楼、串楼几乎全部倾圮，西北城垣坍塌数十丈，藩篱全部倾塌。咸丰六年（1856），署县事吴裕徽倡议修全城（清同治十三年《韶州府志》卷十五记为"咸丰九年"），易砖以石，城墙增高至1.8丈、周围280丈、厚1.8丈。有城门楼4座，改迁东门于学宫前（据1931年《仁化县志》卷一）。设有串楼280间，并疏通护城河，建成城门、炮台等比较完备的城池。

1912年后，仁化城墙部分地段及附属建筑出现损毁。

1951年，因仁化城市建设的需要，当地政府拆除了仁化旧城墙，将拆下的大方石筑了一条长400多米、高3米、宽18米的河堤，并在河堤中间铺了6.6米宽的水泥路。至此，仁化旧城几乎无存。

附：

双峰寨堡 位于县城西北面19公里处的石塘镇石塘村村旁，又名"石塘寨"。寨堡坐北向南。清光绪二十五年（1899），由当地富豪李自胜筹建，于宣统二年（1910）竣工，历时12年，费银3万两。

据当地文物部门测算，双峰寨略呈四方形，寨堡内南北长73米、东西宽69.65米、面积7300平方米。由石灰石、青砖构筑，有主楼1座、炮楼4座，其间有围墙相连，墙高9米、厚1.2米。主楼现存四层，高15.3米；炮楼均为三层，高12.8米。寨堡另设正门1座，门楣上方书"双峰保障"四字，原为吊桥进入寨内，现还没有恢复原状。寨外四周均设护城壕，壕宽13.7米、深约2米。寨内四周均建有瓦面盖顶的走廊，上层称"走马廊"，宽1.3米，下层称为"半边屋"，宽3.15米，走廊与5个楼角相通。走马廊每隔3.9米设1个炮眼，

△ 双峰寨正门　李晟睿提供

包括5座炮楼在内，共有炮眼55个。

1978年，双峰寨遗存被列为省级文物保护单位。2006年，被列为全国重点文物保护单位。

肖瓛　王腾

仁化县城池：周回二百八十丈，基广一丈，上七尺。旧城筑于唐垂拱中，在令县北三里走马坪。宋开宝间，县废。咸平三年，复置县。明成化四年，通判蔡周始筑土城。十一年，知县李淮清修四城以石。十六年，知府王宾、知县翁同修以砖石建门楼四，串楼二百八十六。二十三年，丘璘砖砌南濠，城脚八十余丈。正德十年，知县李葶修北门子城，其池东、南、北二百一十五丈，西七十丈，阔一丈，南临河，无池。

——清《考工典》第二十三卷，引自《古今图书集成》

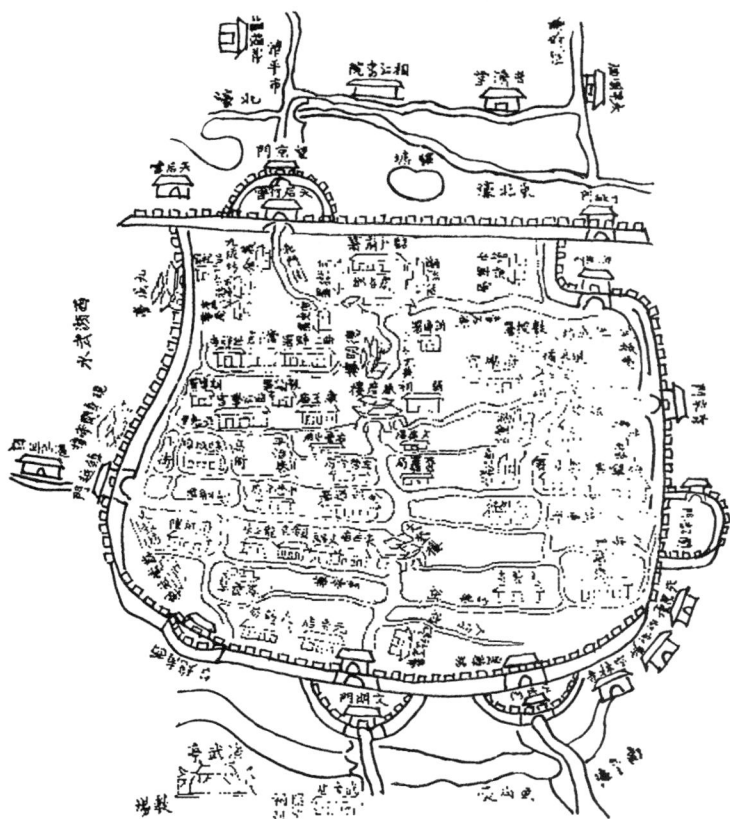

△ 韶关城图　据《曲江县志》清光绪元年版，张君重绘

　　韶关，位于广东省北部，历史上是岭南著名的重镇，有"广东北大门"之称，也是省级历史文化名城。

　　西汉元鼎六年（111），设曲江县，属桂阳郡。东吴甘露元年（265），设始兴郡，郡治在曲江（今韶关市区东南）。隋开皇九年（589），改东衡州为韶州，取州北韶石山的"韶"字为名，始以"韶"字为州，但不久即废，并归南海郡。唐仍为韶州。五代十国南汉移州治今韶关市区。元为韶州路。明清时，为韶州府。康熙九年（1670），将太平关移到曲江县浈水边，又增设旱关，"韶关"之名即由此而来。1975年，升为地级市。1983年，地市合并称韶关市。

　　五代后梁乾化（911～915）初，录事李光册移州治于武水东、浈水西、笔峰山下，并未筑城。五代十国南汉白龙二年（926），刺史梁裴始筑州城，

△ 镇越门（西门）旧影 丁俊驰提供

但规制、范围等详情不可考。宋皇祐（1049~1054）、绍熙（1190~1194）年间，均多次增修。宝元二年（1039），郡守常九思修望京楼（据清同治十三年《韶州府志》卷十五）。

明洪武二年（1369，《考工典》记为"三年"），知府徐真重修敌楼29座，复建城门5座：曰"湘江门"、"乾门"、"东门"、"南门"、"西门"。永乐（1403~1424）初期，楼坏城圮。永乐十五年，千户赵铭、赵贵先后砌筑，城周9里30步、高2.5丈、基宽2丈、中宽1.5丈、上宽1丈。天顺七年（1463），清远蛮寇犯境，广东左参政刘炜、都指挥裘中重新修葺5座城楼。成化四年（1468），都御史姑苏韩公命千户赵雄修串楼1153间、敌楼26座。成化五年，知府王宝修西城壕200余丈。弘治十四年（1501），知府曾涣清为筹措资金，创盖房屋346间、园地83.5丈，每年凭纳租银以备修城之用。嘉靖四年（1525），知府唐升修筑倾圮城垣20余处。嘉靖十六年，知府陈骝修西河堤30丈、东城堤60丈。嘉靖二十年，知府符锡修串楼350间、门楼5座：东曰"闻韶"，西曰"镇越"，新开门曰"望京"，湘江门曰"迎恩"，南曰"阜民"。嘉靖二十八年，知府符锡砌筑自湘江门至东门河堤，计235丈。万历四十四年（1616），洪水决西城而入，后随即补葺。天启四年（1624），知府吴兆元另开新东门。崇祯九年（1636），稍徙去数十武（1武＝2.5尺），令巽水隐通泮池（据清道光二年《广东通志》卷一百二十五）。

清康熙十六年（1677），于北门添筑子城，其城高2.5丈。后于乾隆十年

（1745）、乾隆十三年，嘉庆十九年（1814）多次修葺。咸丰三年（1853），大水冲塌东城，知府任为琦督修。次年，北江提督崑寿统军驻扎韶州，于城东南、西南、城北加筑炮台3座。因湘江门、北门城壕淤塞，重新疏浚。此时，城壕东南601丈，西临武水，无壕，城北216丈，东北404丈（据清光绪元年《曲江县志》卷五）。

　　1912年，韶关仍保留古城墙。1928年开始，拆城墙辟建环城道路。范围北起今中山路，南至今韶关公园前，东西以河为界。现今的东堤路、中山路、西堤路、熏风路等都是当时的城基或城墙外围边缘。

　　20世纪80年代后，据当地文物部门调查，韶关古城墙遗存位于中山公园，尚有部分北城墙的遗迹。

肖瓛　王腾

　　韶州府城池：周回九里三十步，高二丈五尺，基广二丈，上广一丈。吴末，始筑于浈水东莲花岭下。唐刺史邓文进移于武水西南。梁乾化初，郡录李光册移于武水东。南汉白龙二年，刺史梁裴始筑州城。宋皇祐、绍熙间，增修敌楼九十有八。明洪武三年，知府徐真复建五门：曰湘江、曰乾、曰东、曰南、曰西，西门即古望京楼也。成化四年，都御使韩雍创串楼一千一百五十三，敌楼二十六。嘉靖二十年，知府符锡重修串楼三百五十及五门大楼：东曰闻韶，西曰镇远，新开曰望京，湘江门曰迎恩，南曰阜民。其池东南六百一丈，西临武水，无濠，北二百十六丈，东北四百四丈。天启四年，知府吴兆元另开新东门。崇祯九年，稍徙去数十武，令巽水隐通泮池。曲江县附郭。

——清《考工典》第二十三卷，引自《古今图书集成》

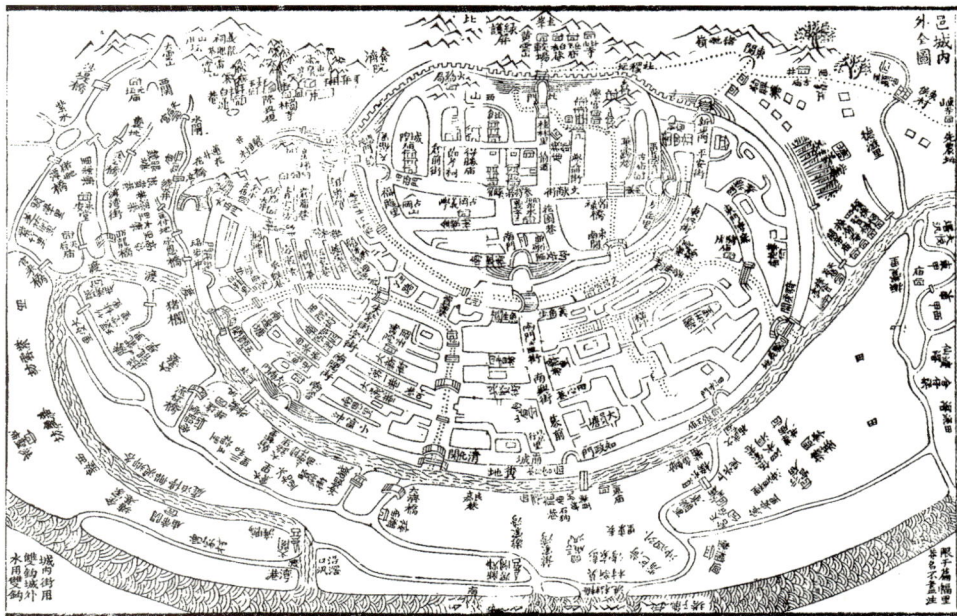

△ 新会县邑城内外全图　引自《新会县志》清道光二十一年刊本，载《中国方志丛书·广东省（5）·新会县志》

新会，地处珠江三角洲西南部，扼广东西南之咽喉，据珠江三角之要冲，濒临南海，毗邻港澳，是省内历史文化名城。

西汉时期，其境属南海郡地。南朝宋永初元年（420），初设新会郡。隋开皇十年（590），置新会县。唐代曾改称"冈州"，与广州、潮州并称"岭南三大古州"。元代，新会县属广州路。明清时期，属广州府。1992年，撤县设市。2002年，撤市设区，隶属江门市。

新会城始筑于元代。据清光绪三十四年《新会乡土志》记载，元主簿徐闻可曾筑土城，后黄斌率农民起义军攻城，城废。

明洪武十七年（1384），乡人岑得才请置千户所及建造城池。同年，都指挥王榛遂设栅栏以代城池守御。洪武二十四年，都指挥使王臻始筑土城，并于城外挖凿护城河。洪武三十年，千户宋斌改土城为砖石城，西北跨西山，东跨马山，周长50里（计1668丈）、高1.9丈。设城门4座，各有楼橹，高1丈。东、西各设角楼2座，设窝铺13间。护城河长1680丈，于西、南、北各设水门1座。后称此城为"旧城"。天顺六年（1462），新会县城外遭兵乱焚掠，知县陶鲁加筑子城，周1688丈、高1.2丈。另设城门4座，各有门楼，设敌楼4座、警铺31座、垛口2400座（据清道光二十一年《新会县志》卷三）。外设护城河，周2125丈、深1.5丈、阔2.2丈。护城河外又筑竹基，周长2587丈。基外又设多重壕沟，周长3168丈。此城后被称为"辅城"。此后，匪寇至此皆不敢侵犯，但城垣因岁久而倾圮。正德十一年（1516），知县徐乾修复子城，周长1700丈、高8尺，并重修城壕、马道。万历元年（1573），知县伍睿携乡官捐助，每人捐筑40丈到5尺的费用不等，用以增修城垣。其东接马山，西垮象山，共计960丈，高1.8丈。设大城门3座：东曰"宾昇"（清康熙二十九年《新会县志》卷四记为"宾井"），南曰"镇海"，西曰"宝成"。设便门4座：东曰"泗水"，南曰"知政"，西曰"庇民"、"惠民"。设水门3座：东曰"骑虎"，南曰"清化"，西南曰"五显"。另设小水门2座：西曰"隆兴"，南曰"小富涌"（据清康熙二十九年《新会县志》卷四）。设敌楼8座、炮台8座、垛口1445座。后称此城为"新城"。万历三十五年（1607），知县王命璿又重修东自马山、西自旧城300丈，皆易以砖石，增高3尺。旧城城高1.9丈，新城城高1.8丈、厚1丈。新旧二城周长共10里157丈，在当时仅小于省城和潮州城，为省内第三大城。崇祯十三年（1640），城垣倾圮，知县李光熙修复（据清光绪五年《广州府志》卷六十四）。

▽ 新会古城墙遗迹 本文照片均由梁志军摄

▽ 墙面开裂严重

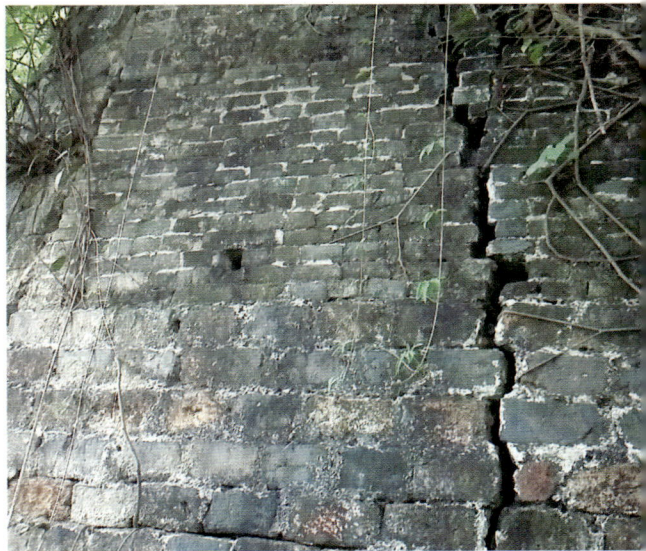

清顺治四年（1647），内、外城陆续增高3丈。顺治十一年，增建炮台5座、敌楼5座。是年，大西农民军领袖李定国包围新会城达半年之久，城中粮草殆尽，需食人肉苟延残喘，以待援军，但城池却始终牢固未破。乾隆五年（1740），疏浚内、外河道。乾隆十六年，重修城垣，疏浚城壕（据清道光二年《广东府志》卷一百二十五）。道光三年（1823），知县吴毓钧重修。道光十三年，东门城楼倾圯，马山、南门、西门三面城垣坍塌40余丈，窝铺倾圯过半。道光十八年，知县林星章主持重修。咸丰四年（1854），因兵乱，北门楼被炮击毁，四周城垣俱损毁，未及修复，又遇飓风，圯坏严重。知县陈应聘主持重修。修毕，城周长1400丈，四门楼如旧。设垛口700多座、警铺31座，城上可骑马通行（据清同治十三年《新会县志续》卷二）。

1924年后，由于交通不便，县长陈永惠曾提议拆城墙筑马路，但因当时民众皆反对而未果。1929年，新会拆城墙，用于筑马路，扩大城区。

1985年，新会城墙再次拆除当时大半城墙，仅留有马山东边一段城墙。

2004年，新会残存城墙被列为市（县）级文物保护单位。

◁ 城墙墙基清晰可辨

附：

崖门炮台 位于新会南端崖门口东面，为海防要地。炮台建于明朝，清代重修。据清乾隆六年《新会县志》卷七载：崖门炮台有3座：其一，崖门东炮台，周43丈、高1.3丈；其二，崖门西炮台，周38丈、高1.3丈；其三，虎跳门炮台，清雍正十一年（1733）奉设，周36丈、高1.5丈。

据当地文物部门测量，炮台依山面海，半月弧形，以石为基，灰沙带土筑墙，高5.5米、长180米、厚3.5米。分上下二层，上层设小炮位21个，炮眼高0.9米、宽0.8米，用花岗岩条石铺砌路面作通道，可放置1000司斤火炮；下层设大炮位22个，炮眼高1.5米、宽1.15米～1.4米，可分别放置三四千斤大炮，有望窗24个，窗高0.5米、宽0.25米，驼峰缺口45个。至1985年，炮台存铁炮4门，其中大炮3门、小炮1门。

1989年6月，崖门炮台被列为省级文物保护单位。

王腾 肖璈

新会县城池：古无城，元季主簿徐闻可始筑垣。明洪武十七年，邑人岑得才请置千户所及城池。是年，都指挥王榛立栅镇守。二十四年，始筑土城，外环以池。三十年，千户宋斌始砌以砖及四门楼橹。天顺六年，知县陶鲁始筑子城，内设马路，外浚重濠。外又筑竹基、重堑，周六百二十八丈，高二丈二尺，上广一丈，下广二丈。城楼四，敌楼四，警铺三十一，雉堞二千四百。门四。万历元年，知县伍睿增筑外城，为门三，小门四，水关四。其池一千六百八十丈，深二丈。子城濠堑，外濠二千一百五十丈，深一丈五尺，广二丈二尺，竹基二千五百八十七丈，外堑三千一百六十八丈，深八尺。顺治四年，内外城各增高三尺。十一年，增建炮台、敌楼五座。

——清《考工典》第二十三卷，引自《古今图书集成》

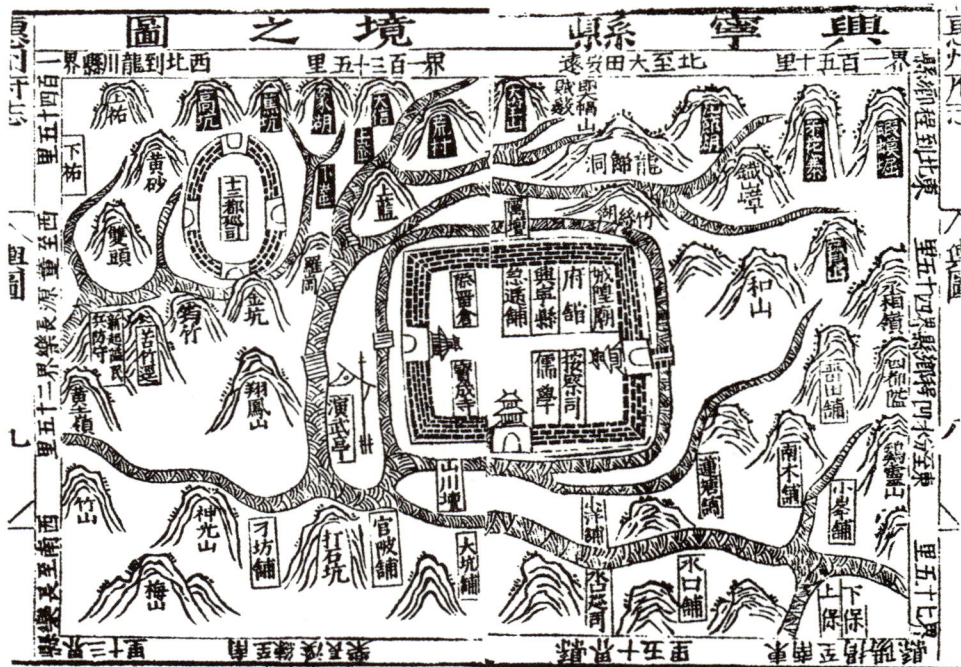

△ 兴宁县境之图　引自《惠州府志》明嘉靖版

兴宁，位于广东省东北部，扼东江、韩江上游，是最具代表性的客家城市之一。

东晋咸和六年（331），由古龙川分治而立兴宁县，因近兴宁江而得名。南朝齐永明元年至宋天禧三年（483～1019），数次析古兴宁置齐昌县（府），辖境多次变迁。宋熙宁四年（1071），分设长乐县（今五华县）后，县境相对稳定。明洪武二年（1369），属惠州所辖。清雍正十一年（1733），为嘉应直隶州所辖。1994年，撤县设市（县级），由梅州市代管。

明洪武二年（1369），县治由洪塘坪移至今兴城，始筑土垣200丈，围公署、仓库于城垣内，后为匪寇所破。洪武二十三年，知县夏则中招揽流民修筑城墙。天顺五年（1461），又为土寇罗刘宁所破。天顺八年，藩司请求筑城，未果。成化三年（1467），改土墙为砖墙，城高1.8丈多、周长

626丈（据明嘉靖《惠州府志》卷六），建有城门4座、雉堞903座。环城掘护城河，河深7尺、宽2丈，跨濠架有桥。正德十年（1515），知县祝允明重建城内老街和关帝庙。嘉靖四年（1525），修葺城墙，加建四门城楼：东曰"平远"，西曰"阜成"，南曰"南薰"，北曰"拱辰"。嘉靖三十九年（1560，《考工典》记为"嘉靖四十年"），知县陈其箴修饰城垣，加建重门，改东门为"朝阳门"，改西门为"观澜门"，南门、北门未变。崇祯八年（1635），知县刘熙祚重修城垣，加设敌楼4座，修复各门附近窝铺（据清咸丰六年《兴宁县志》卷三）。

清顺治三年（1646），知县庄应诏重修城垣，并重建西门楼。康熙二十五年（1686），知县李清宏重修城垣，并修通城外濠池，筑城脚的马路，路宽8尺。康熙六十年，知县张奎光疏浚城壕。乾隆三年（1738），知县施念会重修城垣，疏浚城壕，并修筑马路，筑堤、开沟、架桥，开设南水关。乾隆二十年，知县李允性修复东边城垣10余丈。乾隆二十三年，知县罗绅修西城门。乾隆四十三年，知县张会谊重修东、西、南三门，筑高地基，修马路，疏浚城壕，并筑御水长堤。嘉庆七年（1802），知县庄自仪补修城垣，疏浚城壕。嘉庆十六年，知县仲振履开通南水关，疏浚城壕，重建东城门，并存款逐年整修水关、城壕。道光元年（1821），知县邹二南重修，修雉堞148座。道光十五年，知县贾侍舜重修，修雉堞181座。道光二十二年，知县曾名芹修城垣西北隅女墙。道光二十七年，知县帖临藻疏浚城壕。道光二十八年，知县胡湘疏浚外壕。咸丰四年（1854），知县张鹤龄重修城垣，疏浚城壕。咸丰五

▽ 修缮后的拱辰门 李晟睿提供

年，修整城垣、城壕，城垣增高2～7尺不等，护城河挖深1～6尺不等，花银2万多两。

1912年后，兴宁部分城墙及附属建筑出现损毁。

1969年，拆除老西门（即观澜门）。1971年，拆除东门（即朝阳门），并拓宽路面。20世纪70年代，地方政府秉着保存和利用相结合的原则，房管部门在周长600余丈的城墙上拆除垛口，兴建房屋500余间，城垣尚存（据1992年《兴宁县志》第七篇）。

20世纪80年代后，据当地文物部门调查：兴宁大部分墙基仍在，南门（迎薰门）保存最为完整，北门仍保存内门。现存古城墙建筑材料底部是窑制青砖，顶部为夯土墙，厚实坚固，砖块上"城砖"两字依然清晰可见。2010年，为切实保护历史文化遗产，兴宁市首期多方筹资近千万元修复北门及其城墙138米，并对市民免费开放。

1985年，兴宁城遗存被列为市（县）级文物保护单位。

肖瓛　王腾

兴宁县城池：明成化三年，知县秦宏始建，城高一丈八尺有奇，周围六百二十六丈有奇。辟四门，门有敌楼：东曰平远，南曰迎薰，西曰阜民，北曰拱辰。门内有兵马司，跨濠为梁。嘉靖四十年，知县陈其箴修城垣，加建重门，其池深七尺，广三丈。

——清《考工典》第二十三卷，引自《古今图书集成》

△ 永安县城图　据《重修永安县三志》清道光二年版，张君重绘

　　永安，位于广东省东中部、东江中游东岸，东连五华县，西接惠阳，又与博罗隔江相望，南邻陆河、海丰、惠东，北界河源市。

　　春秋时期，其境属百越地。战国时属楚。隋唐时为归善、兴宁二县地。明隆庆三年（1569），分置永安县，属惠州府。清代沿用。1912年，属广东省都督府。1914年，因该县名与福建省延平府永安县同名，改名为紫金县，以"紫金山"命名。1988年，改属地级河源市。

　　明隆庆四年（1570），知县林天赐主持始筑永安城墙。城墙随山势建造，墙身为用长1尺、宽与厚各4寸的砖石砌成，墙周长640丈、高1.95丈，东北枕紫金山腰。设城门4座：东曰"安乐"，西曰"通惠"，南曰"永丰"，北曰"清源"。后改东门为"聚奎"，西门为"瞻紫"，南门为"迎薰"，门上各建城楼。另设水关2座：曰"北水关"、"西水关"，黄花沟水入上关注入城中，从下关出城外。北门在北水关西20丈，知县朱孔昭以有虎患为由，废北门，改从北水关出入。北城门楼偏小，改为窝铺。设有雉堞1317座、窝铺大小共计136间（清光绪七年《惠州府志》卷六记为"三十六"）、铳房5间。有内巡马路宽1丈。万历十六年（1588），知县陈荣祖重建北水关，并易其名曰"观澜门"，并于东北紫金山上建雄镇楼。万历三十九年（1611），知县杨士化重建雄镇楼。崇祯年间（1628～1644），知县龙文正增修雄镇楼（据清道光二年《广东通志》卷一百二十六）。

清顺治十七年（1660），知县孟之麟疏浚城壕，自东门至南门，继至西水关，东北临山，未修城壕。康熙二十五年（1686），知县张进篆重修。乾隆十二年（1747），再次重修。嘉庆八年（1803），重修。嘉庆十二年，署县丁芳洲奉旨增修城墙，于嘉庆十四年竣工（据清光绪七年《惠州府志》卷六）。修葺后的城墙、雉堞完整，谯楼高耸，四门上均有城楼，每个城门左边和紫金山顶均建有一个四方形的碉堡，内安一尊大炮，以护县城。

1938年，紫金县城多次遭日军飞机轰炸，当局派人在城墙凿开若干缺口，方便居民疏散防空。此后，城砖不断被人偷拆。至1949年，残留城墙基本被拆除，墙基辟为街道（如环城路等）。

20世纪80年代后，据当地文物部门调查，永安今仅剩西北部不足100米的一段残垣。

肖瓛 王腾

永安县城池：明隆庆四年，以阳江县，主簿林天赐署县筑城，周六百四十丈，高二丈，雉堞一千三百一十七。门四，上各建楼。水关二，北为上关，西南为下关，黄花沟水入上关注入城中，从下关出城外。

——清《考工典》第二十三卷，引自《古今图书集成》

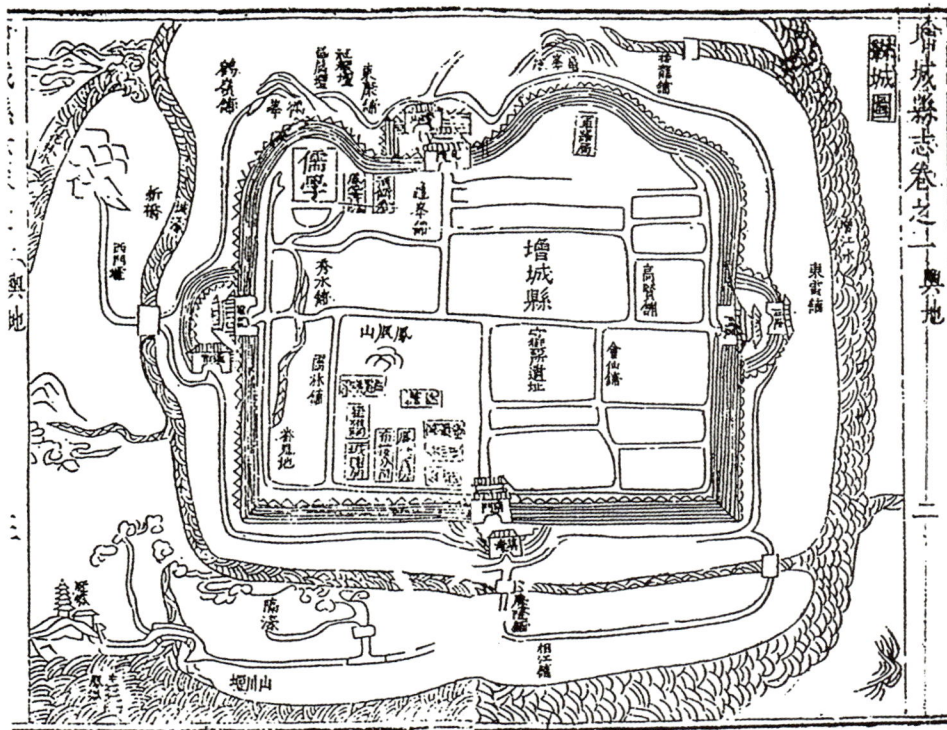

△ 增城县城图　引自《增城县志》清康熙版

增城，位于广东省中部、珠江三角洲东北角，历来是广州重镇之一。

西汉时期，其境属南海郡番禺县。东汉建安六年（201），始设增城县，隶属南海郡。隋开皇九年（589），撤郡改州，增城属广州。此后，"广州"名称虽多有改变，但增城隶属未变。1993年，撤县设市（县级），由广州市代管。2015年，正式撤市为广州市增城区。

据清同治十年《增城县志》记载：增城城墙，始建于元至正年间（1341~1368），东莞人何真起兵保乡邑，遣其弟何理问来守增城，复筑土城以备御。

明洪武二十八年（1395，《考工典》记为"二十七年"），都指挥使同知花茂奏请设守御千户所，始筑城池，委任南海卫千户赵信开筑。据《东莞黄结重砌城垣记》记载：城周680丈多、高13尺。设城门4座，上有谯楼，设警铺16座。永乐元年（1403），委任广州左卫指挥使张真筑砌。成化五年（1469），佥事陶鲁至增城巡视城垣，因"卑薄难守"，遂与知县黎禧建议请于巡抚陈濂，重新用砖石包砌。修毕，周长800余丈、宽1.3丈、高如旧。设城门4座、警铺15间、雉堞1600座，皆以石包筑。成化十八年（《考工典》记为"二十二年"），千户周铭以北门为要害，筑月城护之。月城周围18.5丈、高1.9丈。月城外有板桥，桥宽1.9丈、长3.2丈、高1.6丈。嘉靖四十二年（1563），兵备郡时敏增筑加高。隆庆二年（1568），知县张孔修筑马道以护城墙。万历元年（1573），知县王良心修补破损城垣（《考工典》记为"隆庆六年"），拆除串楼1210间，改为平顶。又于东、西、南三门创筑月城，各建城楼：东曰"迎川"，西曰"通市"，南曰"镇海"，北曰"环山"，并开凿北城外城壕，壕长284丈、深1.5丈、广3丈。崇祯十一年（1638），知县陆清源建炮台。崇祯十二年，又改雉堞为尖顶，以便防御，并设警铺6间（据清道光二年《广东府志》卷一百二十五）。

康熙二年（1663），知县徐凤来修筑城垣。康熙十年，西城倾圮，署县李道光捐资修筑，知县许代岳修缮完固。康熙二十四年，重修城垣并修四城门窝铺。康熙四十八年，知县沈澄重修。雍正四年（1726），知县周天成修西城垣，此时增城城垣东西长1里、南北长1里、周长3里多，前后增高共计3.3丈、基宽1.4丈，每座城门均设兵马司2间。乾隆十二年（1747），动币重修。乾隆十五年，重修坍塌处。嘉庆十四年（1809），知县柏春重修西门月城。咸丰七年（1857），知县张星曜重修城楼4座，并重修城垣雉堞，废南门月城及东南城上炮台2座，城壕周长与城垣大致等距，宽1.2丈（据清光绪五年《广州府志》卷六十四）。

1927年10月，增城因建环城公路将西门近南全段至东门城楼以南的城墙拆除。1931年又拆去南门段城墙。1934年2月，因开筑增城至龙门公路，拆除东门以北至龟峰山下的城墙。1949年前，县城城墙已基本拆完，周围护城河也大部分被填塞或侵占。

附：

十二角炮楼 位于中新镇五联村高车，是一座砖、木、石结构防卫建筑，始建于明代，清代重建。楼高四层，计14.22米，四角处各有一隅长方形建筑，使炮楼有12个角，故名"十二角炮楼"。炮楼的四面墙上每层有射击孔，第四层有方形窗，楼内二至四层铺木楼板，第四层有密室，楼顶有天阶，是增城所有炮楼中保存较完整的一座。

2004年，十二角炮楼被列为市级文物保护单位。

肖璇　王腾

增城县城池：古无城池。元季左丞何真始筑土城。明洪武二十七年，都指挥同知花茂，奏设守御千户所，调南海卫千户赵祯立所更筑。成化五年，佥事陶鲁请于巡抚陈濂，用砖石包砌，周八百余丈，高、广踰旧，广一丈三尺，上广二步，下广四步。城楼四，敌楼、警铺四十八。门四，各以方名之。女墙一千六百，裹城亦甃以石。成化二十二年，千户周铭以北门要害，建议筑月城护之。隆庆二年，知县张孔筑马道。六年，知县王良心又于东、西、南三门创筑月城：东曰迎川、西曰通市、南曰镇海、北曰环山。池，万历二年知县王良心重濬，长二百八十四丈，深一丈五尺，广三丈。

——清《考工典》第二十三卷，引自《古今图书集成》

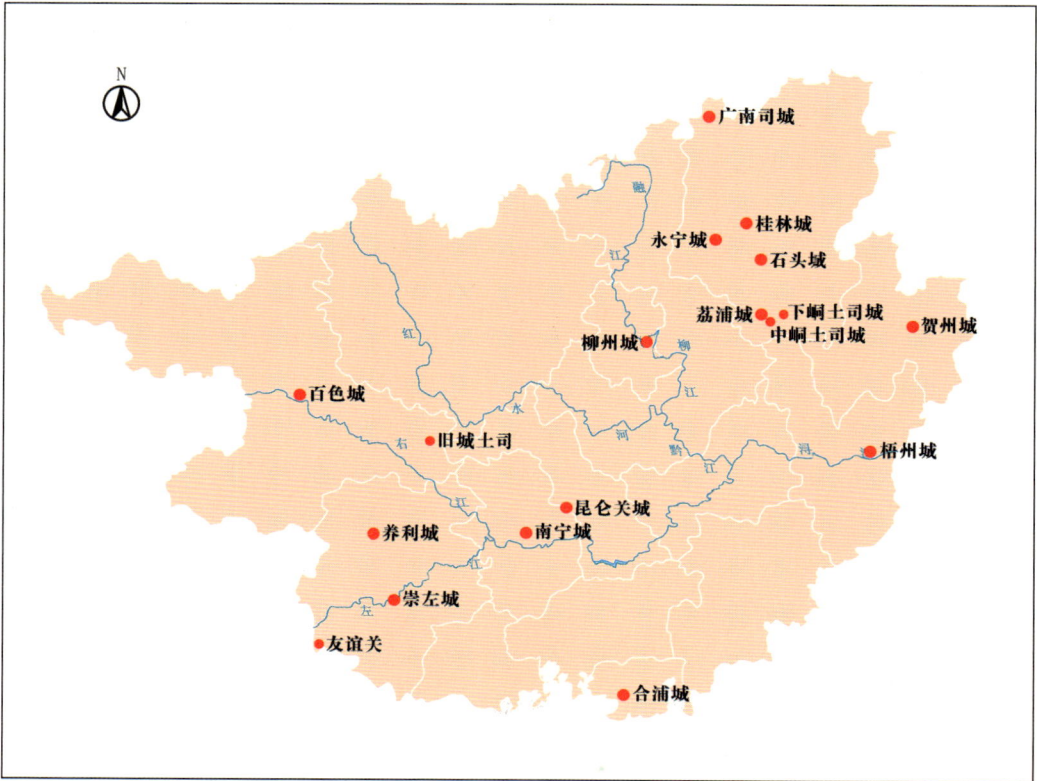

广南司城

桂林城
永宁城
石头城

荔浦城　下峒土司城
　　　中峒土司城　贺州城

柳州城

百色城

旧城土司　梧州城

昆仑关城
养利城　南宁城

崇左城
友谊关

合浦城

广西

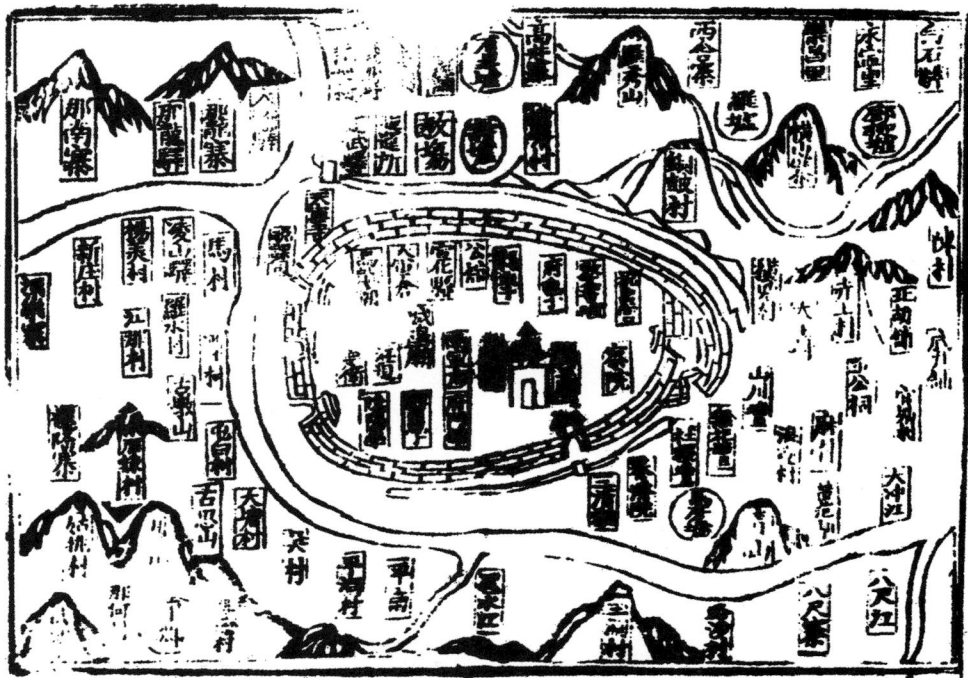

△ 南宁府城图　引自《南宁府志》明嘉靖版

南宁，别称"中国绿城"、"邕（yōng）城"、"凤凰城"、"五象城"，位于广西壮族自治区中部偏西南，是一座历史悠久的边陲古城。

南宁，古属百越之地。东晋大兴元年（318），从郁林郡分出晋兴郡，隶属广州，治所在晋兴县（今南宁），这是南宁设立建置之始。隋开皇十八年（598），改晋兴县为宣化县（治所在今南宁）。唐贞观六年（632），改称邕州，为南宁简称"邕"之始。元泰定元年（1324），将邕州路改称南宁路（取南疆安宁之意），隶属湖广行省。明洪武元年（1368），废路为府，宣化县隶属南宁府，同城而治，并沿用至清。1913年，废府留县，并为广西省会所在地。1958年，广西壮族自治区成立，首府为南宁，并沿用至今。

南宁筑城始于宋皇祐年间（1049～1054）（另有多种说法，如"始于晋"、"始于唐"，均非今城址），因壮族首领侬智高（1025～1055）举兵反宋，朝廷派兵征剿时所筑。据记载，当时建城不久，城墙就坍塌了。州守刘初"梦神告以筑城如蛇状，可成"（宣统元年《南宁府志》卷七）。第二天，在离旧城址数百步处，发现"大乌蛇如龙状绕行于地，遂依其迹筑之"。新城周长1050步、高1.9丈，设城门5座：曰"东门"，"迎恩"，"镇江"，"苍西"，"安塞"，各城门上均建有城楼。元丰六年（1083），地方官吏主持修缮邕州城。

明嘉靖十六年（1537），兵备佥事邹阅下令南宁府与当地驻军卫所共同负责修缮城楼，并建巡警铺于各城门之上。万历三十年（1602），知府薛藩增开南门。泰昌元年（1620）秋，按察副使胡廷宴、知府林梦琦、府丞张绳皋、宣化县令陈奇器等官吏主持开工重修城池，于天启元年（1621）竣工，工程由"文武两官董其役，画（划）地而筑，分工而廪。勤者旌之，怠者杖之"（萧云□：《重修府城纪略》，转引自同治四年《广西通志》卷一百二十八）。此次修城80余丈，不仅时间短，耗资也仅240余缗。崇祯九年（1636），知府吴绍志主持修城，加高城墙3尺。崇祯十三年，知府陈世绳主持修城时，"因屡有水患，易圆垛为方者。取土制水之意"（宣统元年《南宁府志》卷七）。崇祯（1628～1644）末年，因有兵乱，为城防之需堵塞南门。又为方便进城柴米之便，于东北隅新开烟花门。不久，烟花门再被封堵。

清初，南宁城墙多有损毁。自康熙（1662～1722）以后，南宁城墙得到高度重视，虽因水患导致城西地段城墙经常坍塌，但修缮之役几乎不断。如康熙十年（1671），知府金光声、通判顾鼎植、宣化县知县张瑷等地方官吏主持修城。康熙二十五年，知府赵良壁、知县孔暹主持重开南门，并重修城楼。雍正二年（1724）知府慕国琠、知县赵成章，雍正七年知府黑天池、知县黄其炳等官吏，相继捐资主持修缮城池。但是，由于城墙靠近江岸，土壤松软，加

▷ 修缮后的南宁城墙，呈现出几种不同时期修缮的墙体 谢荣轩提供

上汛期的水患，故墙体经常坍塌。雍正九年，左江道阎纯玺、知府张汉等官吏认为南宁修城的同时，应该更注重加固近城的江岸，并委托富有修城经验的恩城土州吏目施敏政主持规划兴修。然而，不久城墙还是出现了垮塌。乾隆四年（1739），南宁一带暴发洪水，城墙坍塌更为严重。左江道杨廷璋、知府苏士俊、知县吴逢年等官吏实地查勘后，向朝廷申请修城。乾隆六年，朝廷准修南宁府城，并令宣化县知县宋敞动用"本年地丁银"主持修城。城周长1050步、高3.1丈、宽2.5丈。设城门5座：曰"东门"、"迎恩"、"苍西"、"安塞"、"镇江"。全城设垛口1096座、窝铺5座。城的东、南、北三面环以护城河，河深1.5丈。城的西面自仓西门至安塞门外，沿江一带由于湍急的水流常年冲刷，土岸坍塌而导致城基不固，是造成城墙垮塌的主要原因。江左道许日炽、知府苏士俊、知县宋敞等官吏再次申请修城，并用"积存盐规项内"银，由县衙负责筑造沿江石堤，"以护城基，并造码头三处"（宣统版《南宁府志》）。此后，乾隆十九年知县陈伟，乾隆三十六年知府杜琮、知县康坦，乾隆四十八年、五十年、五十五年知县黄如璐、胡豫棠、李惟寅，"皆以水患城堤崩圮，各修葺"（同治四年《广西通志》）。同治（1862~1874）初年时，历任地方官吏不断修城后，南宁城墙总长度为11.16里。但到了清末时"敌楼无存"（宣统版《南宁府志》）。

1916年，南宁城西北段拆除部分城墙，这是南宁毁城之始。此后，随着战乱、城建（尤其至1956年）等因，南宁古城墙大部分被拆除。

20世纪80年代以后，据当地文物部门调查，南宁残存的城墙位于邕江一桥北端东侧，长约45米。2005年，政府对南宁残墙进行了维修，并复建了部分墙体。修缮后的城墙总长112米、高约12米。

2007年，南宁古城墙被列为市级文物保护单位。

杨国庆

南宁府城池： 宋皇祐间，始筑城。历代修葺广阔，周围一千三十步，高一丈九尺。辟五门有楼：曰东门，曰迎恩，曰镇江，曰苍西，曰安塞。明万历壬寅年，知府薛藩增开南门，并前共城楼六座。崇祯九年，知府吴绍志增高城垣三尺，东、西有壕绕城。宣化县附郭。

——清《考工典》第二十三卷，引自《古今图书集成》

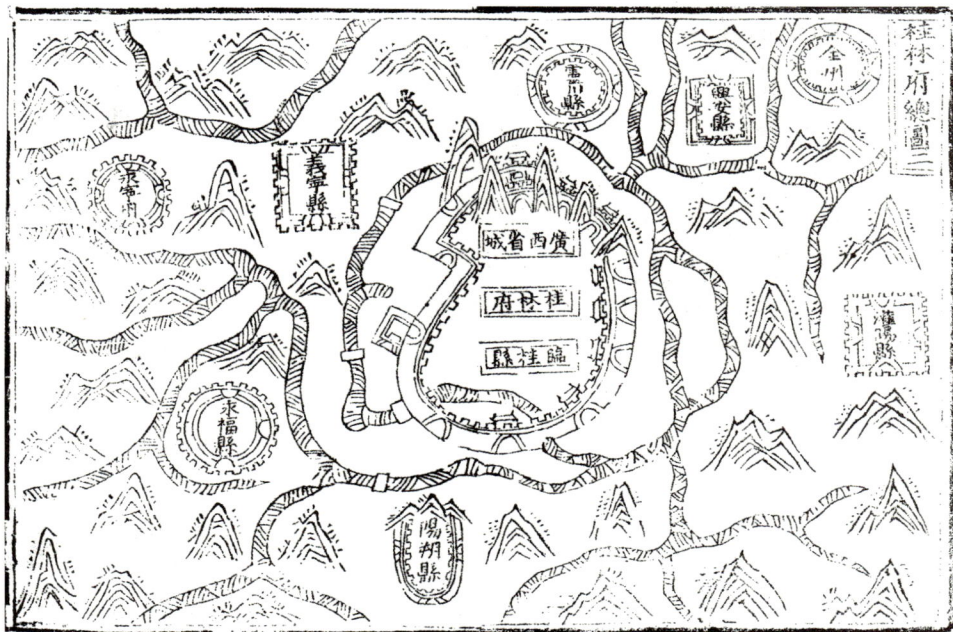

△ 桂林府总图　引自《广西通志》上海图书馆藏明万历二十七年刻，万历
三十七年增刻本，载《稀见方志丛刊（202）》

　　桂林，简称"桂"，位于广西壮族自治区东北部，是桂东北地区的政
治、经济、文化、科技中心，也是著名风景游览城市，享有"桂林山水甲天
下"之誉。1982年，被列为国家历史文化名城。

　　春秋之前，桂林境内为"百越"人的居住地。秦始皇三十三年（前
214），置桂林、象、南海三郡，此为"桂林"名称的最早起源（但郡治不在
今天的桂林市）。汉元鼎六年（前111），设始安县，隶属荆州零陵郡。甘露
元年（265），置始安郡始安县，郡县治所都在今之桂林。此后，建置及隶属
均有变化，曾先后称为桂州、临桂县、静江府等。明清时，均为桂林府，临桂
县（府县同城）属之。1940年，始设桂林市。1958年，改称广西壮族自治区桂
林市。2013年，撤销临桂县，设立桂林市临桂区。

　　桂林最早筑城难考，或为治所迁徙，或文献无载。汉时，"虽郡县之，

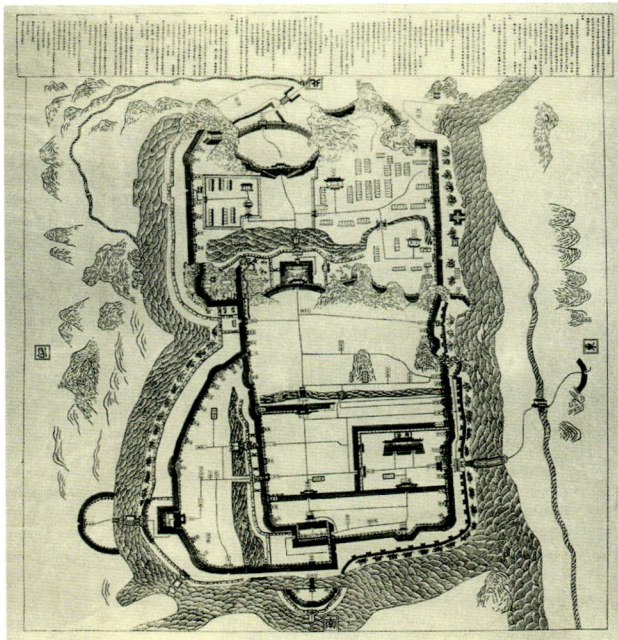

◁ 静江府城图（增补后的
墨线图） 引自傅熹年
《静江府修筑城池图简
析》，载《傅熹年建筑
史论文集》

而不以城"（引自唐代碑刻《静江府修筑城池记》）。自唐代以后，桂林先后
有多次筑城活动，先后出现"子城"、"外城"、"夹城"，而历代大规模筑城时
又有"新城"之说，故易混淆。分述如下：

据旧志记载，桂林筑城始于唐武德年间（618～626），由桂州总管李靖
主持营建。城址位于漓江之西，城周长3里18步、高1.2丈。建城门4座：东曰
"东江"，南曰"胜仙"，西曰"西山"（俗称"静江军门"），西南曰"顺
庆"（俗称"桂州门"）。后因筑外城，故此城被称为"子城"。据《祥符州
县图经》及桂林旧志等籍记载：唐大中年间（847～860），安南经略使蔡袭主
持营造外城，城周30里、高3.2丈。设城门8座：曰"怀威"、"肃清"、"朝京"、
"龙堂"、"阳亭"、"通波"、"伏波"、"洗马"。此城至光绪（1875～1908）
时，仅"遗址尚存"（光绪十八年《临桂县志》卷十七）。唐光启年间
（885～888），都督陈环（《风土记》作"陈可环"）在外城之北主持筑造
"夹城"，城周约六七里，其中外城的朝京门被夹城所共用。至清光绪年间，
此城"遗址今多不存"。

宋皇祐四年（1052），壮族首领侬智高举兵反宋，改国号为"大南
国"，朝廷派兵征剿数败。次年正月，平定"侬智高之乱"。至和元年
（1054），经略使余靖遂主持筑造新城，城周长6里，用木、砖、瓦、石等建
材以单件数量统计为400余万件，用工数量达10余万人。王安石在《桂州新
城记》中称：新城"以至和元年八月始作，而以三年之六月成"。设城门6

△ 桂林古南门 本文照片均由杨国庆摄

座：正东2座，一曰"行春"（俗称"上东门"），一与子城东门"东江门"共用；南曰"宁远"（又称"宁德"，后称"榕树门"）；西曰"平秩"（俗称"铁炉"）、"利正"（俗称"沙塘"）；北曰"迎恩"（又称"朝宗"）。乾道（1165～1173）中经略使李浩，淳熙年间（1174～1189）经略使詹仪之，绍熙年间（1190～1194）经略使朱希颜，先后相继修缮该城。淳祐九年（1249），地方官吏也对城墙有过修缮（同治四年《广西通志》称"淳祐九年，李曾伯……创筑新城"，有误。详见《临桂县志》"李曾伯小传·案"）。自宝祐六年至咸淳八年（1258～1272），为防御蒙古军进犯，静江府前后几任官员主持修筑城池：宝祐六年广南制置使李曾伯，景定元年至咸淳元年（1260～1265）经略使朱禩孙，此后至咸淳八年经略使胡颖，先后四次筑城，共用军夫、义夫、工匠等近300万人工，耗资约50余万贯。"这套防御体系在宋末静江攻守之战中确实起了作用"（傅熹年：《静江府修筑城池图简析》，收于《傅熹年建筑史论文集》）。

元至正十六年（1356），因防御红巾军，廉访使也儿吉尼针对旧城为土筑，"而被之以砖"，年久"颓圮殆尽，惧无以防卫"（元·危素：《静江路新城记》），遂主持大规模修城。自同年十月开工，于二十年八月竣工，城墙内外自底至顶均采用当地的坚石砌筑，周长3700余丈、高2丈多、宽3丈。竣工

△ 靖江王城遗址

后，危素作有记。

明洪武三年（1370），朱守谦受封为靖江王。洪武八年，增筑南城，"旧基皆毁"，惟留旧南门之榕树门（周于德：《重通榕树门记》）。次年，塞西坝，开城壕，导阳江经于新城西门外。共开城门12座：曰"东镇"、"就日"、"癸水"、"行春"、"东江"、"武胜"、"定西"、"丽泽"、"宝贤"、"西清"、"宁远"、"安定"。之后，有的城门并没起到预想的功能，逐渐毁圮堵塞，如：榕树门（即宁远门）、宝贤门和西清门等。洪武二十六年，修筑靖江王府城（子城），城周3000米，设城门4座：南曰"端礼"，北曰"广智"，东曰"体仁"，西曰"遵义"，按"礼智仁义"之意取名。嘉靖三十四年（1555），周于德上任后，主持修缮并开通榕树门。

清顺治九年（1652），王府被毁。顺治十四年，设立贡院于此。入清以后，在朝廷及地方政府历任官员重视下，桂林府城池多次得到修缮。如雍正三年（1725），巡抚李绂主持大规模修筑，城周4619号，计12.8里，其中东城高2.5丈、南城高3丈、西城高2.6丈、北城高2.7丈。全城设垛口1340座、城楼10座、窝铺32座、炮房22间、水关3座（即西水关、南水关、小桥关）。在东江门和武胜门之间的城顶上，还建有魁星楼1座。护城河宽8.2丈、深1.5丈，北面未设护城河。乾隆四年（1739）知县刘克一，乾隆九年知县杨廷榕，乾隆十三年知县汪垣，乾隆二十六年桂林府同知刘成章，乾隆四十八年巡抚孙士毅，先后主持城墙的维修。咸丰二年（1852），太平军攻打桂林时，桂林城墙有多处损坏。此后，对桂林城墙也有多次修缮。至光绪三十一年（1905）时，存城门11座，城墙基本完好。

1912年以后，除战火毁城外，最主要是因城市建设需要人为的大规模拆城，造成桂林外城墙大部分拆毁，仅余西城墙和北城墙并不连贯的数段残垣。而昔日的王城，曾是广西省政府所在地，1949年后是广西师范大学校园，故保存相对完好，至今城门墙上仍有清代遗存的"三元及第"、"状元及第"、"榜眼及第"等牌额。

△ 宋静江府城墙保护碑

2000年，宋静江府城墙（包括古南门、宝积山城墙、鹦鹉山、铁封至叠彩山城墙、藏兵洞、东镇门及城墙、新建筑所遮蔽的城墙）被列为省级文物保护单位。2004年，桂林市有关部门针对破损较为严重的翊武路长约157米的宋城墙进行了修复，并对城墙周边环境进行了整治，成为游园绿地。

杨国庆

桂林府城池： 初，唐武德中，桂州总管李靖筑子城在漓江西浒，周三里十八步，高一丈二尺。宋皇佑间，经略使余靖筑外城。元至正十六年，廉访使也儿吉尼始甃石，谓之新城。明洪武八年，增筑南城。九年，塞西坝，开城壕，导阳江经于新城西门外，通宁远桥，分二派：一南注合雉山旧江，一东注经马王阁，后出象鼻山与漓江合。为门十二：曰东镇，曰就日，曰癸水，曰行春，曰东江，曰武胜，曰定西，曰丽泽，曰宝贤，曰西清，曰宁远，曰安定。临桂县附郭。

——清《考工典》第二十三卷，引自《古今图书集成》

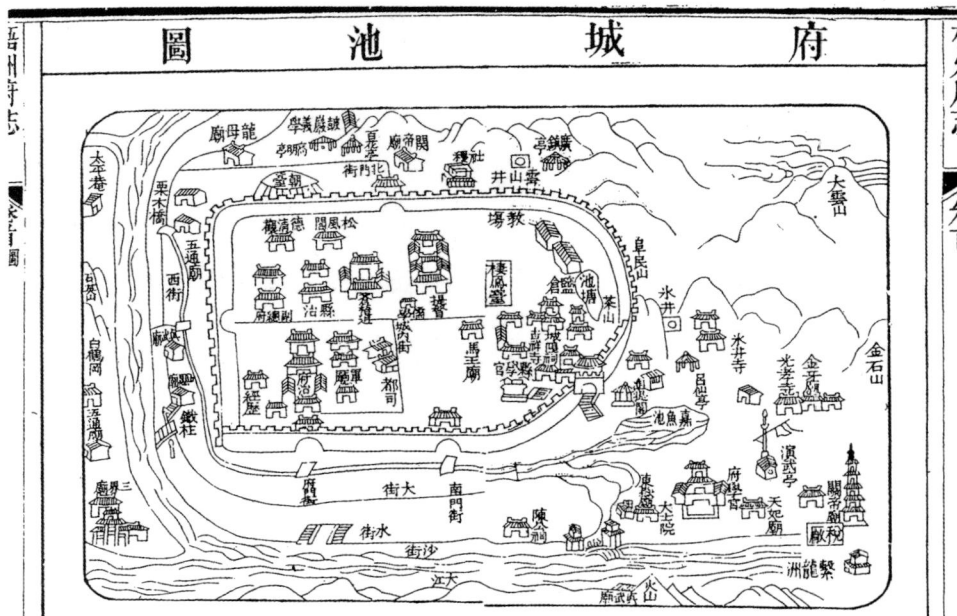

△ 梧州府城池图　引自《梧州府志》清同治十二年刊本，载《中国方志丛书·华南地方·广西省（119）·梧州府志》

梧州，位于广西壮族自治区东部，与粤、港、澳一水相连，有"绿城水都"之誉。

先秦时期，梧州属百越地。西汉高后五年（前183），赵光为苍梧王，始建苍梧王城。西汉元鼎六年（前111），汉武帝灭南越国，并于梧州及今广东封开一带设广信县。宋代，广信以西称"广西"，以东称"广东"，两广因此而得名。隋开皇三年（583），改广信县为苍梧县。唐武德四年（621），始称"梧州"。至明清时，均为梧州府。1913年，广西废府为县，复置苍梧县。1927年，设梧州市。1932年，撤市复归苍梧县，治梧州。1950年后，复设梧州市。

梧州最早筑城与赵氏建立政权有关，汉高后五年（前183），赵佗自称南越武帝，封赵光为苍梧王，在今梧州市筑建苍梧王城（另有一说为"公元前206年建城"）。这座梧州土城，在大云山麓，东北跨山，西临桂水，南绕大江，是广西最早城池之一。宋开宝元年（968），在地方官吏主持下，改用城砖砌筑，城周长2里140步（《考工典》记为"三里二百三十七丈"）、高1.5丈，设四门。皇祐四年（1052），城墙部分毁于"侬智高叛乱"中。至和二年（1055），在地方官吏主持下，大规模重修城池，并对部分地段进行拓展，城周3里237丈，仍设四门。

明洪武十二年（1379），在地方官吏主持下，再拓筑城墙860丈，设城门5座，均建城楼：正东曰"阳明"（《考工典》记为"正东"），正南曰"南薰"，西南曰"德政"（楼曰"独秀"），西曰"白鹤"（楼曰"西江"），北曰"大云"，城墙上还建串楼196间。在城的东、南、西三面均有护城河，城北"因山为险"（同治十三年《苍梧县志》卷七）。正统十年（1445），城墙部分毁于动乱。次年，知府诸忠（《考工典》记为"朱忠"）主持修城时，在德政门城楼上置

▽ 梧州城池桂江，对岸即城址所在　杨国庆摄

刻漏（古代计时器）1座。景泰三年（1452），城楼上刻漏被毁于动乱。天顺七年（1463），"大藤峡贼陷城"（同治十二年《梧州府治》卷五）。次年，知府袁衷主持重修城楼及刻漏，于成化元年（1465）再置德政门的城楼上，梁全撰有《重修府谯楼记略》，详述其事。成化二年，总都督御史韩雍下令"凡州府县之未城者，必以时筑。坏必治，卑必增。必设串楼覆之，夙夜可舍，风雨可行也"。还要求护城河外设栅栏，护城河"内树铁蒺藜跳（即'铁蒺藜'的俗称：铁刺四根，任意放置均有一根铁刺向上），越步不能来也"（方玭：《重修府城记略》）。随后，韩雍主持大规模修城，将城墙增高1丈，造串楼及角楼569间，遍覆于城顶。城下建窝铺36间，提供给守夜的军士。护城河深3丈、宽5尺，"引泉周流不可涉"。护城河内外均置木栅，长3350丈；河中设置铁蒺藜13000多根。次年，增筑东、南、北城门外的瓮城，并重建城楼5座及钟鼓楼。经过两年多的城墙修缮和增筑附属建筑，梧州城的规制基本完备。此后，历任官吏对梧州城池多有修缮。如：正德（1506～1521）初年都御史陈金，嘉靖六年（1527）知府刘士奇，万历五年（1577）知府李橡，万历八年知府陆万垓，万历十三年知府林乔楠等，均先后主持修缮城墙。万历二十年，知府周宗礼在城上增修望台10座。万历四十六年，知府陈鉴、石廷举相继主持修复被毁的德政门城楼，又增筑西门的外瓮城。天启三年（1623），知县梁子璠改为阳城，每座城楼环设窝铺8间（据《苍梧县志》）。崇祯八年（1635），知府章金炫主持加高垛口。明末时，梧州城墙、城楼损毁严重。

清顺治十六年（1659），苍梧守道陈宏业、知府祖泽润主持修缮梧州城池。康熙六年（1667），知府黄龙主持修复城南段坍塌的20余丈城墙。之后，城楼复毁于兵变。康熙二十五年，知府陈天植、苍梧县知县尹维旌主持修缮损毁地段城墙，并复建城楼和北望楼，陈天植还撰有《重建城楼记》。康熙四十八年，城墙四面均发生程度不一的坍塌，计数十丈。知府李世孝主持修复。雍正十年（1732），知县李振宗修复德政门瓮城裂隙，当时城周9.5里、高2.2丈，垛口1075座。乾隆三十八年（1773），知府吴九龄主持修缮德政门段城墙。嘉庆十六年（1811），知府金坛修复东门段、北门段损坏城墙及垛口。嘉庆二十年，知县黄开云利用"救荒息银"，雇工疏浚护城河。道光九年（1829），知府袁渭钟主持修缮各城门附近垛口，当时城周长865丈，垛口1050座。道光二十八年，乡绅李百龄捐资请府衙官吏主持疏浚护城河。咸丰四年（1854），太平军攻城，垛口及女墙损坏多处。次年，知县陈庆嘉请乡绅李佳龄等人捐资修城，耗费千金。同治九年（1870），在地方官吏主持下修缮北门段坍塌城墙7丈多。此后至清末，梧州城墙虽时有损毁，也时有修缮。

1912年后，梧州城墙逐渐毁圮，甚至被人为拆除。1912年11月30日，梧州发生重大火灾，商铺民居被焚近2000间。当局为解决民生计，遂拆除五门及绝大部分城墙，用城砖筑地下水道、铺砌马路等，建造公共设施和场所。

20世纪90年代，在梧州原西门口附近（九坊路与民主路的交界处）城建中，意外发现一小段长约7米的残垣。由于保留长度太短、残垣周边环境等因，此段残垣当时并未被列入等级文物保护单位。

杨国庆

梧州府城池：旧城在大云山麓，东北跨山，西临桂水，南绕大江。宋开宝元年，重砌以砖，周三里二百三十七丈，辟四门。明洪武十二年，展筑，周八百六十丈。为门五有楼：东曰正东，西曰西江，北曰大云，南曰南薰，西南曰德政。覆串楼一百九十六间，壕环城东西南三面，北因山为险。正统十一年，知府朱忠置刻漏于德政门上。成化二年，总都督御史韩雍增高一丈，造串楼五百六十九间，遍覆之。城下设窝铺三十六间，宿守夜军士。壕深三丈，阔五尺，壕内外皆树木栅，长三千三百五十丈。四年，作东、南、北门瓮城。重建五门楼、钟鼓楼，规制大备。万历四十六年，添设西门瓮城。天启三年，知县梁子璠改为阳城，设城上窝铺八间。苍梧县附郭。

——清《考工典》第二十三卷，引自《古今图书集成》

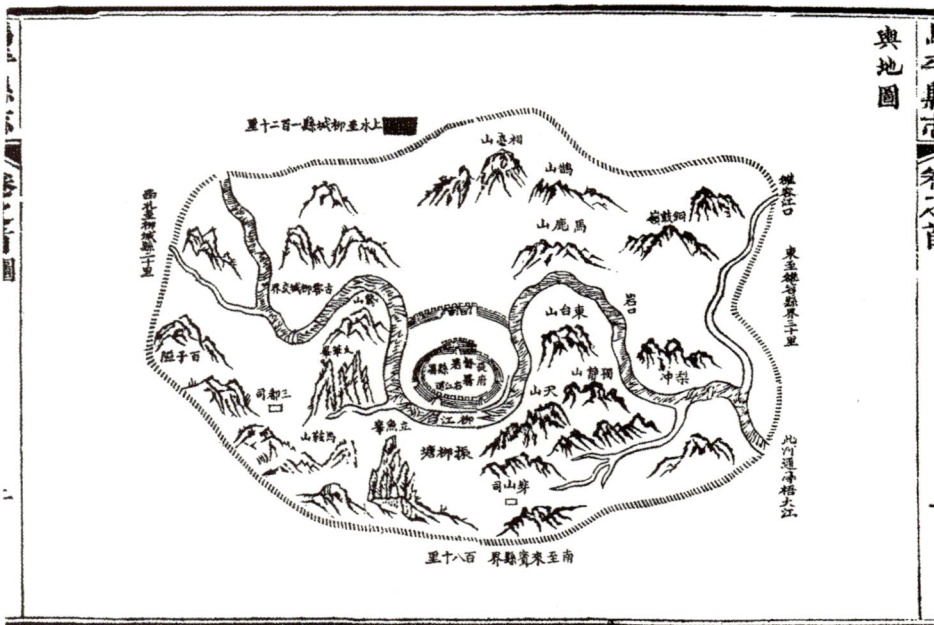

△ 马平县舆地图　引自《马平县志》清乾隆二十九年原修，光绪二十一年重刊本

柳州，位于广西壮族自治区中北部，史称"龙城"。因其地形"三江四合，抱城如壶"，故又称"壶城"。1994年，被列为国家历史文化名城。

先秦时期，其境为百越之地。汉元鼎六年（前111），灭南越国，设潭中县。西晋太康三年（282），潭中县升为桂林郡治所。此后，建置、隶属多有变化，曾称马平郡、桂林县、马平县、昆州、南昆州、龙城郡等。唐贞观八年（634），改南昆州为"柳州"，并被后世所沿用。明洪武元年（1368），柳州路更名柳州府。1912年，曾改马平县、柳江县。1949年，设立柳州市。次年，升为省辖市（地级市），并沿袭至今。

柳州最早筑城无考，或因治所迁移，或因文献疏于记载。唐、宋时，已筑土城。宋元祐年间（1086～1094），柳州知州毕君卿主持重筑江北的柳州城。嘉泰二年（1202），知州赵师遹主持修葺城楼。咸淳（1265～1274）初年，迁州治于龙江南岸（即今柳州地），直到元末，均未营造城池。

明洪武元年（1368），柳州府治自龙江南迁于马平，初无城。洪武四年，在马平县丞唐叔达主持下，开始筑造土城。洪武十二年，指挥苏荃等拓改城墙，并以砖甃之。砖城东西长3里、南北宽2里、周长748丈、高1.8丈（同治四年《广西通志》称"二丈"，此据乾隆版《柳州府治》卷十三）、宽2.6丈，城墙外环以护城河。设城门5座：曰"东门"（后于城楼中供奉关羽）、"西门"、"镇南门"（俗称"大南门"，后在城楼中供奉火神）、"靖南门"（俗称"小南门"）、"北门"。城上建有窝铺45间、垛口937座。嘉靖二十四年（1545），总督两广军务兼巡抚张岳（1492~1553）平乱后，登临柳州城环顾，发现城北"无封域之限、山溪之阻"，深为此城防御忧虑。恰逢柳州知府王三上任，详谈后王三遂于次年主持营造城北外郭，经费由张岳平乱后剩余军饷支出，一年多就完工。此次筑城，参役的人夫"日给银一分有半；圬者（笔者注：泥瓦工）倍之"（佘勉学：《柳州北郭碑记略》），因费用取自军饷，故百姓无扰。外郭沿江而筑，东西与内城相接，郭长579丈（《广西通志》记为"五百九十丈"，此据佘勉学《碑记》），城高1.4丈，城基宽按城高3：1之比（约4.6尺），沿城曲折建有敌台（即马面）10座，台上建有兵舍。郭设城门3座，均建谯楼：东曰"宾曦"，北曰"拱辰"，西曰"留照"（光绪二十一年《马平县志》称"照临"）。明末时，郭之谯楼毁圮。

▽ 柳州城旧影 杨国庆提供

△ 柳州城上的文字碑 本文以下照片均由杨国庆摄

清康熙五年（1666），守道戴玑、知府刘永清、知县阎兴邦共同主持修缮内城。康熙五十三年，因洪水冲塌柳州城的西南隅，故修缮时增筑以石。雍正三年（1725），总督孔毓珣捐俸委派官吏修缮城墙。乾隆三年（1738），知府吴秉正申请修城，获资金30000两，委派马平县知县张本闸主持重修。乾隆三十二年，马平县知县牟钤主持修城。乾隆四十八年，暴发洪水，城西部分地段被毁。灾后，知府李舟主持修缮。乾隆五十四年，马平县知县钱廷琛暨府属各州县重修城池，当时城周7.5里，对内城五门、外城的三门均给予修缮或重建。此后直至清末，柳州城墙虽有自然灾害或战火等因出现多次损毁，但在地方官吏的重视下，基本得到及时修缮。

1912年后，柳州城墙因战火、城建等因，遭到程度不一的破坏，甚至人为大规模拆除。如：1927年，柳州首次破开东门城墙。同年，又因修公路，拆公园路东端的城墙。1928年10月26日，柳州城内发生空前大火灾，西门城楼、小南门城楼均毁于大火。火灾之后，又拆城取砖盖房，以安置灾民。1929年，兴筑环城马路，分批拆除城墙。1930年，因开辟北大路（今解放南路北端），北门及北门内外的城墙均被拆除。1935年，驻柳州的国民革命军第七军军长廖磊，为城建之需，大规模地拆除了南大门、正南门、西门一带的城墙。

20世纪80年代以后，经当地文物部门调查显示，昔日柳州城墙尚有遗存，如：东门及附近一段残垣；1999年，当地文物部门在曙光中路和柳江路北一巷，又发现约百余米的明代城墙残段。

1994年，柳州东门城楼被列为省级文物保护单位。2004年，柳州古城墙遗址被列为市级文物保护单位。

杨国庆

柳州府城池：旧无城。宋元祐间，知州毕君卿始修筑。明，改府。洪武四年，筑土城。十二年，指挥苏荃等拓之，易以砖，高一丈八尺，广二丈六尺，延袤九百余丈。为门五：曰东门、西门、镇南门、靖南门、北门，外环以壕。马平县附郭。

——清《考工典》第二十三卷，引自《古今图书集成》

△ 柳州城东门

△ 柳州城垛口

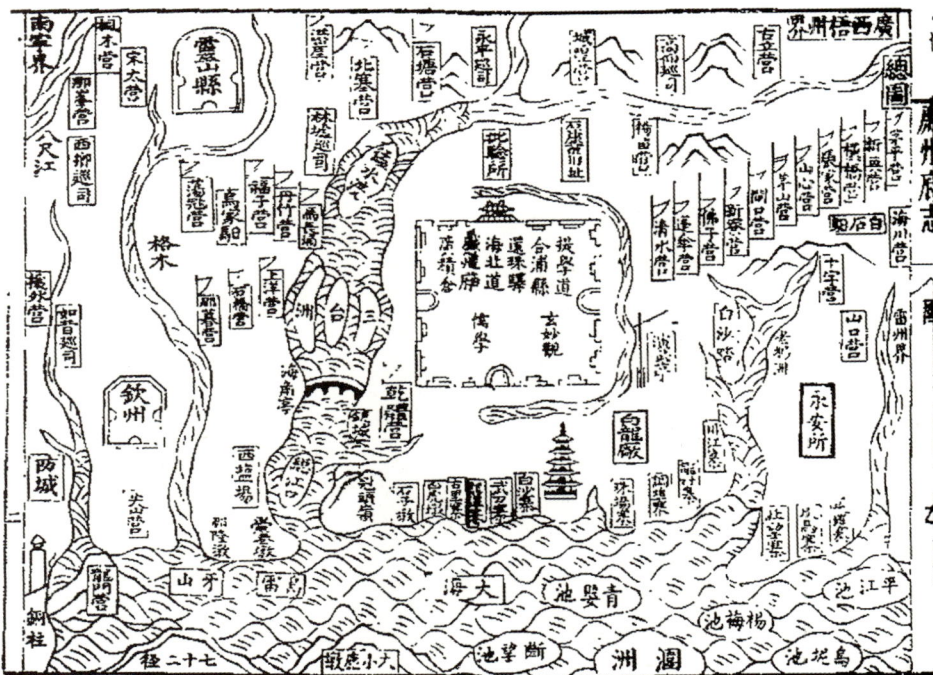

△ 合浦县城池图　引自《廉州府志》明崇祯版，载《日本藏中国罕见地方志业刊》

合浦，旧称"廉州"，位于广西壮族自治区南端、北部湾东北岸，其境北枕丘陵，南滨大海，东、南、西遍布红壤台地，中部为冲积平原。

秦始皇三十三年（前214），置象郡，今合浦县境属之。汉元鼎六年（前111），始设合浦县。此后，建置、隶属及辖地均有变化。唐贞观八年（634）后，越州改称"廉州"，驻地在合浦县（古称海门镇，参考清代富明安《廉州府开小南门碑记》）。明洪武元年（1368），改廉州路为廉州府，辖合浦、石康二县，属广东布政司。此后，建置及隶属也多有变化。1952年，合浦县隶属广西省钦州专区。1987年，合浦县划归北海市管辖。

合浦最早筑城不详，据今人推测：唐贞观八年（634）后，因设廉州州治于合浦而筑城。另据道光十三年《廉州府志》记载：廉州筑有新、旧两座城池，位于廉江东面，与合浦县同城而治。旧城的"府城创自宋元祐间。

绍圣（1094～1098）时，知府罗守成修。皆土筑"。明洪武三年（1370），百户刘春增主持增筑西城690.5丈，此为旧城。洪武二十八年，指挥孙全复移东城150丈，增广土城418丈。永乐八年（1410）冬，有倭寇扰城。宣德（1426～1435）间，指挥王斌主持修城时，用砖甃之，改土城为砖城，此为新城，周长千余丈，设串楼千间（巫铎：《廉郡修城记》），设城门3座：东曰"朝天"，西曰"金肃"，南曰"定海"。护城河周长1051丈。

明成化元年（1465）秋，廉州府城被"西贼"（造反的民众）攻占。成化七年（许多文献称"成化二年"，此据谢金《廉郡修城记》），升任海北兵备道的知府林锦以旧城过于狭小，请命于巡按后下令由指挥张福展拓旧城东、南、北三面城墙，并疏浚护城河。工程自同年冬至次年秋竣工，耗资府县公款数千缗，计拓砖城146丈，并增筑敌楼、串楼共计896座，南北城楼、谯楼各5座。由于西门外护城河与海相通，为防海盗及倭寇又加筑西门的外瓮城；在护城河外还设置荆棘（山野丛生多刺的灌木）。正德年间（1506～1521），廉州府城的日常维修确定为"府、卫分修"（即军民分修）：自西南而东属于部队卫的军人负责；自东北而西属于地方的府衙负责。嘉靖二年（1523），地方官吏韩鸾主持修城，将城墙增高3尺。嘉靖十五年，由于久雨造成部分城墙坍塌，知府张岳主持修复。三年后，因暴风雨导致城上许多串楼损毁，知府陈健主持修复。嘉靖二十二年，在知府詹文光主持下，拆除全城的串楼（此据巫铎《廉郡修城记》，《考工典》记为"二十一年"），增筑垛口，改为阳城（即城顶敞开，无串楼覆盖的制式）。嘉靖三十三年（《考工典》记为"三十四年"），因有寇犯境，知府何御遂以城防之需，与其他官吏一道主持增设东、南二门的外瓮城。竣工后，次年巫铎撰有《廉郡修城记》，详述其事。隆庆二年（1568），知府徐柏主持修建城楼；同治昌应会主持建敌台9座。万历六年（1578），地方官吏曾主持修城，修城不到1/10，而耗资已达1/6（登记用资为"二千四百余缗"），不得不停工。次年，知府周宗武主持继续修城，自南而西、北修城426丈，增高百余丈，置窝铺106座。万历十年，知府沈应科主持修城，自北而东南400余丈，增高200余丈，修缮城楼及垛口。竣工后，薛梦雷撰有《廉州府修城碑记》，记述了后两次修城如何节省经费的措施。同时，也能看出正德年间推行的军、民分段负责修城的规定已被终止，均由地方承修。万历三十五年冬，因有"交夷作逆"，部分城墙及东门城楼被毁，战乱后，复建外瓮城的城门改为与主城门同一轴线。之后，当地风水家及百姓认为新东门取向破坏了风水，后由地方官吏李五美顺从民意，将东门外瓮城城门复改为东北向，并撰有《复修东门月城记》。崇祯八年至九年（1635～1636），廉州府城先因洪水、后遭飓风，部分地段城墙及附属建筑出现坍塌和损毁，知府郑抱素捐资主持修缮。此时，全城周长802丈、高3.2丈、厚1.5丈。护城河周长1051丈、宽2.5丈（清代拓宽至3.5丈）、深6～7尺不等。崇祯末年，部分城墙及附属建筑遭毁。

清顺治十八年（1661），知府孙昌裔主持西门城楼的修复。康熙四年（1665），总兵张伟主持维修东门城楼。次年，由于久雨导致部分城墙坍塌，知府徐化民主持修缮。康熙十年六月十九日，廉州再遭飓风，西城门外瓮城及全城大部分女墙损毁。徐化民率合浦县令游名柱主持大规模修缮，计修门楼4座，东、西、南外瓮城小楼3座，建串楼24间、窝铺63间、墩台4间、望墩100个、笔架垛1669座。次年，徐化民再捐资修缮府后城楼。康熙二十二年，知府佟国勷、知县杨昶主持修城，西城段增高3尺，修缮城楼及窝铺。康熙六十年，知府徐成栋主持修缮城门楼3座。雍正四年（1726），廉州遭遇特大风雨，城南、城北一些地段城墙坍塌，知府蒋杲捐资主持修缮。雍正七年，再修城墙。乾隆十八年（1753），知府周硕勋顺从风水家及百姓之愿，复开小南门及建城楼并取名"文明门"。嘉庆五年（1800），因久雨导致西门外瓮城坍塌，合浦知县戴锡纶主持修复。道光元年（1821），又因久雨导致部分护城河淤塞，文明门西侧墙体坍塌丈余，灵山县知县张孝诗主持修复。清代，廉州府城的日常维修，西南段由合浦知县督修；东南段由灵山知县督修；东北段由钦州知州督修，所分辖地段均设有石质界碑。正因如此相延续的措施，使廉州城池保存相当完好。民间故有"无怕廉州人，只怕廉州城"的俚语，廉州城墙又有"海北雄藩"之称。

1912年后，廉州城墙多次遭遇战火，损坏后也未能及时修缮。尤其在1937年后，廉州城遭遇侵华日军飞机多次轰炸，为利于军民疏散防空，当时在政府主持下，拆除了南、北、东三处地段的城墙。1958年，又拆除了西城墙和金肃门。

20世纪80年代以后，昔日廉州城仅余少量地段的城基和部分护城河。

附：

随着历史的发展，合浦境内的昔日廉州古城虽然已毁圮，但仍有不少古城遗址或寨城、烽火台的遗存，并于1981年后被先后列为县级以上文物保护单位。如：唐代的石康古城遗址（位于石康镇顺塔村），元明时期的大浪古城遗址（位于山口镇大浪村），明代的永安古城遗址（位于山口镇永安村），清代的红泥城、白泥城、禁山烽火炮台遗址（均位于廉州镇），以及铁山烽火炮台遗址（位于公馆镇高竹头村）等。

杨国庆

廉州府城池：在廉江东，宋绍圣间修。明洪武三年，百户刘春增筑西城六百九丈五尺，是为旧城。二十八年，指挥孙全复移东城百五十丈，增广土城四百十八丈。宣德间，指挥王斌砖甃之，是为新城。门三：东曰朝天、西曰金肃、南曰定海，列兵马司厅，其外浚濠一千五十一丈。成化二年，知府林锦增拓旧城百四十六丈，敌楼、串楼八百九十有六，南北楼、谯楼各五，筑西门月城。嘉靖二年，韩鸾复增高三尺。二十一年，知府詹文光去串楼，筑雉堞为阳城。三十四年，知府何御增设东、南二门月城。隆庆二年，同治昌应会建敌台九。万历己卯，知府周宗武补敝增高，置窝铺一百零六。至康熙初年，知府徐化民捐修府后城楼及门楼四座，东、西、南月城小楼三座，串楼二十四间，窝铺六十三间，墩台四间，府后楼一间，望墩一百个，笔架垛一千六百六十九个。考旧制，城垣周围八百零二丈，高三丈二尺，厚一丈五尺。池周围一道，长一千零五十一丈，阔二丈五尺，深六、七尺不等。合浦县附郭。

——清《考工典》第二十三卷，引自《古今图书集成》

百色城

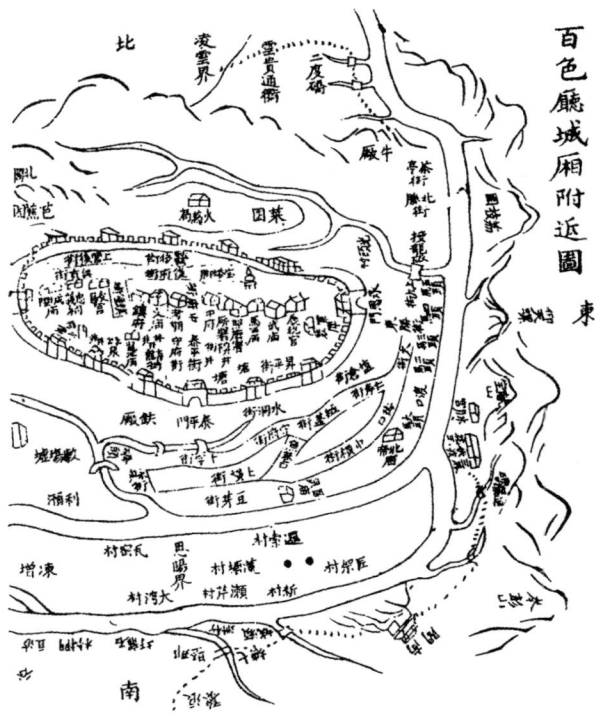

△ 百色厅城厢附近图　引自《百色厅志》清光绪十七年刊本，载《中国方志丛书·华南地方·广西省（25）·百色厅志》

百色，位于广西西部，北与贵州接壤，西与云南毗邻，东与南宁市相连，南与崇左市、越南交界，是广西壮族自治区面积最大的地级市。

百色设立建置较晚，清雍正七年（1729）之前，其境均为其他建置所属。雍正七年，清廷将思恩（今武鸣县）府理苗同知移驻百色，设立百色厅，始为"百色"得名之始。据同治四年《广西通志》记载："百色，本作剥色。"另据今人李长寿考证：百色，是壮语译音，因外地来当地任职的流官不懂壮语，用译音称"百色"。1913年，置县治。1949年后，置百色专区（后改百色地区）。1983年，撤销百色县，设立百色市（县级）。2002年，百色市升为地级市。

清雍正七年（1729），设立百色厅后的次年，此地"人烟稠密，商贾辐辏，乃滇黔之门户。又有平阳地，可以建筑城垣，驻屯兵马"（转引《金

166

志》）。由此可以看出，在百色筑造城垣，一是因为地处云南和贵州两省的交通要道，二是出于战略需要可以屯兵。百色厅的城墙，墙心为夯土，两侧及顶面砌筑城砖，城周长601丈、高3丈、顶宽约1丈。全城设城门3座：东曰"承恩"，南曰"泰平"，西曰"安远"（又称"怀远"）。城门拱券约高7米、宽约5米，为对开城门。乾隆八年（1743），建造三门的外瓮城（月城），总计周长190丈。外瓮城建成不到10年，许多地段就被洪水冲塌。乾隆三十年，巡抚宋邦绥主持修建护城3处，各周长6丈。咸丰三年（1853），受太平军农民起义战乱的影响，土田州冻罢村陈兴富率部千余人围攻百色城，虽围攻月余不克败走，城墙一些地段受损。次年，署司知庆龄捐资主持烧砖修城，城周129丈、基宽8尺多，修垛口185座。又另捐资建造城外大码头炮台1座。炮台石脚7尺、周长21.5丈，台墙外高7.5尺、台内高5尺。炮台设火炮18尊，并建有砖门（光绪十七年《百色厅志》卷四）。咸丰五年，百色古城墙遭洪水冲击，南门段城墙被洪水冲塌129丈。庆龄再次筹款修复。咸丰十年二月二十四日至同年三月初二，太平天国翼王石达开部将石镇吉、石镇常率部数万人马，围攻百色厅城。先后两次率众挖地道至城基，用炸药轰塌东门地段9丈多的城墙、东南隅地段6丈多的城墙。战后，同知陶兆恩发动官民共同捐资修城。光绪六年（1880），同知陈如金申请库银主持重修城墙及城门。清代筑造的百色城墙，又被称作"鹅城"，"以城形如鹅，故名"（同治四年《广西通志》卷一百二十七）。

1912年后，由于军阀混战，加上百色城墙年久失修，许多地段损毁严重。1936年6月1日，李宗仁、白崇禧与广东陈济棠联合反对蒋介石，开展抗日救国运动（史称"两广事变"）。由白崇禧下令时任百色区民团指挥官苏新民、百色县县长罗福康拆除百色城墙，将城砖挪用于百色城西南山坡、马鞍坡、后龙山、羑园坡等处修筑碉堡，防御蒋军的攻击。自此，百色城墙大部分被拆除，残垣又被当地居民挖砖建房，仅余大西门及城楼。

1953年后，因修筑百色至阳圩公路，仅存的百色城墙大西门及城楼也被拆除。据当地文史专家李长寿撰文称：20世纪70年代百色中学因修建游泳池挖池基时，还挖出部分古城墙脚大砖，作砌池边墙使用。从中国古城墙发展史来看，百色城墙筑城较晚，故康熙年间（1662～1722）修撰《考工典》时就没有收录；而拆城却较早，反映出中国古城墙时序上多样性的一个特征。

附：

百色城墙虽然被拆除无存，但在今百色地区仍还存有其他一些古城遗址，其中建造于明永乐年间（1403～1424）的平果县旧城土司城址，1987年被列为县级文物保护单位。

旧城土司　"以山为城，石垒其缺。周四里，为门四"（同治四年《广西通志》）。明永乐年间，由思恩州知州土官岑瑛主持营建。据当地文物部门调查，该旧城分为数段，呈残垣断壁状，最高处有8米，最低处有2～3米，厚度1～1.5米。城墙皆以巨形之方条石垒成，在墙体上设有数处小城门和许多枪眼，各层城墙及山顶处皆设有炮台。

杨国庆

旧城土司城池： 以山为城。南北东西各径一里，山石垒筑，连接障密，四山口开四门，无城楼雉堞。明永乐间，土官岑瑛所筑，东南关口石墙长二十丈，高一丈二尺；西关口石墙长八十丈，高一丈二尺；西北关口石墙长五丈，高一丈三尺。各掘深堑，向背各如墙势。

——清《考工典》第二十三卷，引自《古今图书集成》

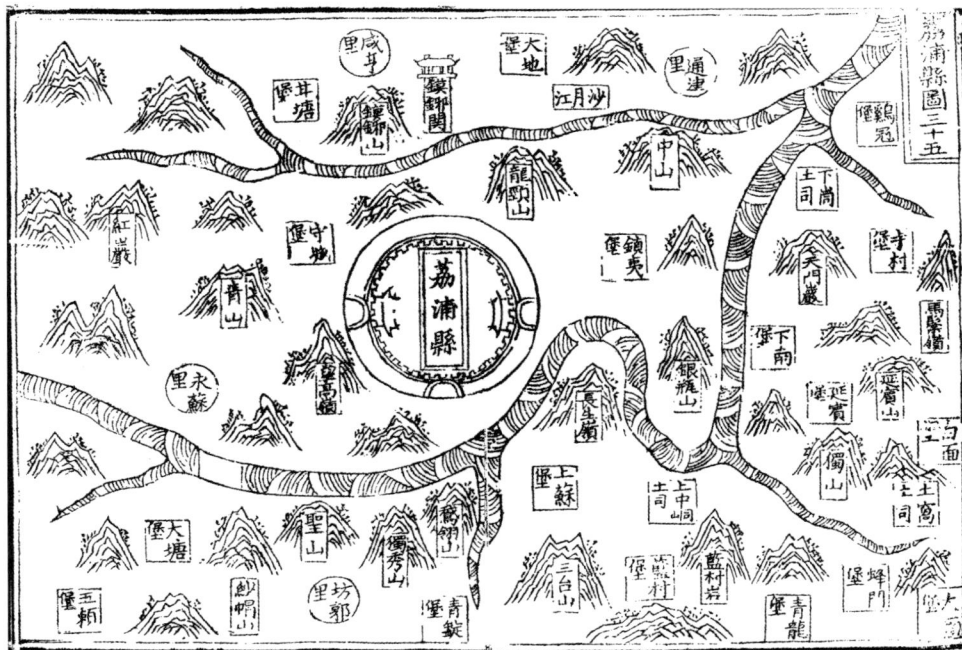

△ 荔浦县图　引自《广西通志》上海图书馆藏明万历二十七年刻，万历三
十七年增刻本，载《稀见方志丛刊（202）》

　　荔浦，位于广西东北部、桂林市的南部，地处柳州、桂林、贺州、梧州
城市之间。

　　西汉元鼎六年（前111），始置荔浦县，属苍梧郡。此后，建置、隶属及
辖地多有变化。明初，荔浦县属桂林府。弘治四年（1491），荔浦改属平乐
府。清袭明制。1958年，荔浦县归属桂林专区。1998年，荔浦县属桂林市。

　　荔浦最早筑城文献记载不详。据明清时期的地方志记载，"按故老相
传：先是，县治在永苏里荔江之滨，以荔水因名，曰荔浦。今故址尚在"（光
绪五年《平乐府志》卷五）。如是，当为汉代所筑之荔浦县城，由知县马宥如
主持营建，"筑土为城"（同治四年《广西通志》）。该城由于"滨江背山，
每贼来窥伺，率自高山而下，（城墙）屡为所破，民不可守"，后毁圮。2009
年，当地文物干部对青山镇渡口屯象山脚下荔浦故城遗址进行普查时，仍发现

了荒草下的部分残垣和散落四处的汉代瓦片与陶片。该城址距青山古墓群约2000米，距华光庙遗址约500米。

明景泰七年（1456），知县伍绘向北择地迁城于今址。成化十四年（1478），总都督御史朱英下令地方官吏改筑砖石城墙，城周长248.8丈、高1丈余，城顶建串楼，设城门2座：南曰"迎熏"（后俗称"古南门"），北曰"承恩"。嘉靖二年（1523），知县雷燮主持重修，修建垛口若干，建串楼83间、角楼4座，守城军士深感方便。竣工后，雷燮撰有《修城垣串楼记》。不久，由于城下民宅失火，殃及城上木构附属建筑，如串楼等导致被焚。万历九年（1581），知县吕文峰主持增开东、西二门：东曰"长春"，西曰"阜成"，城门上均建有谯楼。此后，又因城防军士人员不足，在动乱时期将这二门堵塞，至清光绪（1875～1908）期间仍未开通。

清康熙四十七年（1708），荔浦城墙部分坍塌。知县许之豫捐资主持修城，全城砌以砖，城周1.3里、高1.8丈、宽9.2尺。女墙高3.3尺、厚1.2尺，垛口417座，复建城楼2座。疏浚护城河，深达9尺。咸丰四年（1854）四月八日，荔浦县差张亮之子张高友等人谋反，于承恩门聚众起事，遂占领县城。次年，在清军进剿和张高友等人反攻时，荔浦城墙受损严重。同治（1862～1874）以后，在地方官吏的主持下，荔浦城墙曾得到多次修缮。

1912年后，荔浦城墙疏于修缮，部分地段逐渐损坏。1937年，当局因防范侵华日军轰炸，便于及时疏散城内百姓需要，拆除了承恩门。1945年，侵华日军焚毁部分城门附属建筑。

20世纪80年代后，据当地文物部门调查，昔日的荔浦城墙尚存迎熏门及部分残垣。

1988年，荔浦城的迎熏门被列为县级文物保护单位。

附：

在荔浦县的筑城历史上，除荔浦县城外，明万历六年（1578）还曾筑两座土司城；清代还筑有关隘若干。分述如下：

这两座土司城，又称"中峒土司城"和"下峒土司城"。中峒土司城，位于县治东南15里，城周185丈、高1.6丈，设城门楼4座。下峒土司城（万历十年迁建），位于县治东35里，城周137丈、高1.7丈，仅设北面城门楼1座。1988年，中峒土司城、下峒土司城分别被列为县级文物保护单位。

　　清代，荔浦县先后筑有关隘数座。如：观岩山古关隘，建于乾隆年间（1736~1795），为观岩坪、龙合村、古调村三村用以预防兵匪之乱所建。关隘上设有炮楼、寨墙，岩口外围有石围墙、闸门等建筑。1988年，观岩山古关隘被列为县级文物保护单位。除此，还有位于三河乡莲塘村后的飞龙山山腰上的飞龙岩古关隘等，均为县级文物保护单位。

杨国庆

　　荔浦县城池：旧土城。明成化十四年，总都督御史朱英命官督砌以石。

——清《考工典》第二十三卷，引自《古今图书集成》

贺州城

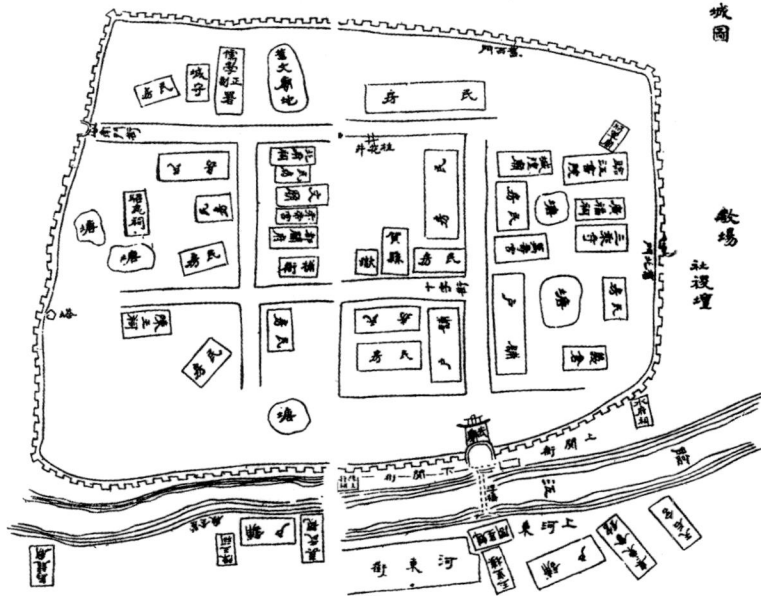

△ 贺县旧城图　引自《贺县志》民国二十三年铅印本，载《中国方志丛书·华南地方·广西省（20）·贺县志》

　　贺州，古称"临贺"、"贺县"，位于广西壮族自治区东部，地处湘、粤、桂三省（区）结合部，有"粤港澳后花园"之称。

　　秦时，属南海郡。汉元鼎六年（前111），汉武帝平南越，在今贺州市北部及昭平县置临贺县（县治设于今广西贺州市贺街镇），为建县之始。此后，建置、隶属、名称及辖地均有变化。明洪武十年（1377），太祖降贺州为县，临贺县改名贺县，属平乐府。1952年，县治由贺街镇迁至八步镇。1997年，撤销贺县，设立贺州市（县级市）。2002年，贺州地区撤地设市，原县级贺州市改称八步区。

　　贺州筑城较早，但文献记载不一。据1934年《贺县志》载："贺（县）在秦、汉以前皆土城（高二丈），围七里，门四"；今人称始建于西汉元鼎六年（前111），城址位于今贺街镇。五代十国南汉乾和六年（948）时，贺州土城外因战时掘陷阱始为护城壕。宋景炎三年（1278），郡守陈士宰主持重修贺州城时，改土城为砖城，由当地人毛迈负责督造，砖城周长570.04丈、高2丈、宽8尺。全城设垛口1074座、城门4座，均建有城楼：东曰"镇连"（称"连山"），南曰"宁建"（称"开建"），西曰"进贤"，北曰"拱极"。惟有东门外建有月城（后又增建南门外瓮城，年代不详），外有临江作为天然护城河，其余三面护城河皆深7尺、宽2.5丈。元初，贺州周边城墙被毁，而贺州城墙"此独存"（同治四年《广西通志》卷一百二十七）。

明洪武二十九年（1396），设守御千户所，当时暴发瘟疫，军民多有病死。民间流传称：西城外的甑山太高且近城，于城的风水不利。千户王奎采纳其说，遂用土石封闭西门，并废城楼（光绪十六年《贺县志》卷二）。嘉靖十一年（1532），平乐府兵备道副使伍箕、知县王聪主持修城时，增筑角楼4座、窝铺16座。隆庆五年（1571）五月，贺县遭遇洪水，城墙部分地段损毁。知县陈试主持修葺时，复开西门并建城楼（不久，再被封堵），取名为"瑞雪"。竣工后，陈试撰有《修复贺县西门记》，对重建城门按照道家风水说建造及取名，做了详细的说明。

清乾隆四年（1739）后，知县马世焕、晏体谦先后主持仿旧制重修贺县城，但原先的角楼、窝铺并没复建，南面"月城亦圮"。城的西、北有早期的

▽ 贺州古城顶面　谢荣轩提供

城址（当时称"郭"，但当时已存疑）。清中期时，贺县城墙内外商贸、集市极盛。咸丰八年（1858），太平军陈金刚率部攻城时，在"下关由此掘地道，以棺木盛硝药，穴地攻城。城崩五次，绵亘百余丈。围五十余日，遂陷"（光绪版《贺县志》）。三年后，清军收复贺县城。同治三年（1864），知县严正圻主持重修贺县城池。光绪十四年（1888），贺县城墙西南隅坍塌数丈，知县吴庆沛主持修缮。

1917年，贺县知事郭宗藩主持复建南门外瓮城，并撰有记。1932年，在县长黄绍耿主持下开北门，又于大东门南侧开小东门，以利交通。同时，拆除东门一带的城垛，约数十丈，取其城砖建造建设局。"旋奉省令，饬建复。今未修举"（1934年《贺县志》卷三）。

1952年，县治由贺街镇迁至八步镇后，昔日古城墙"意外"得以留存。20世纪80年代后，据当地文物部门多次野外调查和考古发掘，得知贺街镇的故城包含了四座不同时期建造的旧城址，其中汉代城墙由石灰、砂、黄泥夯合而成。据文物专家称，这是广西境内已发现的西汉城址中唯一保存完好的历史古城。2010年后，地方政府及文物部门对河西城墙中段、旧县肚城址、河西城址、临贺故城内多个文物点等进行保护、维护、维修。

2001年，自汉沿袭至清的临贺古城，被列为全国重点文物保护单位。

杨国庆

贺县城池： 旧为土城，高二丈，周七里。宋因旧址，以砖增筑三尺，为门三，为楼四。明洪武二十九年，设守御千户所，千户王奎用形家言塞西门。今止存镇远、宁远东南二门。壕深七尺，阔二丈五尺。角楼四，守城窝铺一十七间。

——清《考工典》第二十三卷，引自《古今图书集成》

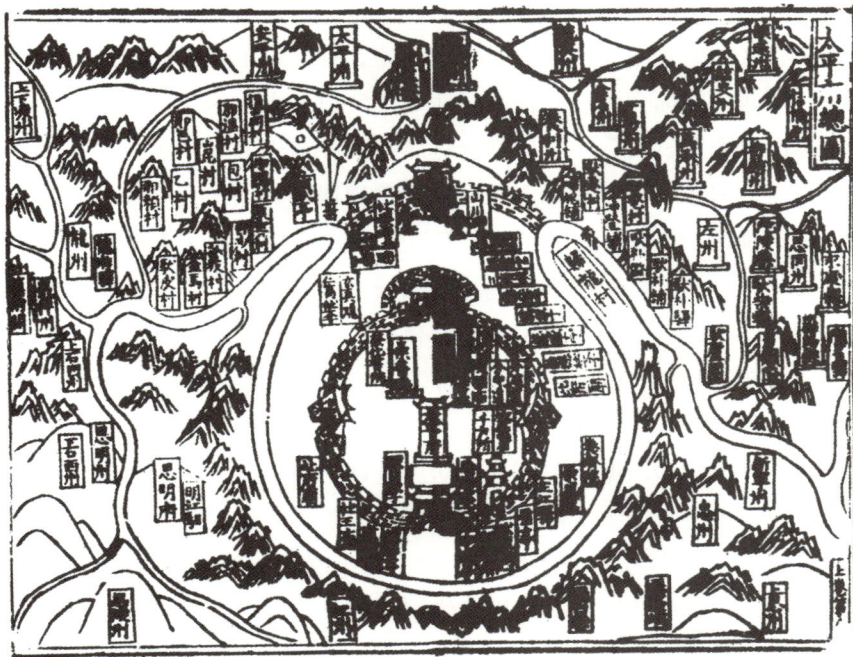

△ 太平府总图 引自《太平府志》明万历版，载《日本藏中国罕见地方志丛刊》

崇左，旧称"太平府"，为昔日的崇善县与左县合并后的新名，古为太平府治，位于广西壮族自治区西南部，东及东南部接南宁市、防城港市，北邻百色市，西部和南部与越南接壤。

崇左，古为百越之地。秦统一岭南后，始设象郡，治所临尘（今崇左市区）。此后，隶属、建置、名称和辖地均有变化。先后属郁林郡、晋兴郡、太平州、左州。宋皇祐五年（1053），置崇善县。元至元二十九年（1292），置太平路（今城区太平街道）。明洪武二年（1369），改为太平府。嘉靖十九年（1540），崇善县治迁到太平府治太平镇，同城而治。1913年，废府存县。1951年，崇善县与左县合并为崇左县。2002年，撤销南宁地区和崇左县，设立地级崇左市，于2003年8月6日挂牌成立。

崇左最早筑城不详。据传说在宋皇祐五年（1053）后，因置崇善县而筑城，惜无可考。据龙文光《重修府城碑记略》载："宋平岭南，立为寨"，也没说筑造城墙。而地方文献大多记载：洪武五年（1372），由太平府知府赵鉴请驻军千户程良督屯军筑造土城，周长642丈、高2.1丈、宽1.2丈（《考工典》记为"高一丈五尺，广一丈三尺"），设城门5座：东曰"长春"，南曰"镇安"，西南曰"安远"（俗称"小西门"），西曰"镇边"（俗称"大西门"），北曰"拱辰"，均建有城楼。此城俗有"壶城"之说，清太平府知府甘汝来撰有《阅壶关城》诗："壶城明初建，得名因形模。丽江凡四折，如环抱其郭。东西南三面，阻江无他虞。城北两江口，为陆为通衢。"后来，在民间还流传出"壶关歌坡"（壶口部分称"壶关"，现属江州区太平街道壶兴社区）的习俗。永乐六年（1408）七月，崇善遭遇特大洪水，城墙及附属建筑被冲塌，毁圮地段达400余丈。灾后，千户王宣、通判王俊文主持修城时，发动当地军民及"各州、县助修"城池（民国版《太平府志》），以条石修砌，遂成为石城。当时，全城的附属建筑为城楼8座，城顶设串楼564间。正德十四年（1519），知府邓炳"以军士调守浔江"，府城小而城门太多，"不利守防"（同治四年《广西通志》卷一百二十八），遂将西南的安远门封塞，并对全城护城河进行疏浚和增掘（东西并取居民鱼塘为壕）。嘉靖十九年（1540），崇善县治迁到太平府治太平镇，府、县同城而治。隆庆五年（1571），崇善再次遭遇洪水，城墙多处地段坍塌。灾后，知府林廷显及时主持修缮。万历三年（1575），知府蔡迎恩主持大规模修城，并订立修城分界。今依据《太平府志》记载，各段分修建表如下：

序号	责任单位	起止地段	长度
1	太平府	自小西门修至千户所头铺中界	163丈
2	千户所	自太平府头铺中界起修至北门陀陵县界	223.2丈
3	陀陵县	自千户所界修至万承州界	16丈
4	万承土州	自陀陵县界起修至太平州界	25丈
5	太平土州	自万承州界起修至龙英州界	27丈
6	龙英土州	自太平州界起修至安平州界	16丈
7	安平土州	自龙英州界起修至左州界	16丈
8	左州	自安平州界起修至养利州界	16丈
9	养利州	自左州界起修至恩城县界	16丈
10	恩城县	自养利州界起修至罗阳县界	12丈
11	罗阳土县	自恩城县界起修至永康州界	9丈
12	永康州	自罗阳县界起修至佶（一作"结"）伦州界	4丈
13	佶伦土州	自永康州界起修至全茗州界	9丈
14	全茗土州	自佶伦州界起修至上下冻州界	10丈
15	上下冻土州	自全茗州界起修至思同州界	8丈

序号	责任单位	起止地段	长度
16	思同土州	自上下冻州界起修至都结州界	8丈
17	都结土州	自思同州界起修至茗盈州界	8丈
18	茗盈土州	自都结州界起修至崇善县界	10丈
19	崇善县	自茗盈州界起修至镇远州界	12丈
20	镇远土州	自崇善县界起修至结安州界	9丈
21	结安土州	自镇远州界起修至小西门太平府界	9丈
总计长度		626.2丈	

　　此时，太平府的城墙周长要比洪武五年初筑之城多出了2.2丈。在中国城墙历史上，各地城墙分段维修是较普遍的现象，但是，如此详细地官府、民众、军士分段的维修，其实并不多见。

　　明崇祯七年（1634），知府陈爱谋、知县谭圣谟主持重修太平府城。不久，"民散城荒"（民国版《太平府志》），多处地段坍塌。

　　入清以后，在府、县二级地方官吏重视下，太平府城虽常有损坏，但基本也得到及时修缮。如：顺治十六年（1659），知府迟焯、马正午，推官唐敬一先后主持修城。康熙七年（1668）后，在知府高不矜，知县连起文、张京鐘、王滫等官吏主持下，先后对太平府城均有规模不等的修缮。同治四年（1865）之前，复开西南安远门，并将东面长春门改名为"朝阳门"。清代太平府城分段修缮的各自长度有所变动，列表如下：

序号	责任单位	原修长度	现增减长度
1	太平府	163丈	减68丈
2	千户所	223.2丈	减173.2丈
3	崇善县	12丈	增12丈
4	左州	17丈（前记"16"）	增13丈
5	养利州	16丈	增14丈
6	永康州	4丈（后思同县8丈并入，计12丈）	增12丈
7	陀陵县	16丈（后加4丈）	"今系永康修"《太平府志》
8	太平州	"原修17丈"《太平府志》（不知何时减少10丈）	增13丈
9	安平州	16丈	增14丈
10	万承州	25丈	增8丈
11	龙英州	16丈	增14丈
	茗盈州	10丈	增2丈
	恩城县	12丈	增2丈
	全茗州	10丈	增2丈
	佶伦州	9丈	增3丈
	结安州	9丈	增3丈

续表

序号	责任单位	原修长度	现增减长度
	都结州	8丈	增4丈
	镇远州	9丈	增3丈
	上下冻州	8丈	增4丈
	罗阳县	9丈	增3丈
	思明土府		新议捐修40丈
	上下石西土州		新议捐修10丈
	思陵土州		新议捐修12丈
	罗白土县		新议捐修10丈
	龙州土司		新议捐修30丈

从上表可以看出，除府衙和千户所两部门修城任务减少外，其余均为增修。单从修城劳役这一点上，清代时县以下的行政单位修城之役超过了明代，无疑增加了地方民众的负担。

△ 崇左古城墙 谢荣轩提供

1912年以后，太平府城因年久失修，逐渐损毁，甚至被人为大段拆除。

20世纪80年代后，据当地文物部门调查，昔日太平府城尚存东门、大西门、小西门及残墙约1360米，是广西境内保存较为完整的明代府治石城。1992年，原崇左县将其列为县级文物保护单位。2000年，广西壮族自治区将其列为自治区级文物保护单位。

杨国庆

太平府城池：明洪武五年，筑砖城。周六百四十二丈，高一丈五尺，广一丈三尺。为门五：东曰长春，南曰镇安，西南曰安远，西曰镇边，北曰拱辰，各建楼于上。敌楼八座，串楼五百六十四间。正德十四年，知府邓炳塞安远门，东西南三面据河为险，又东西并取居民鱼塘为壕。崇善县附郭。

——清《考工典》第二十三卷，引自《古今图书集成》

养利城

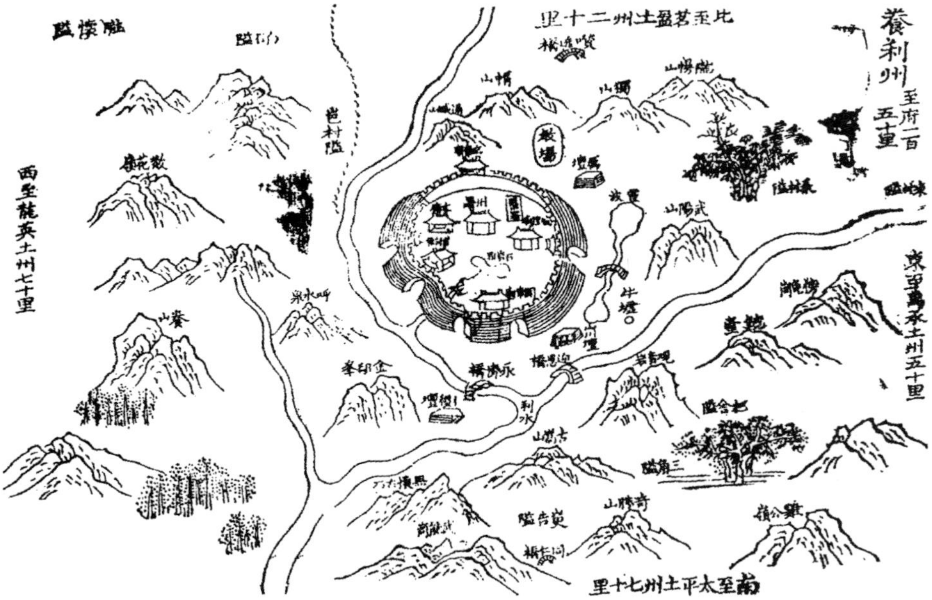

△ 养利州图　据《太平府志》卷五十（清雍正四年刻本），张君重绘

养利古城，今为大新县属地，位于广西壮族自治区的西南部，是广西一个边境县，正西与越南毗连，国界线长40余公里。

大新境内郡县建制以前，古属骆越地。秦属象郡。此后，其属多有变化。唐属邕管，始建养利州，此后隶属仍多有变化，但土州性质未变，并沿袭至明清时。1912年，改养利土州为养利县（今广西大新县驻地桃城镇）。1951年，养利、万承、雷平三县合并为大新县，其属直到1970年改为南宁地区。2003年，正式撤销南宁地区，设立崇左市（地级），原地区所属大新、凭祥等县（市）属之。

大新县驻地桃城镇，旧无城池。明弘治十四年（1501），养利土州知州罗爵主持营造，初为夯土筑城。万历十一年（1583），时任知州的叶朝荣曾先后担任多地的地方官，对所在地的城池修缮极为重视。如瑞昌城有瀼河之水患，在他主持下疏通河道，使城墙免遭冲刷坍塌。彭泽城损圮后，他立即动工修复。因此，他上任养利州知州后，对旧有的土城深感不妥，遂主持将土城改建为石城（原土城为墙心，外侧砌筑条石）。万历十九年（《大新县志》载"万历二十九年"。《广西通志》载"万历十七年，知州庞一夔"），知州许时谦以城内空旷为由，改建北城，城墙缩减3/10。新城周长379丈、高1.3丈，建城门6座：东门、南门、西门（俗称"状元门"）、小西门、北门和水闸门，城门上建有城楼。城上建垛口640座、窝铺20间。城外环以护城河，并架沟排拦木7丈。改变后的养利州城，平面"因其形状恰似桃果，故又名桃城"（《大新县志》，上海古籍出版社，1989年）。

入清以后，养利城墙先后多次遭遇战火及洪水，虽损毁多处地段，程度也不同，在地方官吏主持下基本得到修缮，且城墙有所扩大。如：顺治五年（1648），因遭兵火，城墙及附属建筑多有坍塌和毁圮；顺治十八年，知州傅天宠主持修缮如旧制；康熙七年（1668）四月，暴发特大洪水，城墙及城内建筑损毁严重，在知州王乾德主持下，大规模修复城墙和附属建筑；康熙二十四

◁ 东门　谢荣轩提供

年知州章泰，康熙三十年知州汪溶日等，对养利城均有规模不等的修葺。乾隆三十一年（1766），山洪暴发，城墙受损严重。灾后，知州麻永年随即主持"督建今城"（同治四年《广西通志》卷一百二十八），并于次年大规模修缮工程竣工。城周长528丈，设城门5座：东门、南门、大西门"皆有（城）楼"（据《广西通志》），还有小西门和水闸门。此时，北门已被封堵。至清末时，养利古城基本完好。

1912年后，昔日养利古城墙由于战争和城市建设的影响，许多地段城墙先后损毁，砖垛被毁，成片石墙被拆，甚至还在南门等地段城门上改建或在残墙上建造房屋。1970年，拆除了北门。

20世纪80年代以后，据当地文物部门调查显示，位于大新县桃城镇旧城区的养利古城墙除城基外，地面上仅余东、南、西三门及城楼，以及城北的一段残墙。这三门各镶嵌门额，落款为"清乾隆三十一年重修"。

1983年，地方政府拨款修复了西门楼，并将桃城的东门楼、南门楼、西门楼列为县级文物保护单位。1994年，又将桃城北楼址及其附近一段石墙和鸳鸯桥列为县级文物保护单位。2009年，养利古城门楼及城墙被列为自治区级文物保护单位。

杨国庆

养利州城池：旧无城。明宣德六年，改流。弘治十四年，知州罗爵营筑土城。万历十一年，知州叶朝荣作石城。十九年，知州许时谦改建北城，减十之三，周围三百七十九丈，外环以江，架沟排拦木七丈。城楼、水门共六座。城上窝铺二十间。

——清《考工典》第二十三卷，引自《古今图书集成》

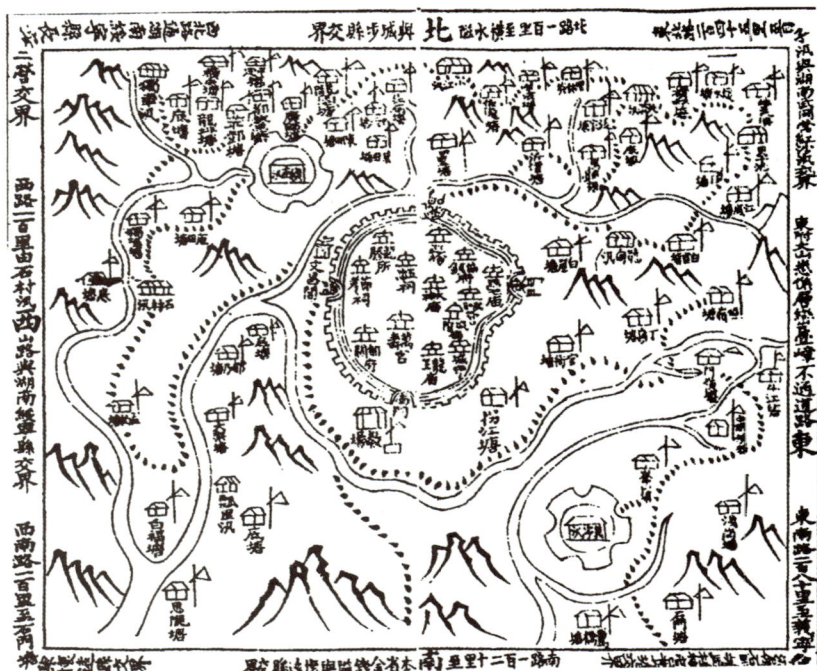

△ 龙胜厅城图　引自《道光龙胜厅志》清道光二十六好古堂刊刻，现据民国二十五年影印本，载《中国地方志集成·广西府县志辑（42）》

　　旧时广南司城，位于广西壮族自治区东北部的桂林市所属的龙胜各族自治县平等镇广南村南三公里处，地处越城岭山脉西南麓的湘桂边陲。

　　广南司城其境现属龙胜各族自治县。龙胜古称"桑江"，秦始皇三十三年（前214），为桂林郡辖地。唐龙朔二年（662），置灵川县，龙胜属灵川县地。五代后晋天福八年（943），置义宁县，龙胜属义宁县地。此后至明，龙胜仍属义宁县地。清顺治（1644～1661）末年，复置桑江司（今龙胜境），仍属义宁县管辖。乾隆六年（1741），清朝为了加强对少数民族地区的统治，将桑江司管辖的义宁县西北部龙胜之地，设置龙胜理苗分府（也称龙胜厅），直属桂林府。同时，在侗族农民起义首领吴金银故乡附近地区，分别置有龙胜司和广南司（今平等乡广南城），设军驻扎。1912年，龙胜厅改为龙胜县，仍属桂林府治。1951年，龙胜县改称龙胜各族联合自治区（县级）。1955年，改称龙胜各族联合自治县。1956年，改称龙胜各族自治县，是中南地区第一个成立的民族自治县，广南司城在其境内。

广南司城，始筑于乾隆六年（1741），由时任龙胜理苗分府通判杨维清主持修建。该城主要用当地块石营造，周长2里多、高8尺，设城门4座（《龙胜厅志》1936年据道光二十六年好古堂刻本影印）。该城是清政府为加强对"苗蛮"的统治，使其与湖南城步县的长安营城、广西的龙胜营城组成局部地区整体防御体系。这座石城全称"广南巡检司城"，简称"广南司城"、"广南城"，其规模有"穿城一里三，围城三里三"之说，城的平面呈椭圆形，除东、西、南、北城门外，在东南、东北、西南、西北城的四隅分别建有望楼。此后，该城曾有数次修缮和增添附属建筑。宣统二年（1910）后，由于年久失修，逐渐毁圮。

1958年后，由于疏于修缮，缺乏有效保护，部分城门和城墙甚至被拆除，取其城墙石块作为其他建筑的材料。

20世纪80年代以后，据当地文物部门调查，广南司城现仅存北门（高2.73米、宽2.65米）和东西残墙100余米。

1999年，广南巡检司城门遗址被列为县级文物保护单位。

附：

据道光二十六年《龙胜厅志》记载：龙胜营城，又称"龙胜石城"，乾隆六年（1741），通判杨维清建，周4里余、高1丈。设东、西、南、北四门。

杨国庆

石头城

石头城，位于广西壮族自治区阳朔县葡萄镇杨梅岭村大冲，地处约占100亩地的山窝里。

这座石头城由于文献不载，史料匮乏，加上地处群峰崴嵬、穷乡僻壤之间，交通极其不便，故鲜为人知。2004年，经文物考古专家认定：此城是一座距今已有近500年历史的古石城。其根据有两点：其一，根据当地老人的口述，其祖先是从福建迁徙此地；其二，当地一块墓碑上记有"明代嘉靖年间从兴坪迁居大冲"的文字。根据推测：明嘉靖年是从公元1522年开始，因此距今已有482年。还有一说，石头城始建于咸丰四年（1854），但依据不详。2012年5月，笔者与德国学者对此城实地查勘时，根据当地人的口碑，又发现了其他说法，如："不清楚"；"听老辈人说，早在隋唐时就有了这座城"；"明代时，肯定有这座城"等。如今，在方圆占地约100亩的山窝"城"内，仍有两个自然村落，即小冲崴村和大岩头村。大冲古石城里原住有不到百户人家，后因山高水少，生活条件极其不便，许多村民逐渐迁移外出。目前，古石城里还住有不到50户人家。

石头城所处之境，储石量大，品种多样，仅大理石就有槟榔、青黑、墨绿、杂绿等10多个品种。因此，当地居民就地取材，用石头建造房屋（甚至房顶铺的是石片）、院落石墙、石板路、水井石栏、石墙围成的果园或菜园。所谓石头城，其实是利用周边数十座高耸起伏的山峦作为天然屏障，在山岭间的坳口处又人工用石头砌筑了城门、城墙，从而构成了天然与人工合成的一座城。笔者仅对部分城门、城墙、山体和村落进行了考察。据当地人口述：石头城设四座石质城门，即东门、南门、西门、北门，均为石质拱券构造（从城门拱券形制来看，石城建造于"隋唐"，恐为误传）。用条石或块石构造的城墙，从城门向两边山峰延伸，一直修到陡峭处。在没有设置城门的山坳处，补建了石头的城墙，全"城"补建的地段约20处，由于山高路险，徒步环城约需两天的时间。从残存的城门自外向内看，均设在自下而上的山道间，如同关隘，极为险要，也是进出石头城的必经通道。如今，东门与北门已修通了简易

▷ 石头城城门及登
城山道 本文照片
均由杨国庆摄

▷ 城墙遗址

的公路，可连通山下的公路。

残存的城门中，北门外的山路相对比较平缓，西门外的山路则最为陡峭。东门的规模最大，石质拱门高3.28米、宽2.92米、纵深4.62米。南门分内拱、外拱二层，中间顶端有门耳和门栓插孔。外拱高2.75米、宽2.6米；内拱高2.6米、宽2.8米。内、外门拱纵深3.4米。此处的石城采用方石砌筑，表面平整坚固，城高4米。西门的石拱门构造较有特点，外为石拱券，内为石质过梁式，其中一块石板长4.4米、宽1.1米、厚0.38米，重量超过1吨（据说"这是整座石城最宽大的一块石头"）。

据当地人称，1944年，侵华日军曾路过其境，见其石城雄奇险峻，望而生畏，故未敢冒犯石城。

◁ 石头城城门内侧

◁ 石头城城门外侧

　　这座石头城究竟何时所建？何人修建？何故建造？城为何名？城的确切长度（其中人工砌筑部分究竟占多少）？目前尚不清楚。从城墙垒砌的方法和城门设计的形制，大致与桂林王城相似，人们猜测为明朝所建，但没有桂林王城那么规范。尽管是山野之城，甚至地方文献无载，然其规模之大、地势之险、建筑之神奇，在全国并不多见，也是广西保存较为完好的古城之一。

杨国庆

△ 永宁州图　引自《广西通志》上海图书馆藏明万历二十七年刻，万历三十七年增刻本，载《稀见方志丛刊（202）》

永宁，旧称"永宁州"，是中国古代行政区划名，后废。属永福县，位于广西壮族自治区东北部的永福县百寿镇北端，与百寿岩隔河相望。

永宁故属地，多为山野之所，在秦时属桂林象郡地。此后，其境隶属、地名多有变化。明成化十三年（1477），巡抚朱英行文古田县知县陈达迁县治于后来的永宁地。明弘治五年（1492）后，因覃万贤、韦朝威、韦银豹先后为首领的壮族民众造反，朝廷经过近80年的征讨，于隆庆四年（1570）由金都御史殷正茂率14万官兵终于平定叛乱。次年，改古田县为永宁直隶州，永福、义宁二县属之。永宁州隶桂林府，并沿袭至清代。1913年后，废州为百寿县。1952年，永福、百寿二县合并，沿用"永福"县名。1998年，永福县属桂林市。

永宁因建置治所数次迁移，故虽筑城不止一处，但大多毁圮，至清代时

土城均为遗址。最后营造的城墙则始于明成化十三年，因迁古田县治于百寿镇北端，与百寿岩隔河相望，故筑造城墙。此城初为土城，周长300丈、高1.5丈、宽6尺多，"东、西两水环绕以为池"（光绪二十二年《永宁州志》卷四），意思是说，早期的护城河利用了天然河道。成化十八年，巡抚都御使朱英下令以当地条石加以补砌，遂为石城。弘治五年（1492）后，石城为覃万贤、韦朝威、韦银豹农民义军所据。隆庆六年（1572），巡抚都御史殷正茂令知州唐执中将永宁州城的西面拓展25丈，城门仍为4座：东曰"东兴"（《考工典》记为"水东"），南曰"镇宁"，西曰"安定"，北曰"迎恩"。万历三年（1575），巡抚郭应聘令州牧郑应龄修城时，加高城墙4尺，增厚2尺。万历八年，州牧尹廷俊认为永宁州城过于狭小，又将北城向外拓展30余丈，使城周长为523丈、高1.9丈、厚8尺多。用城砖砌筑垛口637座，建敌楼4座、窝铺12座。万历十四年，州牧颜志邦发现永宁州城东侧临江，城墙经常遭遇大水的侵蚀，遂在他的主持下，在城河之间筑堤护城，计长130余丈，并种植榆树和柳树"以固之"。竣工后，署州事都事陈荣有撰《新砌护城陂隄记》，详述其事。

清康熙八年（1669）十二月至次年五月，因久雨导致城北段城墙坍塌数十丈。州牧朱王造随即捐俸主持修复。康熙十一年春，由于永州城内外均发生重大火灾，也殃及南门和北门的城楼被焚。灾后，朱王造捐资重建了城楼。当年夏天，在暴雨中城墙东、西两面各坍塌数十丈。朱王造再次捐俸主持修城。此后，永州城墙虽发生多次损毁事故，但在地方官吏主持下基本能得到及时修缮。如：康熙六十年，知州崔杰；雍正五年（1727），知州陈镇等均相继主持过修城。此时，永宁州"城周二里许，高一丈八尺，厚八尺"（同治四年《广西通志》卷一百二十六）。道光三十年（1850），知州俞懋典亲率军民重修城墙。咸丰十一年（1861），知州任应庚率地方乡绅宾显谟、陈治略、莫大猷等进行大规模修城，并筑女墙和窝铺等附属建筑，"较昔时更为崇仡"（光绪二十二年《永宁州志》卷四）。

1912年以后，昔日永宁州城多次遭遇战火，城墙及部分附属建筑遭不同程度损坏。

20世纪80年代后，据当地文物部门调查，永宁古城现存城墙为青石砌筑，周长1277米、南北长467米、东西宽173米、高约3.7米、厚约3.2米。仍保留四门，均为砖木结构，其中东、西、北城楼为单檐建筑，只有南门楼为重檐歇山顶建筑。此外，仍存一段残破的护城河堤。据文物专家称，永宁州古城是目前广西保存最完整的明代古城之一。

1981年，永宁州城被列为自治区级文物保护单位。

杨国庆

永宁州城池：旧惟土城。成化十八年，巡抚都御使朱英始易以石，辟四门有楼：南曰镇宁，北曰迎恩，东曰水东，西曰定安。濠环四面，深八尺，宽丈余。

——清《考工典》第二十三卷，引自《古今图书集成》

△ 昆仑关图　引自《雍正广西通志》清雍正十一年刻本，载《中国地方志集成·省志辑·广西》

昆仑关，位于广西南宁市兴宁区昆仑镇与宾阳县交界处、昆仑山的东侧，是南宁市的门户和屏障，历史上因发生过多次大规模的激战，故有"雄关独峙镇南天"之说。

昆仑关所处的地理位置属于"昆仑台地"，海拔300多米，为大明山的余脉。昆仑关隘正处在群山环拱的山道中间，史载："昆仑一关，雄峙南天，锁钥邕管，自古为用兵必争之地。"1928年，"开邕宾公路经关下"（此据1961年《宾阳县志》第37页。也有人称"1926年"）。昆仑关所属的昆仑镇，原属南宁市邕宁县辖区。2005年，南宁市撤县分区后，隶属南宁市兴宁区辖。

昆仑关，始建年代不详，说法也不一致。建关起源主要有两说，且均为传说：其一，相传秦代，尉屠睢征服岭南后所建；其二，据《广西一览》载："昆仑关，在邕宾路旁，距南宁约百余里。上有台，传为马援（前14～49）所

△ 1940年，广西昆仑关大捷后，中国军队在昆仑关隘欢呼　本文照片
除署名外，均由南京城墙保护管理中心藏

△ 1940年，中国军队收复昆仑关，在城楼上高声欢呼

造。"根据这两种文献记载的传说，至迟在东汉以前，昆仑关可
能已经建造，但"关"的名称不明。

　　唐元和十一年（816），西原州黄峒壮族首领黄少卿起兵反
唐，攻陷邕管十八州，占领宾州、峦州等地。元和十四年，桂管
经略史裴行立奉命进剿黄少卿等部，在"邕管界首宾州"实地查
勘后，于此地"缮兵补卒，增垒闭途"，始为文献确实记载的
建关最早年代，且也无名（后人也有称此时已有"南雄关"之

△ 1940年，中国军队穿过昆仑关

谓）。宋景祐二年（1035），为确保广南西道重镇邕州及所属驿站的安全和通达，在邕州东北通往汴京的宣化县境内的陆路上，设置了昆仑关、长山驿、大央岭驿、金城驿、归仁驿等驿站、关隘。此后，历代均有加固、重修。宋皇祐四年（1052），宋仁宗派狄青率大军南下，试图平定壮族首领侬智高义军时，因侬智高侦悉宋军行踪后，抢先占据昆仑关，并修建为坚固的关塞，以拒宋军。皇祐五年元月，狄青用计越过昆仑关，才平定侬智高的叛乱，史称"上元三鼓夺昆仑"。

明嘉靖七年（1528），因当地"八寨"壮族百姓造反，朝廷派总督两广兼巡抚王守仁（别号"阳明"）率兵前来镇压。王守仁屯兵于昆仑关，重修关城，新建关楼。同年五月，平定叛乱。半年后，王守仁病逝于江西返途的船上。明永历二年（1648，清顺治五年），明桂王（永历帝）朱由榔在桂林被明将郝永忠率兵入城劫驱，南下南宁，命副总兵朱桓、赵康辚屯兵昆仑关，重建关城并镌刻"昆仑关"石质关额（此额尚存，镶于新建的关城北门拱券上方），以防南下的清军。

清道光二十六年（1846），宣化县知县柳际清，巡视昆仑关，以关城年久残破，乃拨款重修关城，并重建关楼3间（宣统元年《南宁府志》卷八）。在关南口数丈处，还跨驿道建亭1座。在关楼上，设狄青、余靖、孙沔征南主将的神像3座。清光绪年间（1875～1908），当地百姓在关楼上改设关帝、关帝太子、周仓神像3座。

1939年12月4日，昆仑关要隘被日军中村旅团占领，并立即对昆仑关及其周围的外围据点构筑堡垒工事，漫山遍野布满铁丝网、战壕、掩体、暗堡等。12月18日，中日双方为争夺中国与国际联络的桂越国际交通线控制权，在昆仑关展开激战。在当地群众的支援下，中国军队血战10余日，歼灭日军4000余人，终于收复昆仑关，成为中国军队对日军攻坚作战的首次重大胜利，史称"昆仑关大捷"。

1976年5月，昆仑关部分景点建筑遭雷击，出现程度不一的损毁。1980年12月，在广西壮族自治区文化厅的支持下，邕宁县于1981年开始全面维修昆仑关，并于次年9月竣工。1982年，昆仑关被列为县级文物保护单位。1994年，包括昆仑关在内的南宁市昆仑关战役遗址，被列为自治区级文物保护单位。2006年，该处遗址又被列为全国重点文物保护单位。

附：

在南宁境内，类似昆仑关的关隘、关城、寨堡还有许多。究其根源，主要由于这里山多林密，许多山峦巍峨峻险，谷深坡陡，地势地形险要，又为交通要冲，故设关以镇、垒石（砖）为隘，以备防御。仅据宣统元年《南宁府志》当时的统计，其所辖各地的关隘、寨堡、烽火台

▽ 1940年，中国军队驻守重新夺回的昆仑关

有：宣化县计有昆仑关等12座，隆安县计有梅龟隘等12座，横州计有太平关等20座，永淳县计有羊角隘等33座，新宁州计有兰村隘等7座，上思州计有吞细隘30座，归德土州计有顺山堡等2座，果化土州计有岜（即同"峒"）何隘等3座，迁隆峒计有板蒙隘等2座。

上述关隘或寨堡等古建筑，由于历史原因大部分先后毁圮。但迄今仍残留了一些，如烟墩岭烽火台（1996年被列为市级文保单位）等。

友谊关　位于广西凭祥市西南端，322国道终端穿过友谊关拱城门，与越南公路相接，是通往越南的重要陆路通道和国家一类口岸，也是中国著名关隘之一（即：山海关、居庸关、友谊关、娘子关、雁门关、平型关、宁武关、紫荆关、武胜关、嘉峪关、剑门关、昆仑关等）。

汉代，已设关隘，初称"雍鸡关"，后改名"界首关"、

△ 友谊关 谢荣轩提供

"大南关"。明代，设镇南关。1953年，改称"睦南关"。1965年，改名为"友谊关"。关楼左侧是左弼山城墙，右侧是右辅山城墙，城墙犹如巨蟒分联两山之麓，气势恢弘。友谊关、关楼及城墙在历史上有多次损毁，也多次被修复。其中关楼在1957年基本按原貌重建。关楼底座上原来只建有一层木结构回廊，重建时改用钢混结构，并加了二层回廊，每层回廊平均为80平方米。整座关楼由底座和回廊式楼阁两部分组成，通高22米。底座建筑面积为365.7平方米，长23米，底宽15.9米，平均高度为10米。友谊关单拱城门上方镶嵌汉白玉雕刻的门额"友谊关"为当年任国务院副总理兼外交部长的陈毅元帅题写。1995年，友谊关被列为广西壮族自治区爱国主义教育基地。

杨国庆

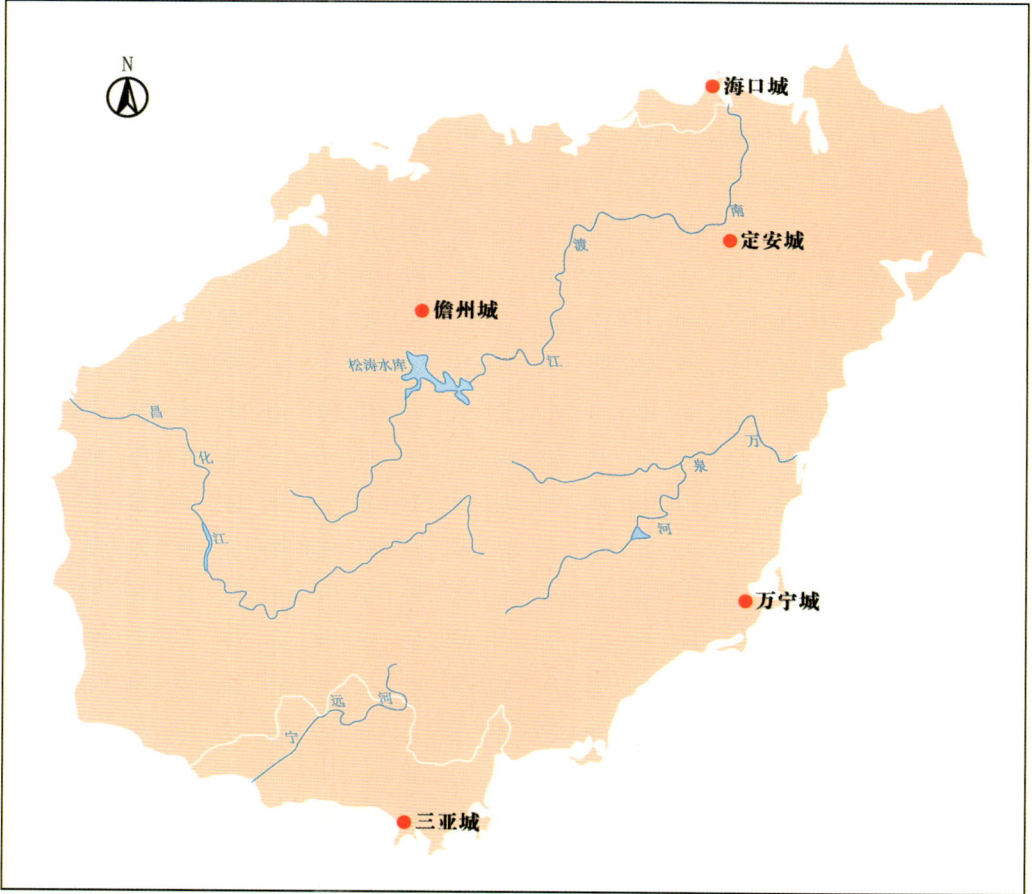

海南

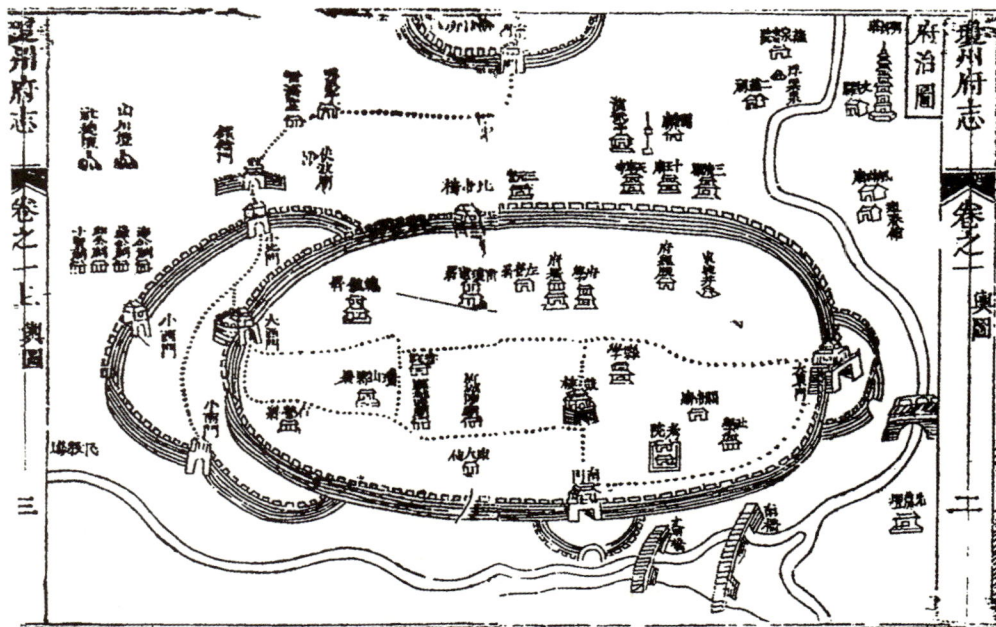

△ 琼州府治图　引自《琼州府志》清乾隆版

　　海口市，海南省省会，地处海南岛北部，北濒琼州海峡，东面与文昌市相邻，南面与文昌市、定安县接壤，西面邻接澄迈县。2007年，被列为国家历史文化名城。

　　海口，起源于汉代，元封元年（前110），海口地属珠崖郡，属交趾刺史管辖。三国时期，属广州。西晋时，属交州。唐时，属岭南道，后属南汉。宋时，属广南西路。元时，先后隶属湖广行中书省、海北海南道、广西行中书省。明洪武二年（1369）以后，隶属广东布政使司。1926年，海口从琼山县划出，独立建市，称海口市政厅。1929年，改称海口市政局。2002年，国务院批复海口、琼山两市合并，成立新海口市。

　　琼州府城，即海南卫城，始建于汉，置珠崖郡，城在东潭都。建置、规模不可考，有残碑，不可辨读（据明万历版《琼州府志》卷四）。唐贞观五年（631），置土城，周长3里，其他不可考（据明嘉靖版《广东通志·琼州府·舆地志》）。宋开宝五年（972），徙至今治，周长3里；绍兴年间（1131～1162），管帅李愕置外罗城。元朝沿用（据清乾隆版《琼州府志》卷二上）。

明洪武二年（1369），指挥孙安、张容相继用土石增筑城垣。自西北至东南隅，增广600丈、高2.5丈。设城门3座：东曰“朝阳”，南曰“靖南”，西曰“顺化”，城门之上各建城楼。不设北门，但上建城楼，曰“望海”。因南面临大溪，为防水患，乃筑长提，并引溪为护城河。洪武七年，复拓城北，由东至南长334丈，高如旧。改东门为“永泰门”，城四角各建一座角楼（明嘉靖版《广州通志初稿·琼州志·疆域》载：仅修东、南、北隅），以便巡查放哨。洪武十一年，指挥蔡玉再次扩筑北面自西至东城墙400余丈，使城周围达1253丈、高2.7丈、宽2.8丈（《考工典》记为“广一丈八尺”），有雉堞1843座、窝铺57间，修城壕长1287丈、深3.2丈、宽4.8丈。洪武十七年（清乾隆版《续修大清一统志·琼州府》载为“弘治中”，疑误），海南卫指挥桑昭在城西门外增筑土城，为子城，周长308丈，于西、南、北开三门，上建城楼。成化九年（1473），副使涂棐（《考工典》记为“徐裴”）、都指挥王璲修缮，复置三门石匾：东曰“体仁”，南曰“定海”，西曰“归

▽ 修缮后的宋代琼州城墙残存　本文照片均由蒋春发摄

△ 残存的草芽巷琼州古城墙

义"（据明嘉靖版《广州通志初稿·琼州志·疆域》）。成化十三年，佥事陈昭复修子城，又于大城环增栏马墙。正德元年（1506）后，继修沿城楼铺。嘉靖年间（1522～1566），知府李慎以石砌子城，后倾圮；嘉靖四十四年，参议曹天佑、知县曾仕隆、邑人参政郑廷鹄复砌以石，周长320丈、高1.4丈多、宽减1/3。设二门，另设雉堞532座（明万历版《琼州府志》及清《考工典》载为：642座）。万历二十五年（1597），飓风毁城，知府李多见复修，仅南楼未修；万历三十三年，琼山大地震，大

▽ 琼山城墙文物保护标志碑

部分城墙和建筑物倒塌，之后重建。崇祯十四年（1641），知府蒋一鸿创建东门外月城，宽8丈、高1.4丈，设雉堞42座。新开一门。南门外设月城，"周四丈，高阔如之（《考工典》载为'周围宽八丈，并堞一丈四尺，阔八尺'）"（据清乾隆版《琼州府志》卷二上）。

清顺治十二年（1655），知府朱之光等捐修，增高雉堞1尺、厚5寸，随后倾圮。康熙六年（1667），巡道马逢皋、知府张恩斌、知县王好仁修葺，复坏。康熙八年，知府牛天宿、知县金光房再修。康熙十一年，飓风，西门至东门城墙圮毁53丈，雉堞圮毁402座，学道王廷伊、知府

牛天宿、同知刘永清、知县刘源清重修。康熙二十四年，飓风再毁城墙60余丈、雉堞120座，及各城楼、子城，副使程宪、总兵刘成龙、知府佟湘年、同知王元臣、副将李尚皋、知县朱批捐俸重修。康熙三十一年，知府张万言修南城楼；康熙三十三年，建东城楼；康熙四十年，巡道焦映汉重修。雍正七年（1729），飓风毁城。乾隆三年（1738），知州张琝重修。乾隆四年、六年均遇飓风，城垣倾圮。乾隆八年，知县杨宗秉重修；乾隆三十七年，知府萧应植修葺。嘉庆十年（1805），知县郑榕重修；嘉庆二十二年，知县李景沅重修。道光二十年（1840），知县金树本重修。此后屡有飓风来袭，随毁随修（据清光绪十六年《琼州府志》卷六）。

1983年，海口城大部分城墙被拆除，现仅存东城门、西城门及长约110米的城墙。城墙砖石砌成，宽5.2～5.9米、残高1.2～2米。东门外护城河宽25～30米、深2米。

1986年，海口城（府城）古城墙被列为市（县）级文保单位。

王腾

琼州府城池：汉珠崖郡城在东潭都。唐琼州城在白石都。宋开宝五年，徒今冶，筑土城，仅三里。绍兴间，筑外城。明洪武间，指挥孙安、张荣拓西北隅至东南隅，广六百丈，高二丈五尺。门三，东曰朝阳，南曰靖南，北曰顺化，各置敌楼，北城楼名望海。甲寅，拓北城，由东而南共三百三十四丈，高、广如前，改朝阳门为永泰，上各建层楼，四隅建角楼。戊午，复拓西南隅至西北隅，广四百余丈，通计周城一千二百五十三丈，高二丈七尺，广一丈八尺，雉堞一千八百四十三，窝铺五十七，壕堑周迴一千二百八十七丈，深三丈二尺，广四丈八尺。甲子，指挥桑昭于城西增筑土城，三百八丈，设西、南、北三门，上建敌楼，谓之子城。成化癸巳，副使徐柴易三门石扁，东曰体仁，西曰归义，南曰定海。丁酉，佥事陈昭增筑马墙。嘉靖间，知府李慎、参议曹天佑、知县曾仕隆、参政郑廷鹄，易子城以石，周围三百十二丈，高一丈四尺，广一丈二尺，上杀三之一，雉堞六百四十二，门如旧。崇祯辛巳，知府蒋一鸿创建东门、南门月城，周围宽八丈，并堞一丈四尺，阔八尺，雉四十二个。琼山县附郭。

——清《考工典》第二十三卷，引自《古今图书集成》

△ 儋州图　引自《琼州府志》清乾隆版

儋州，位于海南岛的西北部，濒临北部湾，是海南省西部的经济、交通、通讯、文化的中心城市。

儋州，古称"儋耳"。汉元封元年（前110），始设儋耳郡。南北朝（420～589），置崖州于废儋耳之地，即今儋州。隋大业三年（607），改崖州为珠崖郡，又折崖之西南地，置临振郡。唐武德五年（622），改郡为州，称儋州。宋熙宁六年（1073），降为昌化军；端平二年（1235），改为南宁军。元朝沿袭之，属琼州。明洪武元年（1368）为南宁军，后复名儋州，属广东；洪武三年，属琼州府。清朝沿用，属琼州府。1912年后设州为县，又称儋县。1993年，撤县设市（县级市）。2015年，升为地级儋州市。

儋州最早筑城始于汉朝，为汉儋耳郡城，城址在西北30里宜伦县高麻都涌滩铺，由楼船将军杨仆所筑。该城周长260步、高1.4丈（据明万历版《琼州府志》卷四）。隋唐时期，因鬼驱之说，徙于高坡（据明嘉靖版《广州通志·琼州志·舆地志》）。宋朝沿袭之，周匝植莿竹，以抗海盗。元朝沿用，但未有修整，渐倾圮（据明万历版《儋州志·建置志》）。

明洪武二年（1369），知州田章始沿原址拓址筑基（据清康熙版《琼州府志》卷二上）。洪武六年，指挥周旺以石砌城墙，城池周长472丈（清嘉庆版《重修大清一统志·琼州府》记为“四百七十丈”）、宽1.8丈、高2.5丈。设有城门4座：东曰“德化”、南曰“柔远”、西曰“镇海”、北曰“武定”（据明嘉靖版《广州通志初稿·琼州志·疆域》），门各设有城楼，城门外增设月城，月城皆开小门。另设雉堞814座、窝铺27间（《考工典》记为“十七”）。修城壕，周长477丈、宽5丈、深8尺。后守帅徐真、徐春等继续增筑门垣、楼铺、壕堑、吊桥等设施。四门各设吊桥，“四角各控马鞍桥”。隆庆年间（1567～1572），知州陈儦新建四角楼。万历三十三年（1605），知州赵存豫重修，设敌台6座；四十四年，知州曾邦泰拆城垛顽石，以方砖补修，垛高5尺、宽6尺，并重修南、北二楼（据明万历版《儋州志·建置志》）。

▽ 武定门拱券砖饰及基础结构 本文照片均由刘耀雄摄

△ 武定门拱券

△ 武定门内侧

△ 受损的西门拱券

△ 西门内侧

清康熙二十四年（1685），大雨，城垣部分毁圮；康熙二十七年，知州沈一成捐修。乾隆六年（1741），重修。道光七年（1827），知州汪阜捐修东、南、北三门月城及瓮城门，补葺城垣、雉堞（据清光绪十六年《琼州府志》卷六）。

1920年，儋县发生动乱，古城大部被毁，东德化门、南柔远门二门及部分城墙已毁。

2014年4月，有新闻报道称，儋州市中和镇仅存的两座古城门由于年久失修，损坏严重，面临着坍塌的危险。古城北武定门、西镇海门及瓮城（月城）和两城门相连的城墙，城门前"武定门"三字还清晰可见，城门里面布满了荆刺等植被，城门一侧的城墙被开了一个大口子，砖石塌落；城墙之下，到处散落着古砖石。相对于北武定门，西镇海门的现状更加不容乐观，当初宏伟的古城，如今已满目疮痍。此后，有关部门对儋州古城墙进行了较大规模修缮。

2006年，儋州古城遗迹被列为全国重点文物保护单位。

王腾

儋州城池：汉儋耳旧城在今高麻都涌滩南，楼船将军杨仆所筑。唐初始徙今治。宋元因之。明洪武间，指挥周旺用石砌，周四百七十二丈，广一丈八尺，高二丈五尺。雉堞八百十四，窝铺十七。门四：东德化，南柔远，西镇海，北武定，各有敌楼，外筑月城。濠周四百七十七丈，广五丈，深八尺。后帅守徐真、徐春增饬门垣、更楼、窝铺、壕堑、吊桥。

——清《考工典》第二十三卷，引自《古今图书集成》

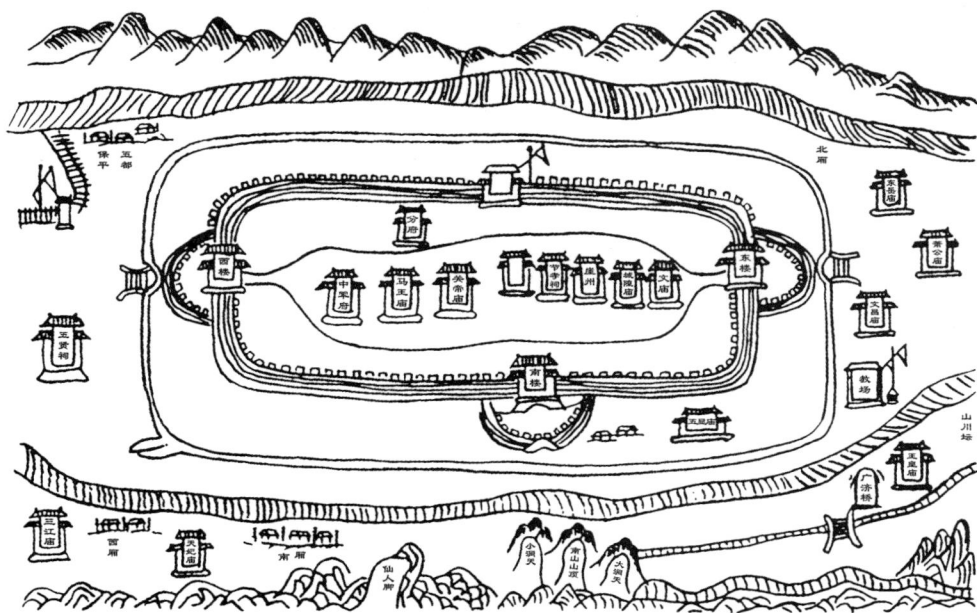

△ 崖州州城图　据《崖州志》1930年版，张君重绘

　　三亚，别称"鹿城"，古称"崖州"，位于海南岛的最南端，东邻陵水县，西接乐东县，北毗保亭县，南临南海。被称为"东方夏威夷"，为中国主要旅游城市。

　　三亚历史悠久，秦始皇时期设置的南方三郡，崖州就是其中之一。西汉元封元年（前110），设立珠崖郡治。隋大业六年（610），设临振郡。唐武德五年（622），改为振州。宋开宝五年（972），始改为崖州。元至元十五年（1278），改属琼州路。明洪武元年（1368），属琼州府。清光绪三十一年（1905），升崖州为直隶州，领万安、陵水、昌化、感恩四县。1912年，废直隶州，设崖县。1984年，撤县设市（县级）。1987年，三亚市升为地级市。

　　崖州，始筑土城时间说法有二：一说宋以前皆为土城（据明万历版《琼州府志》卷四及清康熙版《琼州府志》卷二上）；一说为宋以前只以木栅

△ 三亚修缮中的崖州古城　刘东华提供

备寇，宋始为土城（据明嘉靖版《广州通志·琼州志·舆地志》），现多从前种说法。南宋庆元四年（1198），始建砖城，并创建女墙。绍定六年（1233），拓其城址，自东门起至海南道止，周242丈（1930年《崖州志》记作"一百四十二丈"，疑误）、高1.6丈。辟东、南、西三门。元元统元年（1333），判官李秘（清光绪二十六年《崖州志》记为"李泌"）创建谯楼。

明洪武九年（1376），知州刘斌重甃以石。洪武十七年，儋州千户李迁复请拓展，自海南道起至西门止，周长513.5丈、高2丈、厚9尺。洪武十八年，千户李兴复加砖石，仍设三门，门各有楼。建雉堞1017座、窝铺20间。城外浚护城河，周557丈、深1.5丈。建文元年（1399），千户周崇礼添筑月城。正统元年（1436），千户陈政、洪瑜建吊桥。成化十四年（1478），千户王粢（《考工典》记为"王粲"）增筑马墙。弘治十八年（1505），千户胡徽重修，并题额匾：东门曰"阳春"，西门曰"镇海"（明嘉靖版《广州通志·琼州志·舆地志》载为"弘治二年"）。崇祯十四年（1641），知州翟罕奉诏修筑城垣，增高旧城3尺。

清顺治十八年（1661），知州梅钦重建东城城楼。康熙十一年（1672），知州张擢士、游击张德远创建南城楼，重建西城楼（据清光绪二十六年《崖州志》卷五）。并重修城壕，宽深如旧。乾隆四年（1739），知州张埕参前州城月城门皆南向，是年，东、西城月城门皆改为东西向。道光二年（1822），知府王玉璋、知州秦镛重修。古城建筑基本定形，有城门4座：东曰"阳春"，南曰"文明"，西曰"镇海"，北曰"凝秀"。城外开护城河、设吊桥，城内设御敌楼、谯楼、月城等。

1920年前，崖州古城城池仍保持原貌。1920～1921年，崖县先后拆除东、西城门，建筑公路。1928年，又拆毁一段北门城墙。1949年后，古城城墙基础还可循沿环视。

1966～1976年间，群众挖城砖搞建设，大部分墙基遭到破坏，现古城仅剩文明门及北门小段城墙。

1990年，崖州古城被列为市（县）级文保单位。

王腾

崖州城池：宋初土城。庆元间，始砌以砖，创女墙。绍定癸巳，增拓，沿东门至海南道止，周二百四十二丈，高一丈六尺，开东、西、南三门。元元统癸酉，判官李泌，建谯楼。明洪武甲子，儋州千户李迁复拓，沿海南道至今西门，共周五百一十三丈五尺，高二丈，广九尺。乙丑，千户李兴复砌砖石，仍设门三，各建敌楼，雉堞一千一十七，窝铺二十，外浚濠周五百五十七丈，深一丈五尺。己卯，千户周崇礼筑月城。正统丙辰，千户陈政、洪瑜立吊桥。成化戊戌，千户王柒筑马墙。

——清《考工典》第二十三卷，引自《古今图书集成》

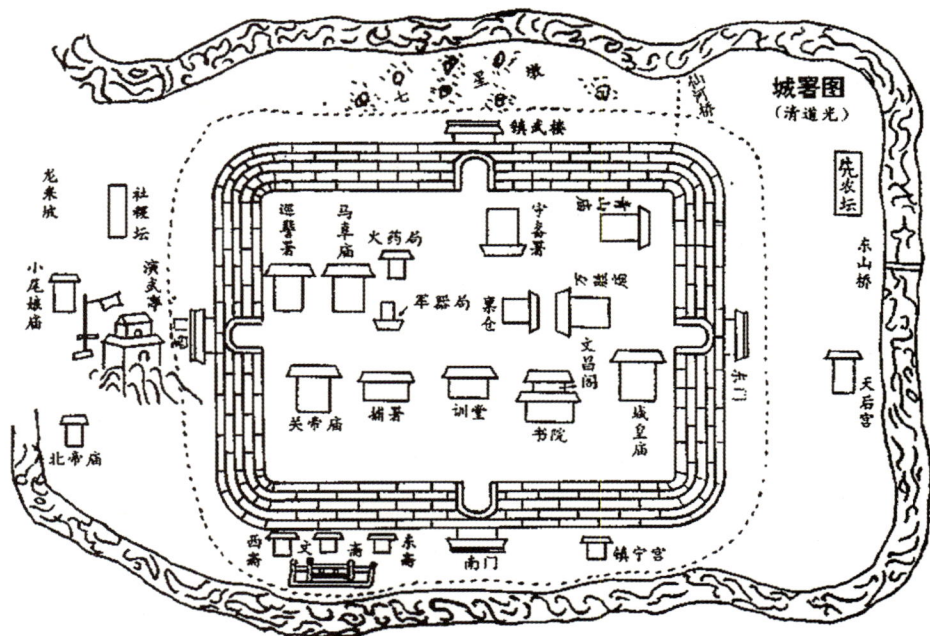

△ 万宁县城署图　引自《万宁县志》1994年版

万宁，位于海南岛东南部沿海，东濒南海，西毗琼中，南邻陵水，北与琼海接壤。素有中国著名的"长寿之乡"、"槟榔之乡"等美誉。

万宁，在汉代属珠崖郡紫贝县地。唐高祖武德五年（622），改珠崖郡为崖州，万宁属崖州平昌县。贞观五年（631），置万安县，隶属琼州。至德二载（757），改万安为万全郡。南宋绍兴七年（1137），始设万宁县。明洪武三年（1370），改称万州。清代沿袭明制，仍名万州。光绪三十一年（1905），改万州为万县，隶属崖州。1914年，复改名万宁县。1988年，属海南省辖。1996年撤销万宁县，设立万宁市。

万宁筑城，汉无可考。唐初，置通化都，筑土城，其建置无考，位置在今大茂镇联光管区旧州村，现仅存东、西、北三面城墙土基，城门砖长70厘米、宽16.5厘米、厚8.5厘米，坯质细润。宋大观年间（1107～1110），始定于今治，再筑土城，其形制不详。绍定年间（1228～1233），以砖瓦包砌，周长不及百丈，城南面开一门（据明嘉靖版《广州通志·琼州志·舆地志》）。元至正三年（1343），摄州事土官郑宽因陈子瑚等寇侵扰，改土为石，自西北至东南拓筑城垣，周围332丈、高1.8丈。开东、西、南三门（据清乾隆版《琼州府志》卷二上）。

明洪武七年（1374），千户刘才重修万州城，城周围426丈、高2丈、宽1.5丈。建城门4座：东曰"朝阳"，南曰"镇南"，西曰"德化"，北曰"拱北"，后北门填塞，上设祭拜真武帝庙。设雉堞660座、窝铺12间。并于城门外挖城壕（据明嘉靖版《广州通志初稿·琼州志·疆域》）。成化七年（1471），指挥李泰于东、西、南三门外增筑月城门楼（据明万历版《琼州府志》卷四）。嘉靖六年（1527），指挥徐爵挖城壕，周长497丈、宽2.5丈、深7尺，上建石制吊桥，"石桥通行，池水环流"（据清康熙版《万州志·建置志》）。万历三年（1575），石桥毁圮，知州王一岳易以木板。崇祯十五年（1642），知州曾光祖复以石修桥，并修筑月城及三面敌楼（据清道光八年《万州志》卷四）。

清代沿用旧制。嘉庆十四年（1809），知州吴晋劝捐修东、西、南三门及窝铺（据清光绪十六年《琼州府志》）。

其后城垣在上世纪五六十年代城市大建设中被毁。现存一块长37厘米、宽17厘米、厚0.45厘米的城砖，上有"洪武七年"字样（据1994年《万宁县志》卷三十四）。

1999年，唐代万安州城址与明代万州城址被列为市（县）级文物保护单位。

王腾

万州城池：宋大观间筑。绍定间，砌砖。元摄州事郑宽拓西北隅至南隅，加石锢之，周三百三十二丈，高一丈八尺，设东、西、南三门。明洪武间，千户刘才复拓之，周四百三十六丈，高二丈，广一丈五尺，雉堞六百六十，窝铺十二，门四：东朝阳，南镇南，西德化，北拱北，各建敌楼。外浚池，周四百九十七丈。成化辛卯，指挥李泰，筑月城，门外各设吊桥。崇祯十五年，知州曾光祖复筑月城及敌楼三。

——清《考工典》第二十三卷，引自《古今图书集成》

定安 城

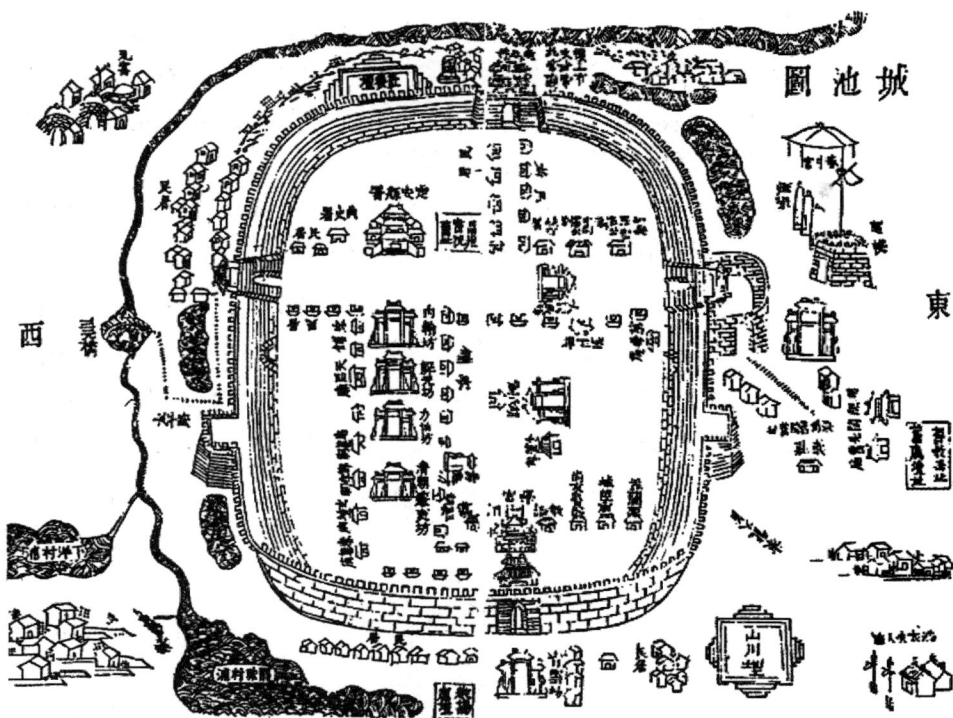

△ 定安县城池图　引自《定安县志》清宣统三年版

　　定安，位于海南岛的中部偏东北，东临文昌市，西接澄迈县，东南与琼海市毗邻，西南与屯昌县接壤，北隔南渡江与海口市琼山区相望。琼剧的发源地，素有"无定安不成剧团"的民间流传，被誉为海南"琼剧之乡"。

　　汉代定安先属珠崖，后属合浦。隋朝复属珠崖。北宋政和元年（1111），属琼山县。元至元二十九年（1292），析琼山县南境置定安县，以示安定本地区，定安县以此得名。天历二年（1329），升定安县为南建州，直属海北元帅府。明洪武二年（1369），改南建州为定安县，隶属琼州府。1912年，属琼崖绥靖委员会公署。1958年，定安、屯昌合并为定昌县。1961年，恢复原定安县。

　　定安旧无城池，只立木栅。

　　明成化二年（1466），巡抚都御史韩雍按验开筑。成化四年，命通判陈勘选择地点，但因工费繁多，遂止。正德八年（1513），知府谢廷瑞委知县罗昌始筑城，砌以石（各版本《琼州府志》皆载"正德五年，知府王子成、欧阳傅、谢廷瑞相继运石包砌"）。正德十四年竣工。周围593丈（清乾隆版《续修大清一统志》载为"周五百二十七丈"，疑误）、高1.4丈、厚1.6丈，设雉堞1192座。开东、西、南三门，其上各建城楼（据明万历版《琼州府志》卷四）。正德十六年，风雨坏城，守巡副使胡训委同知李鹗督修，改南门正对学宫，向文笔峰（据明嘉靖版《广东通志·琼州府·城池》）。东、西、南共修城壕长360余丈、深1丈、广1.5丈。嘉靖二十四年（1545），副使胡永成命知县徐希朱创开北门，后因寇乱屡闭（据清光绪三年《定安县志》卷二）。

清康熙二十七年（1688），重修（据清嘉庆版《重修大清一统志》）。康熙二十九年（1690），知县董兴祚复开北门，捐修城楼（据清乾隆版《琼州府志》卷二）。乾隆六年（1741），重修。乾隆五十一年，飓风，西、南城墙圮坏，知县杨文镇修。嘉庆十年（1805），知县李仁峻修西、北二门及城墙。嘉庆二十三年，知县周祚熙倡率士民修砌，城楼、雉堞全部更新（据清光绪十六年《琼州府志》卷六）。咸丰十一年（1861），大雨毁崩西城墙十余丈，同年秋知县张国华大修城池楼阁，至同治元年（1862）夏竣工。光绪三年（1877），署知县吴应廉疏浚城壕，砌水窦，并补修各处崩坏雉堞。光绪四年秋，大雨，淋崩两处城垣，知县蔡凌霄重修，并补好各处雉堞（据清光绪三年

▽ 定安城墙北门门券　本文照片均由姚远摄

△ 上两图为定安县城西门南侧城墙

《定安县志》卷二）。光绪十五年，知县黄赞勋大修西北隅城垣，嗣后知县李家悼、李宗道、王寿民等相继主持重修（据清宣统三年《定安县志》卷二）。

　　1949年后，因扩建县城，定安古城被拆除2/3。古城现存西门、北门。北门高2.4米、宽2.95米、进深9米，城门上方有"北门"石匾额，旧城楼尚存。西门高3米、宽2.8米、进深25.3米，城楼改建为定安县粮食局用房。古城城墙则仅存西北、西南两段，约长1000余米，为玄武大青石条叠砌筑成。

▽ 定安县城北门外侧

△ 定安县城西门外侧   △ 定安城墙西门内侧

1986年1月，定安古城遗存被列为县级文物保护单位。

王腾

定安县城池： 明成化戌，都御使韩雍筑。正德庚午，后砌石，周五百九十三丈，高一丈四尺，雉堞一千一百九十二，东、西、南三门，上各建楼。城北近江不堑，余三面皆浚濠三百丈。

——清《考工典》第二十三卷，引自《古今图书集成》

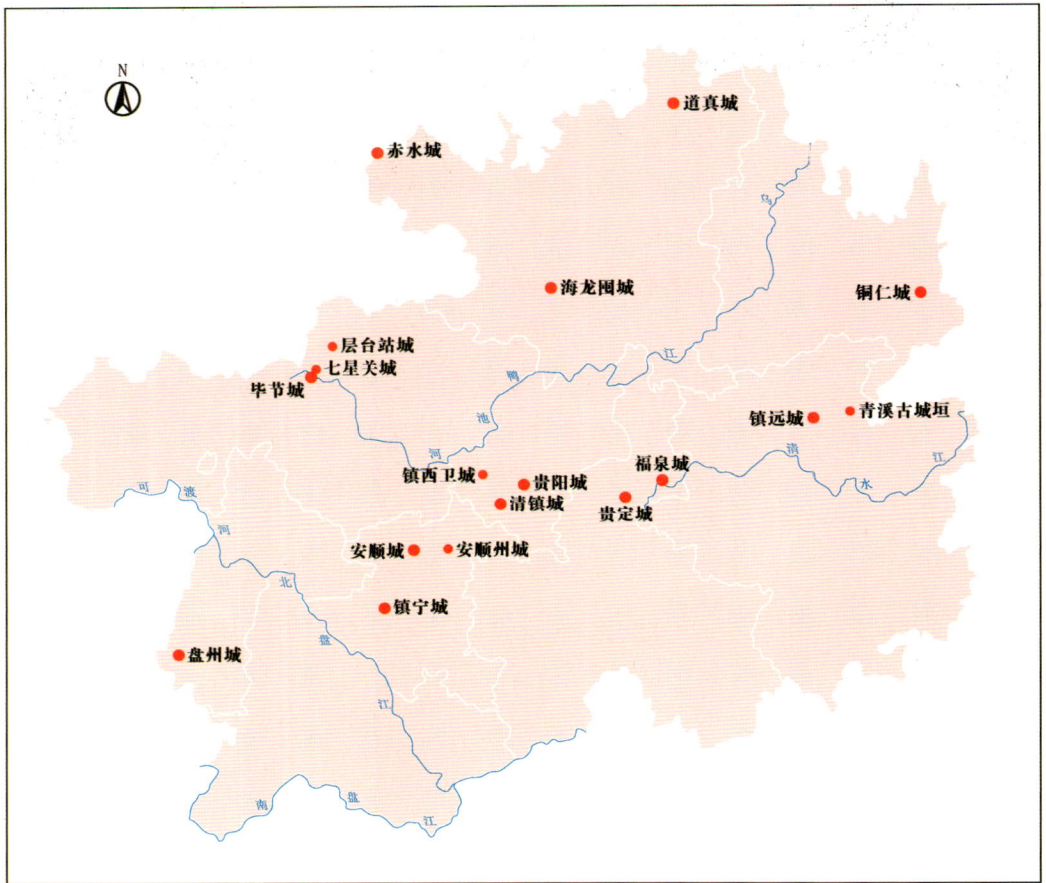

N

道真城

赤水城

海龙囤城

铜仁城

层台站城
七星关城
毕节城

鸭池河

镇远城
青溪古城垣

清水江

镇西卫城
贵阳城
福泉城

清镇城
贵定城

安顺城
安顺州城

镇宁城

盘州城

乌江

可渡河

北盘江

南盘江

贵州

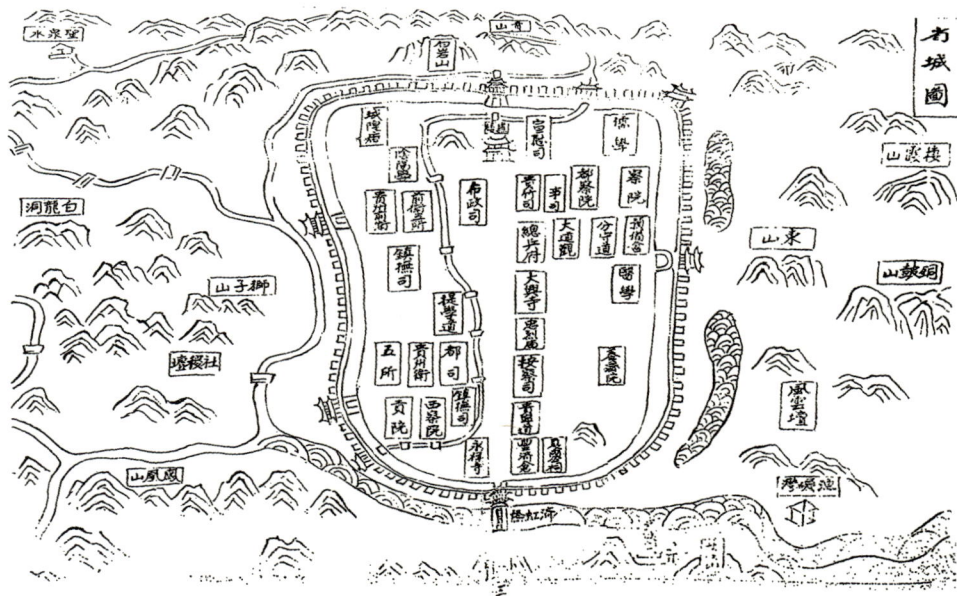

△ 贵州省城图　引自《嘉靖贵州通志》明嘉靖三十四年刻本重钞本复印，载《中国地方志集成·贵州府县志辑（1）·嘉靖贵州通志》

贵阳，位于黔中山原丘陵中部、长江与珠江分水岭地带，是贵州省第一大城市。古代贵阳盛产竹子，以制作乐器"筑"而闻名，故简称"筑"。因地处山地丘陵之间，故有"山国之都"之称。

春秋时期，属于牂牁国之辖地，其政治中心叫"夜郎邑"（今安顺一带）。此后，建置、隶属、名称及辖地多有变化。宋时，其境称"贵州"。明隆庆二年（1568），程番府由程番（今惠水县）移至今贵阳地。次年，改程番府为贵阳府，取境内贵山之南而得名。明清时，在贵阳设立了贵州布政使司（后为贵阳军民府或贵阳府）。1913年，废府为县。1941年，废县设市。现仍为贵州省会所在地。

贵阳地区，相对中原发达地区，历史上被称为"蛮夷之地"，"大都无城壁，散为部落而居"，故筑城也较晚。今人依据宋时曾设立正式建置，而推测"逐渐形成城邑"。从文献记载来看，贵阳筑城始于元至元二十九年（1292），设八番顺元宣慰司都元帅府于顺元城（今贵阳市南部），并增筑土城。据明·郭子章《黔记》载："国初，建贵州省城，率因元旧城址狭隘，城垣卑薄。"清咸丰版《贵阳府志》也载："贵阳府城，即元顺元城也。旧设土城，东、西、南三面与今城同，北面仅至今钟鼓楼。"元代，在全国性毁城、停止修城的情况下，贵阳则兴筑城墙，说明当时朝廷对此城地处中国西南部，"东出西进、南来北往"重要战略地理位置具有不一般的认识。

据明嘉靖版《贵州通志》载：明洪武五年（1372），镇远侯顾成、都指挥马晔（1948年《贵州通志》作"烨"，或作"煜"）利用元顺元城旧址，主持营造宣慰司城，作为贵州宣慰使司驻防城（后也为省城、府城）。城垣局部甃以石，全长1372丈。设城门5座：东曰"武胜"，南曰"朝京"，次南曰"德化"，西曰"圣泉"，北曰"柔远"。设城楼4座、角楼1座、城铺40座、水关2座。洪武十五年，都指挥马晔主持拓宽北面城垣至山麓，并改土城为石城，周长9.7里、高2.2丈，设城门5座：东曰"昭文"，南曰"迎恩"，西南曰"广济"，西曰"振武"，北曰"布德"。西、南两面以南明河为天然护城河，而东、北两面人工开挖护城河。为沟通城内外水系，城墙还设水关2座。万历三十七年（1609），在东门月城上始建文昌阁。天启六年（1626），总

▽ 武胜门段城墙及城楼　本文照片均由杨国庆摄

△ 贵阳城南门拱券

△ 武胜门

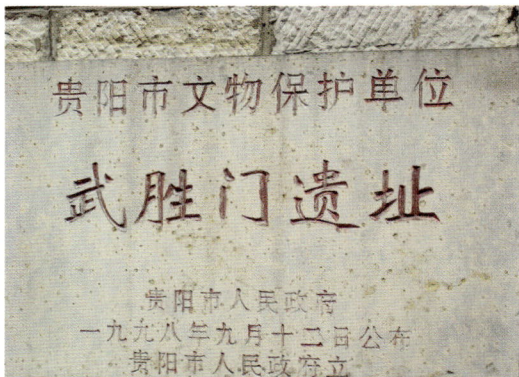

△ 武胜门遗址文物保护标志碑（正面）

督张鹤鸣、巡抚王城于北门外增砌外城（初为土城）600余丈，并设威清、六广、洪边（又称"红边"）、小东四门。在贵阳内外城之间仍有旧北门相通，全城计九门，基本奠定了贵阳城的规制。

清顺治四年（1647），农民义军张献忠义子"孙可望毁外城"（咸丰二年《贵阳府志》卷三十四）。顺治十六年，总督赵廷臣、巡抚卞三元主持重修外城，内城增高3尺，还修缮了包括文昌阁在内的城墙其他附属建筑。此后至道光二十年（1840），据不完全统计，在历任地方官吏主持下，由朝廷及地方拨款，贵阳城池较大规模修缮达12次之多。其中较重要的城垣改筑多次，如：乾隆六年（1741），总督张广泗申请库银后，主持改建外城为石城，城高2丈、顶宽8尺、城基宽1丈。自此，贵阳内城总长1234丈（不含外瓮城长度126丈），有炮台10座、垛口1519座、城门5座（均设外瓮城）、水门2座。外城总长756丈（不含外瓮城26丈），设垛口796座、城门4座

（其中外瓮城1座）、水门2座。

1912年以后，贵阳城墙的毁圮甚至拆除，经历了一个短暂的过程。1927年，老城北门城楼西南角由于年久失修，受雨水冲刷而倾塌。当时，正创修城内马路，省政府遂命拆弃，并将老城北门一带隔离新城的城墙一律拆除，这是贵阳拆城墙之始。1939年2月4日，侵华日军轰炸贵阳城后，出于战时疏散城内民众需要，先后大规模拆除了大南门、大西门等多处地段城门和城墙，形成许多出城的豁口。此后，又因城市交通、建设需要，将其残垣大部拆除，地面城墙仅剩文昌阁地段。

2009年12月，在贵阳喷水池附近闹市区发现了疑似内城北门遗址，可能是城门外的昔日码头残存。贵阳民间对旧城仍有"九门四阁"之说，其中"九门"即指贵阳城门有9座，而"四阁"，则仅存文昌阁，位于东门月城内文昌路上。1982年，文昌阁及其所属城墙段，被列为省级文物保护单位。

附：

在贵阳市境内，还有不少与"城"有关的遗址，如建于明代的"朱昌堡"，于1984年被列为市级文物保护单位。明清时期的摆头山营盘（时间不详）、金筑长官司遗址（明）、中曹长官司半坡遗址（清）、骑龙营盘（时间不详）、甲定营盘（时间不详）等，于1991年被列为市级文物保护单位。其他

▽ 青岩镇定广门

△ 青岩镇定广门段城墙及垛口

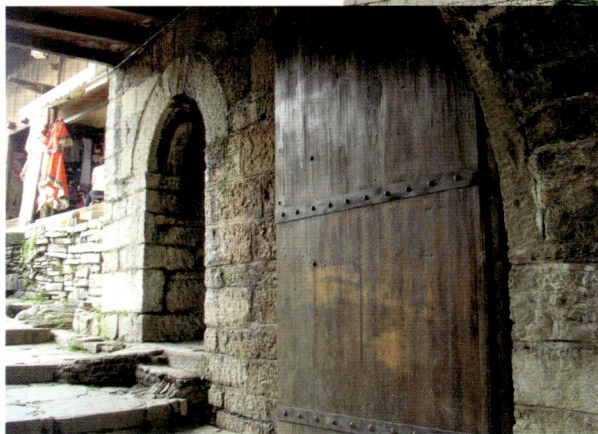

△ 青岩镇定广门拱券内部结构

还有贵阳青岩古镇的城墙等。

杨国庆

贵阳府城池： 即省城。明洪武十五年，都司马晔建石城。周围九里七分，高二丈二尺。门五：东曰昭文，南曰迎恩，西南曰广济，西曰振武，北曰布德。东、北有池，西、南一带滨河。明天启六年，总督张鹤鸣、巡抚王瑊于北门外增砌外城六百余丈，门四。新贵、贵筑二县俱附郭。

——清《考工典》第二十四卷，引自《古今图书集成》

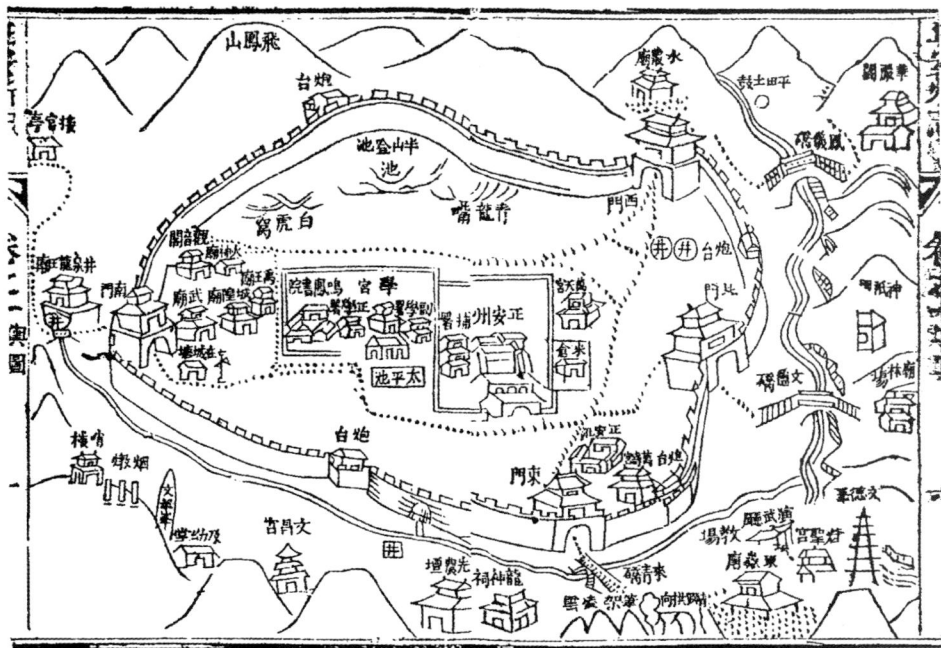

△ 正安州城图　引自《正安新志》清咸丰版

道真，全称"道真仡佬族苗族自治县"，位于贵州省最北部，素有"黔蜀门屏、银杉之乡、仡佬故土、傩戏王国"之称。

秦代，其境属巴郡。此后，隶属、建置多有变化，宋宣和三年（1121），其境为珍州，辖乐源等县，今道真地属乐源县。元至正二十三年（1363），明玉珍据蜀称帝，建立大夏政权，改珍州为"真州"。明洪武十七年（1384），改真州为真州长官司（今道真地属之），隶播州宣慰司。明万历二十九年（1601），以真州长官司地置真安州，辖今正安、道真二县地。清雍正二年（1724），改真安州为正安州。1914年，改正安州为正安县。1941年，析原正安县东北地置道真县。1958年，并入正安县。1961年恢复道真县。1986年，成立道真仡佬族苗族自治县，隶属遵义地区。今属遵义市。

历史上真安州（正安州）筑城比较复杂，多因建置迁移而另筑城池。因

＜ 真州古城门
李哲提供

此，清嘉庆二十三年《正安州志》等地方志均称：清雍正（1723～1735）以前，"迁徙非常，无异穴居野处"。直到乾隆三年（1738），"定地古凤（即今正安县城）。乾隆二十四年，始建州城。次年，石城成，崇墉屹立，四门咸备矣"（光绪三年《续修正安州志》卷二）。另据《贵州通志·建置志》载："正安州城，原无城。唐贞观中为乐源县基。宋属播州，后废。今名县坝，城市遗址尚存。"由此可以得知真安州在唐贞观（627～649）中所筑之土城早已毁圮，且不位于后世的同一城址。

明万历二十八年（1600），朝廷平定杨应龙的"播州之乱"后，实现了"改土归流"（即改土司制为流官制）。次年，遵义府同知分管真安州事的郭维屏"卜筑于思宁里滴水之上"（光绪十八年《遵义府志》卷六），主持大规模筑城。城周2.9里、高1.4丈、广657.1丈，设垛口2368座。全城设城门4座：曰"巩昌"、"兴化"、"永清"、"崇明"，各城门上均建城楼。在城墙外，还环以护城河。万历三十七年，新建的真安州城仅不足10年，就因大雨而局部出现坍塌。知州艾应甲随即主持修补。当时艾应甲认为：该城之设，"距府（城）六百余里，不但公役跋涉为苦，一旦缓急应援无及"（光绪十八年《遵义府志》转引"孙志"）。因此，曾想迁移州治异地筑城，最后因"平播之役"的战后疮痍，百姓困苦而罢。万历四十八年，迁治于三江里七甲之务本堂为新洲。此后，州治及筑城也多有变动。清康熙元年（1662），知州迁治于古凤山麓，未建城墙。

康熙十二年（1673），州治复迁德溪里土坪，仍未筑城。雍正八年（1730），知州张元钰打算在土坪筑城时，经勘查发现土坪"水泉不继"，遂放弃筑城。因此，直到乾隆三年（1738）在地方官吏建议下，才选定古凤作为州城的城址。乾隆二十一年夏，在署知州谢之燨主持下，始建四门。乾隆二十四年，知州汪歙领库银18800余两，于同年七月开工造城，至次年二月竣工。城周2.95里、广532丈、高1.8丈、墙厚1丈，城顶收为7尺宽。开城门4座：东曰"□青"，南曰"迎熏"，西曰"凤仪"，北曰"拱极"，城门上均建城楼。全城附属建筑计有垛口395座、枪眼564个、将台1座、炮台4座、水关（水宝）8座。乾隆四十二年，地方官吏还对昔日废弃的思宁里潏水之上旧城进行修缮。嘉庆二年（1797），知州饶重庆主持修筑西城，并对四门楼进行修葺。嘉庆二十年，知州赵宜本针对城墙周边空地被百姓日益侵占的情况，下令城内外距城五尺范围内的用地全部清空，并在"四至勒禁"告示。据《正安州志》载：咸丰九年（1859），州牧于钟岳因太平天国之动乱，而加砖筑城3尺，重建四门楼，还在南门上添设炮台1座。

此后，旧真安州城因年久失修逐渐损毁，甚至被人为拆除。

按中国城墙的古制："三里为垣，十雉作堵"（光绪十八年《遵义府志》卷六转引汪歙"修正安州城碑文"）。道真真安州先后两次筑城的长度仅为"二里九分"，不足以称"垣"，而且，性质为州城的如此长度，在全国古城墙中也实为罕见。这应该与当时的筑城条件，如地形、地貌，尤其与"平播之役"的战后直接有关，同时也与筑城后不久由于建置的迁移、旧城发展、城内人口增加相对缓慢有关。

20世纪80年代以后，据当地文物部门调查，真安州旧城垣原周长2340米，残存城垣约800米。在当地政府重视下，该段残墙得到保护和局部修缮。

1982年，道真真安州旧城垣被列为省级文物保护单位。

杨国庆

真安州城池：唐贞观，旧为乐源县，后废。明万历庚子，设州，卜城于潏水上，高一丈四尺，广六百五十七丈一尺，同知郭维屏建。外环以濠。

——清《考工典》第二十二卷，引自《古今图书集成》

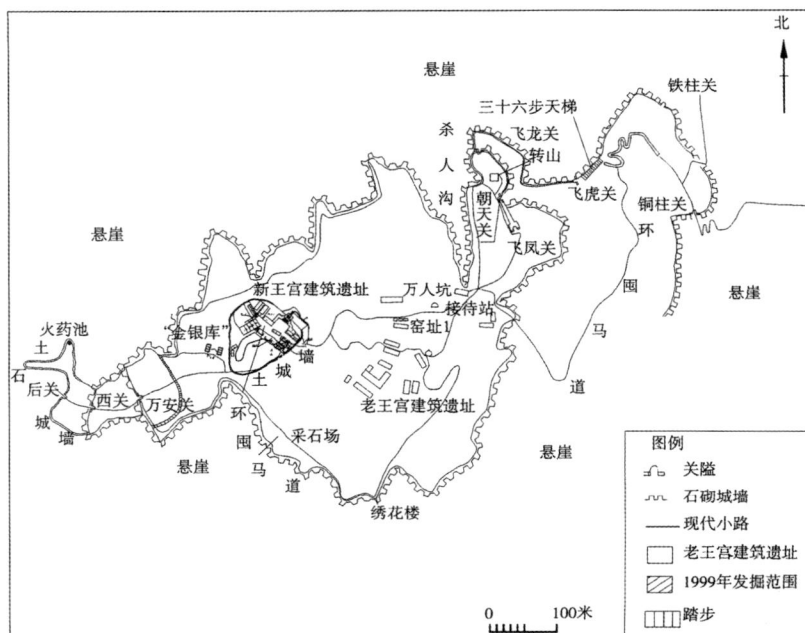

△ 海龙囤遗址平面图 引自贵州省文物考古研究所、遵义市汇川区文体广电局《贵州遵义市海龙囤遗址》，载《考古》2013年第7期

海龙囤，位于遵义老城北约20公里高坪镇境内的龙岩山东麓、湘江的上游，是研究中国西南地区土司制度、关隘设施的完整遗址和重要实证。

海龙囤（也有称"海龙屯"），旧名"老鹰岩"、"穆家寨"、"龙岩囤"等。唐大中十三年（859），南诏国的彝人攻陷播州（今遵义）。杨端率部平叛后，朝廷命杨端"世袭"播州，建立了持续700余年、共29代的杨氏土司政权。南宋末年，为防"元兵"来犯，杨文选址穆家寨（旧名"老鹰岩"），遂改名"龙岩囤"，并扩建加固了龙岩囤。

明万历年间（1573～1620），在杨氏世袭土司、骠骑将军、播州宣慰使杨应龙（1551～1600）主持下，不仅继续加固龙岩囤，还在外围增修了"养马城"（位于遵义市汇川区高坪镇养马村，距海龙囤六公里，两地隔白沙水相望。系播州杨氏土司的骑兵驻地、海龙囤前沿军事设施。总面积约2万平

▷ 海龙屯城登城步道
本文照片除署名外，
均由Johannes Lotze摄

方米。有城门6座，城墙长约6公里。文献记载当年城中"可容马匹数万"。
2003年，被列为市级文物保护单位）、"养鸡城"等寨堡，并与附近的"娄山
关"、"鼎山城"等城堡、关隘形成纵深的区域防御系统。由于杨应龙与川、渝
地方发生矛盾，后激化为军事冲突，演化为叛乱。

关于养马城，当地民间有"先有养马城，后有海龙屯"的说法。因为地
处偏僻，目前养马城六门保存完好，城墙尚存5600米。但因多数被茂密的植

▽ 海龙屯城门即景

▽ 海龙囤城门正面内侧
熊竹羽摄

被覆盖，很多当地人都不能准确找到城门、城墙的具体位置。据2012年7月2日《贵阳晚报》报道：贵州省文物考古研究所副所长李飞表示，作为海龙屯"前关"之一的养马城，在六门中，有五门属"叠涩式"拱门顶，仅一门接近海龙屯关隘"圆弧形券拱式"拱门顶。"'叠涩式'建筑早于'券拱式'。"他说，"券拱式"的城门拱顶，技术难度相对较大，是在南宋以后开始出现的新技术。而"叠涩式"出现时间相对较早。不过，无论是贵州省考古队，还是遵义当地文史专家，都认为尽管养马城作为海龙屯遗址的重要组成部分，目前对它却知之甚少。"甚至，这个'养马城'是否真是杨氏牧马之所，都还值得探究。"但是，养马城的修建肯定早于海龙屯，时间有可能在唐代末年。中国考古"泰斗"陈雍专程前往养马城进行调查，对李飞提出养马城早于海龙屯修建的观点也表示赞同，并认为其推测为唐末遗址有道理，理论上能成立。不过，鉴于目前掌握的资料太少，陈雍建议在养马城内外进行小规模的试探性发掘，寻找"养马城建于唐代的实证"。

　　明万历二十八年（1600），朝廷派军分兵八路，每路兵马3万，共计24万人进剿杨应龙的"播州之乱"。"平播之役"持续达两个月之久，杨应龙在播州各地的关隘相继失守，最后率万余人马退守海龙囤，各路官军围而攻之。此役，杨应龙自缢身亡，所有与杨氏家族有关的人均被诛杀，"斩首级二万二千六百八十七颗"，"招降播民一十二万"。龙岩囤被焚毁，后又被易名"海龙囤"，意为"龙困于海，不能再兴云复雨"。播州自此"改土归流"，分为两府：平越府，划归新建的贵州省；遵义府，隶属四川省。雍正六年（1728），海龙囤随遵义府归贵州省。此后，同治（1862～1874）初年，虽曾对海龙囤进行过一次规模不大的修缮，但海龙囤的整体防御体系已逐渐毁圮。

据文献记载：明清时，今天的贵州省境内，城堡、寨堡数量惊人。仅遵义府的五县，当时就有各类寨堡415座（1936年《续遵义府志》卷二），其中近半以上筑有规模不等、材质不一的城墙，海龙囤是其中具有一定代表性的一座。海龙囤，群山环峙、孤峰挺立，北、东、南三面临湘江河之主源"白沙水"，全是绝壁；后为羊肠小道通到"白云台"、"金鼎山"一带的深山。海龙囤有"三重城、九道关"之说，其中三重城，是指囤上有三道城墙环绕，关墙重重叠叠，先后建有月城、土城。山顶宽平，修建有宫室、军营、仓库、水牢、火药池、绣花楼、校场坝，以及沿城墙的马道。九道关：囤东侧山下设三关，即铁柱关、铜柱关、飞虎关，及"天梯"形成前沿防御体系；囤上再设三关，即飞龙关、朝天关、飞凤关；囤后又设三关，即万安关、西关、后关。外墙临崖绕囤而建，下临百丈深谷。

20世纪80年代以后，在地方政府及文物部门重视下，海龙囤得到保护性修缮。此后，经过贵州省海龙囤考古队的田野考古发掘，不仅发现了环绕新王宫的城墙，还在囤内发现了厨房、厕所以及采石场、窑址等遗迹。其中新发现城墙一共长504米，有一部分城墙在地面有遗留。该考古项目因"以考古探寻中国土司制度意义重大"而入选2012年中国六大考古新发现，入围文物出版社的"2012年度全国重要考古发现"。据贵州省考古研究所副所长李飞称，如今周长约6公里的环囤城墙尚存，囤内面积达1.59平方公里，"老王宫"和"新王宫"是囤内两组最大的建筑群，面积均在2万平方米左右，大体为"横三纵三"的布局，是集军事屯堡、衙署与"行宫"为一体的"土司"遗存。2013年，正式启动海龙囤第二阶段考古工作。

1982年，海龙囤被列为省级文物保护单位。2001年，海龙囤遗址被列为全国重点文物保护单位。

2015年7月4日，在德国波恩举行的第39届世界遗产大会上，海龙囤作为中国三大土司遗址之一申遗成功（另两处为湖南永顺彭氏老司城遗址和湖北咸丰唐崖覃氏土司城址）。

杨国庆

安顺城

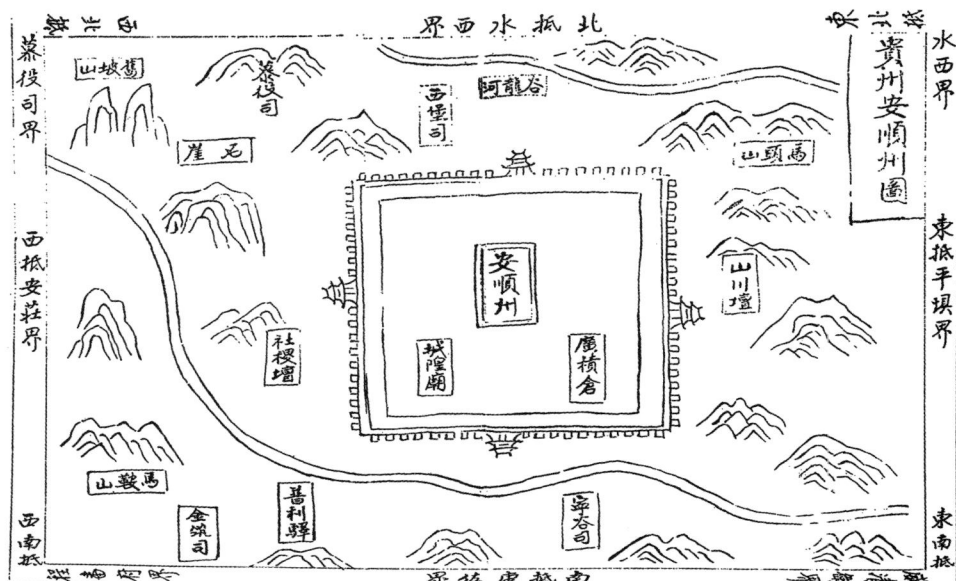

△ 贵州安顺州图　引自《嘉靖贵州通志》明嘉靖三十四年刻本重钞本复印，
载《中国地方志集成·贵州府县志辑（1）·嘉靖贵州通志》

　　安顺，位于贵州省中西部，自古是西南地区夜郎、牂牁的首邑，有"黔
之腹，滇之喉，蜀粤之唇齿"、"屯堡文化之乡"之称。

　　春秋战国时，其境为古牂牁国的夜郎邑（后为夜郎国首邑）。汉成帝时
（前32～前7），为牂牁郡，是贵州历史上第一个中央集权政府（郡府治所在
西秀区宁谷）。此后，建置、隶属及辖地多有变化。明洪武五年（1372），设
立普定土府（今安顺市）。此后，将普定土府、安顺州先后归并，升为安顺
府，府、（普定）卫同城而治。康熙六年（1667），贵州提督自贵阳移驻安
顺。1914年，设安顺县。1958年，设置安顺市（县级）。2000年，安顺市升为
地级市。

　　安顺最早筑城，文献记载不详。据1948年《贵州通志》载：元泰定七年
（无此年，疑为元天历三年，即1330年），创筑阿达卜寨设栅筑城。

明洪武五年（1372），因设立普定土府，安陆侯吴复开始城池的规划（据清代《贵州通志》《考工典》等籍称，当时已建，或称建于洪武十二年。其实这两次并未动工兴建，仅限于规划）。洪武十四年十二月二十日，安陆侯吴复依朝廷之命，择地于阿达卜寨建筑城池，次年闰二月十七日竣工（详见《安陆侯建水西城碑》《普定卫建城碑记》《大定志》等）。该城为石城，长9.3里、高2.5丈。设城门4座：东曰"朝天"，西曰"怀远"，南曰"永安"，北曰"镇夷"（1948年《贵州通志》引康熙旧志，称"镇彝"），各城门均建城楼和外瓮城。另设水关3座，上建水楼3座，垛口2700座。成化年间（1465～1487），因移安顺州于普定卫城，同城而治。万历二十年（1592），因升安顺州为府，遂为府城。明末，安顺城墙遭遇兵火，损毁严重。

入清以后，安顺城池的修缮资金主要来源于国库银、部分地方财政收入和官吏的捐俸银。如：清康熙九年（1670），在知府彭锡缨等官吏主持下，采用捐资修城办法，修补安顺城墙。康熙十一年，知府胡宗虞主持修城，将城墙垒石增高，在重修四门时，对开的木质城门以铁皮包裹。乾隆二十年（1755），知县刘大宾申请到库银用于修城。乾隆三十六年，知县王玉溥再次利用库银修缮4座城楼以及城门和外瓮城门。道光十一年（1831），提督余步云、署布政使司李文耕、分巡贵西道周廷授、知府经武济（1948年《贵州通志》称"经武清"）、知县刘国筠暨各厅、州、县地方官吏各自捐廉银，用于大规模修补城垣，拆修四门城楼和城门。道光十三年，知县陈熙晋捐廉银，补

▽安顺古城墙文物保护标志碑　本文照片除署名外，均由杨国庆摄

修城垣。道光二十七年，知府常恩捐廉银，主持补修西门外瓮城及各段损毁城墙。宣统三年（1911），西门外瓮城及东水关坍塌、损毁。知府瞿鸿锡主持修城。修缮后的安顺城墙周长仍为旧制，城高2.5丈。全城垛口数为1913座，比之明初安顺城墙垛口数少了787座。依据明末清初全国许多城市城墙的垛口"并二为一"，以适应火兵器的发展，所以安顺垛口初步推测在清初也曾有过"并垛"之举。

1912年以后，安顺城墙因年久失修，逐渐毁圮。20世纪30年代以及50年代期间，由于安顺修建道路和城市建设需要，先后大规模拆除了古城墙，仅余部分城墙的残段。

2007年初，位于塔山东路安顺职院至民族饭店之间不足50米的残墙，因城市改造曾引发过"拆"、"保"之论。后经地方政府及社会各界的共同努力，不仅修复了被称为安顺"最后的古城墙"这段城墙的残段，还于2007年将其列为市级文物保护单位。

附：

安顺州城　明成化年间（1465～1487），因迁治于普定卫城，旧州城在

◁ 云山屯城墙遗址

使用一段时间后逐渐毁圮。据咸丰元年《安顺府志》载：安顺州城，也称"安顺城守营守备城"，位于"府城五十里"，城周五里，四门。年久失修，逐渐毁圮。乾隆二年（1737），提督王无党、知府牛天申、杜理等地方官吏及官兵捐资加以修缮，"规模壮丽"。之后，该城毁圮。

20世纪80年代以后，在当地政府重视下，安顺旧州城故址、古城墙南水关遗址于1984年、1987年分别被列入市级文物保护单位。

安顺还有屯城，即云山屯城墙，保存较好。

杨国庆

安顺府城池：元泰定七年创。明洪武五年，安陆侯吴复建。十二年增修，周围九里三分，高二丈五尺。为门四：东曰朝天，西曰怀远，南曰永安，北曰镇彝。城楼四座，水关三，水楼三，雉堞二千七百零。至康熙十一年，知府胡宗虞垒石增高，重修四城门，附以铁。普定县附郭。

——清《考工典》第二十四卷，引自《古今图书集成》

▽ 安顺云山屯寨门 蔡理摄

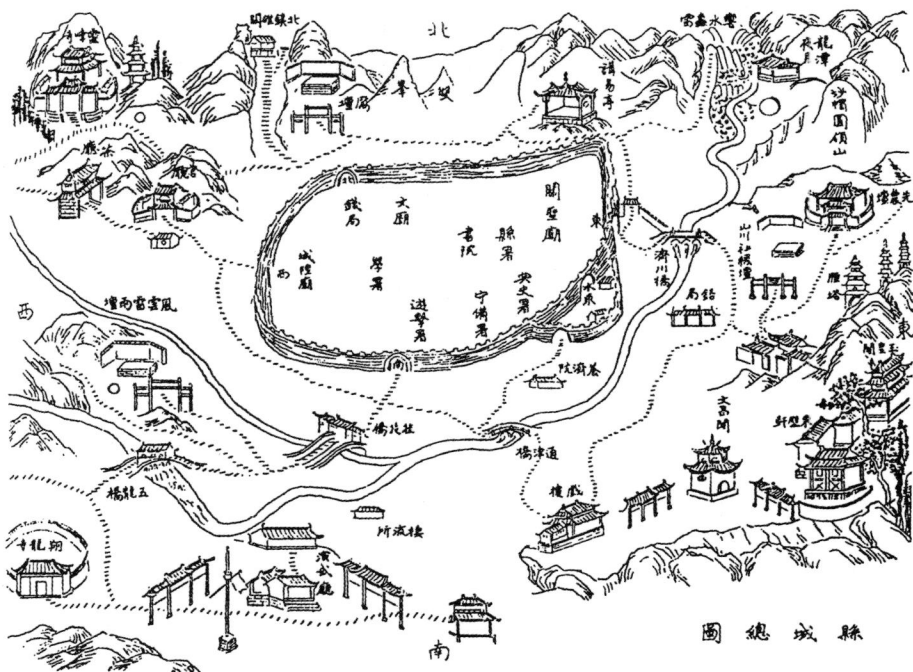

△ 毕节县城总图　引自《乾隆毕节县志》清乾隆二十三年刻本，载《中国
　地方志集成·贵州府县志辑（49）》

　　毕节，位于贵州西北高原屋脊，分属长江流域和珠江流域两大水系，是
乌江、赤水河、北盘江的重要发源地之一。

　　秦初，其境置夜郎、汉阳二县。西汉元鼎六年（前111），置平夷县。三
国蜀汉（221~263）时，置南昌县（后改南秦县）。此后，建置及隶属多有变
化，明洪武七年（1374），置毕节卫。清康熙二十六年（1687），裁毕节卫置
毕节县。2011年，设立地级毕节市。

　　毕节筑城始于明洪武十六年（1383），由颖川侯委派指挥汤昭主持营
建，初仅立排栅为守，周长3里多，始为卫城雏形。洪武二十年开始，羽林
右卫指挥李英、虎贲右卫指挥李隆统领官军筑建，全城改筑为砖石城，周长
741.5丈、高2.3丈（乾隆二十三年《毕节县志》及光绪五年《毕节县志》均称
"一丈三尺"，今据1948年《贵州通志》转引明嘉靖及康熙版旧志。除此，不

同地方志对明代毕节城池有不少细节甚至事件年代的记述，均略有差异）、基宽1.5丈。辟以石门5座：东曰"武安"，南曰"镇南"，西曰"西定"，北曰"拱北"，东南曰"通津"，各门均建城楼。设城铺（即窝铺）32座、垛口2700多座。洪武二十三年，"云南诸夷叛"。平叛后，都指挥汤昭重加修筑，增拓2里多，并于城东、南开挖护城河。此次增拓城池，奠定了毕节旧城周长8.2里的规制。嘉靖七年（1528），兵备道副使韩士英鉴于城内无井，城若被围，城内军民用水困难，遂于通津门建造外瓮城（《考工典》记为"通泮门"，疑误），在其中凿池为井，引水入内以济民用，城上建串楼，以便守御（参考《韩士英修通津门水城记略》）。万历六年（1578），兵备道副使黄谟以河水逼近为由，于月城下筑石堤200丈（此据光绪版志，其他诸志所载长度不一），以障河泛。天启二年（1622），水西安邦彦反叛，毕节城被挖掘殆尽。崇祯三年（1630），兵备道郑国栋申请经费13000两库银，委掌印指挥王九如按制重修。崇祯十年，因有民反，驻防都司李应忠认为毕节"城大难守"，遂截去城西一壁，复折南北两隅，添筑女墙。"虽为一时苟安之计，而规制日颓矣"（乾隆二十三年《毕节县志》卷一），而全城垛口减为1648座（此数在康熙志中，记为明洪武初筑之数，有误）。

清顺治（1644~1661）初年，镇守总兵高恩主持修城时，于西门外复建月城，全城周长仅4.3里，计820丈，垛口"合二为一"减为900余座。而城楼、窝铺等附属建筑均未修缮。康熙二十六年（1687），裁卫置县后，在地方官吏重视下，对毕节城池修缮力度有所增强，措施也呈多样性。如：雍正八年（1730），贵西道吴应龙奉诏受罚，主持修缮毕节城"以赎罪"。后虽因吴应龙卒，而修城未能竣工。但是，由于毕节地处黔西北交通要道，城内"商贾辐辏"，还设有宝黔鼓铸局、运京运楚铅局，"关系非浅"，故于乾隆四十五年（1780），在知县胡翘椿主持下大规模重建石城。咸丰十一年（1861），因太平天国运动有民反，疏浚毕节城东、南护城河（光绪五年《毕节县志》卷二载"凿东南城濠"，而据此前旧志如《考工典》等记载，东南护城河已经开凿），河宽1丈、深8尺。同治四年（1865），全城添建炮台3座，其中一座设在城上。至清末，毕节城墙基本完好。

1912年以后，由于年久失修，毕节城墙逐渐损毁。尤其是20世纪30年代以后，毕节古城墙相继被毁。90年代末，毕节古城墙仅余铁匠街、威宁街、西庵庙等处的残存段落，总长约1500米。1999年，毕节市开始大规模旧城改造，古城墙再次遭到人为拆除，仅余原来南门至水东门一段保留较为完整。由于毕节地区盐业公司拆除了位于铁匠街的30余米古城墙，81名离退休老干部联名写信给国家信访办，并引发了关于古城墙拆、保之争。经过地方政府广泛听取社会各界意见后，于2000年正式决定保留毕节遗存的不足200米残段城墙。

2000年8月，毕节古城墙（铁匠街段）被列为市级文物保护单位。

附：

毕节境内筑城，大多为明代所筑。据文献记载，除后成为毕节县的城墙外，还有其他城池分述如下：

七星关城　明洪武十五年（1382）建，周长450丈，设东、北二门。1993年，七星关遗址被列为县级文物保护单位。

层台站城　明洪武十三年（1380）建，周长600丈。1993年，层台古城垣被列为县级文物保护单位。

先后毁圮无存的城址还有：赤水河城，明洪武十二年（1379）建，周长811丈。白岩站城，洪武十三年建，周长60余丈。周泥站城，洪武十三年建，周长40余丈。

杨国庆

毕节县城池： 即旧毕节卫城。明洪武十六年，指挥汤昭始建排栅。三十年，砌砖石，共七百四十一丈五尺，高二丈三尺，城基广一丈五尺。垛一千六百四十八个，城楼六座。嘉靖七年，副使韩士英于通泮门建月城，引河水砌井，上建串楼。万历六年，佥事黄谟自月城起，至转角楼百余丈，筑石堤以障河水，东南有壕。康熙二十六年，裁卫改县治。

——清《考工典》第二十四卷，引自《古今图书集成》

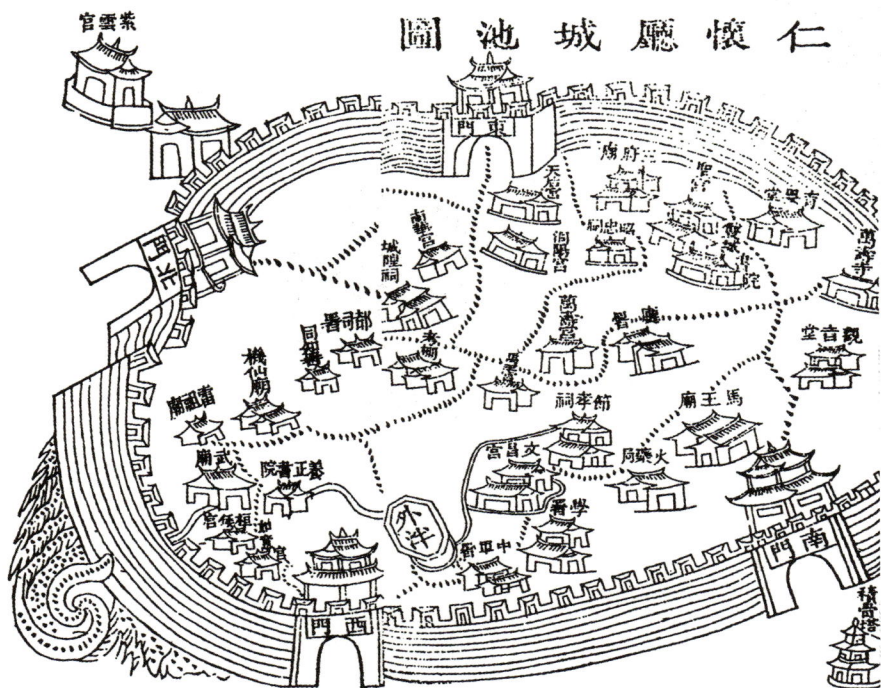

△ 仁怀厅城池图　引自《嘉庆仁怀县草志》清嘉庆二十一年钞本，载《中国地方志集成·贵州府县志辑（39）·嘉庆仁怀县草志》

赤水（曾名"仁怀"），位于贵州省西北部、赤水河中下游，与四川省南部接壤，历为川黔边贸纽带、经济文化重镇，是黔北通往巴蜀的重要门户，素有"川黔锁钥"、"黔北边城"之称。

北宋之前，其境多隶属于其他州县。宋大观三年（1109），正式设仁怀县建置（县治位于今赤水市复兴镇），属滋州。宣和三年（1121），撤滋州，降仁怀县为堡，改隶泸州合江县。此后，建置及隶属多有变化。明洪武十四年（1381），设仁怀县，隶四川行省遵义军民府。雍正六年（1728，光绪版《增修仁怀厅志》称"雍正五年"），遵义府改隶贵州。光绪三十四年（1908），设赤水厅，隶遵义府管辖。1914年，撤厅为县。1990年，撤县为市。今归遵义市代管。

赤水境内最早筑城无从查考。虽然唐代在赤水河流域出现了淅州、顺

△ 赤水西门城门　王喜根摄

州、能州三个羁縻州所辖地域（参考谭其骧《播州杨保考》），
但在何地、有无营造州城，一概不知。宋大观三年（1109），因
设仁怀县，可能修筑过城池（惜无可考，仅为推测）。宣和三年
（1121），"废县为堡，以巡检治"（光绪二十八年《增修仁怀厅
志》卷二）。元末，明玉珍在四川建立夏政权，占据黔北，对已
有的部分寨堡进行了加固修缮。明洪武五年（1372），明王朝重置
播州宣慰使，对辖境内的寨堡有进一步的修缮和扩建。其中留元
坝（旧名"犁辕坝"，即"仁怀里"，今赤水市市区），由于"三
面临河，一面倚山"，又因"一面依黔，三面临蜀，以蜀言之，则
居腹里；以黔言之，则为极边之门户"（参考道光版《仁怀直隶厅
志》及光绪版《增修仁怀厅志》），其城堡被历代土司所重视。

　　明万历二十九年（1601），播州（今遵义）实现了"改土归流"，分为两府：平越府，划归贵州布政使司；遵义府，隶属四川布政使司。以仁怀里及别领长官司建立仁怀县，隶遵义府。按李化龙《平播善后事宜疏》规定：各新建州县要在一年内建成石城，"石少者，以砖代之"。当时所设仁怀县辖地甚广，但除赤水河中下游的土城和仁怀里的留元坝城堡外，作为县城规模的地方并不多。而此时的仁怀堡城因连续四年战乱，已毁圯不堪。当仁怀县首任知县曹一科打算选择相对接近仁怀县中心的土城作为县城时，遭到当地望族大姓袁氏的阻饶，不得不将仁怀县治移驻留元坝仁怀堡城，并主持大规模县城改建工程。新建的县城周长475丈（计5.3里）、高1.4丈，建城门4座：东曰"青阳"，南曰"南薰"，西曰"聚金"，北曰"天泽"，均设城楼。另建水洞3处、炮台4座、垛口1133座。清道光版《遵义府志·城池》载："尔时民尚未集，士休于野，因以兵代役，给工饩治郡城。"之后，在历任地方官吏主持下，虽曾有过一定程度的增补，但由于赤水河泛滥等自然原因以及战乱兵焚，仁怀城多次遭遇损毁。至明末清初时，仁怀城内人口已不足百家（引自《仁怀直属厅志》），城池内外一片凋零。

　　入清以后，在地方官吏主持下，先后对仁怀城至少有六次较大规模的修缮。如：康熙二十年（1681），知县赵洪基主持重修仁怀城。雍正九年（1731），移仁怀县治于亭子坝并建新城，遂移遵义府通判分驻旧城。乾隆二十五年（1760），通判赵沁申请库银并主持修缮旧城。道光二十六年（1846）六月，因暴雨导致城西、城南两处城墙倒塌，同知陈熙晋捐资主持修葺。之后，因四川及贵州有民反，地方官吏出于防御需要，在同知沈西序主持下，大规模修城，"悉称巩固"（光绪二十八年《增修仁怀厅志》卷二）。光绪三十四年（1908），改为赤水厅建置后，对城池曾有修缮。

　　1912年以后，因城市发展，曾于赤水城另开新东门与新西门，全城计城门6座。但是，全城墙垣已逐渐破损，无力进行大规模修缮。

　　1949年后，除沿赤水河岸的古城墙因防洪需要加固与加高外，许多地段城墙因城建需要而拆城取石，用以修筑马路以及建造新的建筑，如县委大礼堂的基础等。赤水古城只保留了作为防洪工程的新西门至东门沿河一段长约1500米的城墙。

　　20世纪80年代以后，赤水古城墙受到文物部门的重视与保护。据当地文物部门调查：赤水城墙用红砂料石砌筑，泥土碎石夯里，高4.67米、宽4米、周长1552.67米，设城门4座，城门上建有城楼。城垣现存800余米，西门（聚金门）和北门（天泽门）尚存。1998年，赤水市在城建过程中拆掉位于该市市府路上一段长47米的城墙，引起了省里有关部门的重视。为防止今后再次出现这类情况，遂于同年将古城墙列为市级文物保护单位。1999年，赤水古城垣又被列为省级文物保护单位。

2002年10月，赤水市政府与重庆某公司达成引资协议，投入1200万元购买了古城墙所在处的土地，投入2500万元修建50000多平方米的商住楼及农贸市场。次年3月，当地进行大规模拆迁时，在省文化厅、遵义市文化局的多次制止下，赤水当地政府仍趁夜私拆63.3米古城墙。省文化厅副厅长李嘉琪对此极其愤慨，他说："赤水无视《文物保护法》，急功近利破坏文物，已触犯了法律。"贵州省委常委、副省长王正福还专门就此事做出批示："文物是物化的历史，是不可再生的物品，赤水市政府要充分认识文物保护在国民经济和社会发展中的重要性，进一步加强依法行政和可持续发展的意识"（转自2003年5月19日新华网《赤水私拆古城墙内幕：地方政府漠视的牺牲品》）。之后，在省政府的干预下，赤水市政府才中止了拆城行为。

2009年初，赤水市在《政府工作报告》中将启动修缮和保护老城墙工作列为2009年赤水市政府的八件实事之一。赤水市文化局一位负责人说："我们打算用三年左右的时间，拆除城墙上的房屋"，并修缮和保护好赤水古城墙。

杨国庆

仁怀县城池：明万历中，知县曹一科创修，高三丈，周四百七十五丈八尺。外环以濠。

——清《考工典》第二十二卷，引自《古今图书集成》

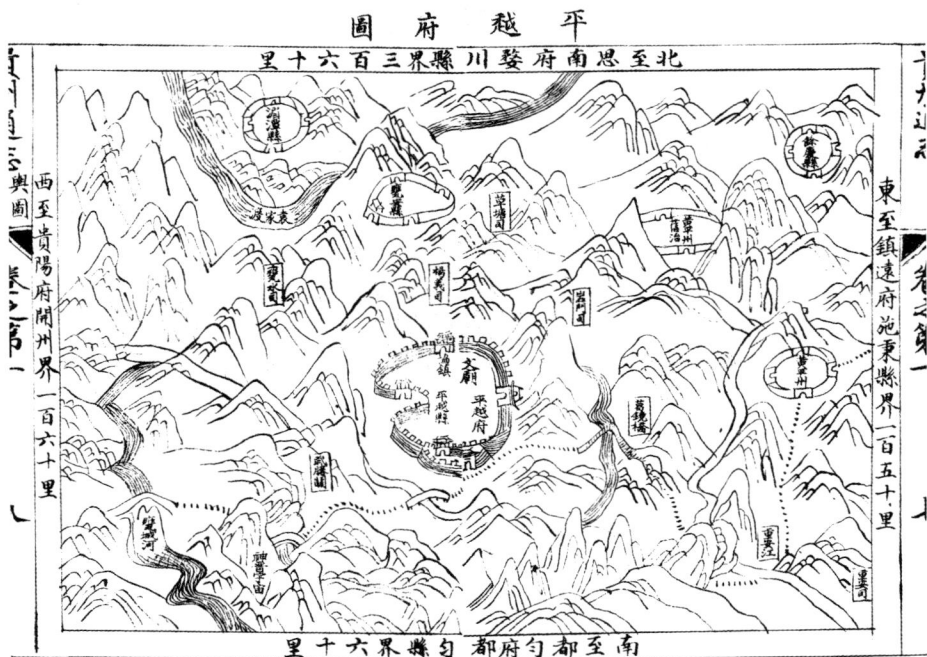

△ 平越府图　引自《贵州通志》吉林大学图书馆藏清康熙三十一年刻本，载《稀见方志丛刊（20）》

　　福泉，旧名"平越"，位于贵州中部、黔南布依族苗族自治州北部。

　　春秋时，为且兰国。秦汉时，设且兰县，为今福泉等地设县之始。隋唐时，为宾化县。明洪武八年（1375），改平月长官司为平越安抚司，"平越"之名即始于此。洪武十五年，今福泉一带设置平越卫，领杨义、麻哈、乐坪、清平、平定等长官司及五所三站七十二屯。此后，建置多有变化，或府或州或县。1913年，裁平越直隶州，改设平越县。1953年，更名福泉县。1996年，撤县设市。

　　福泉境内筑城较早，据《平越直隶州志》载："废竹王城，在杨老驿东半里，古老相传为竹王所建。"所谓"竹王"有此一说：即汉元鼎六年（前111）且兰被灭后，封夜郎侯为夜郎王，俗称"竹王"。传说夜郎王（竹王）降而不服，不久被斩。但是，此说并未被文物部门所确认（如在文物保护名单

△ 福泉城东门　本文照片均由杨国庆摄

中，该城址建造年代为"不详"）。该处城址位于今福泉市城东24公里凤山镇杨老东隅的山上，城墙用青条石垒砌，周长3000余米、高约4.5米、宽3米左右等。1985年，福泉竹王城遗址被列为省级文物保护单位。

福泉筑城，始于明洪武十四年（1381），置平越千户所，由指挥李福开始营建土城。次年，改置平越卫，始为平越卫城并竣工（另据光绪版《平越直隶州志》卷九及卷三十四载，土城筑造于洪武二十四年，今据嘉靖志）。建文三年（1401，有的文献不承认建文年号，仍沿用洪武年号），改筑为石城，周长1400丈、高2.2丈、宽1.5丈。设城门4座：曰"东门"、"威武"、"西门"、"北门"。城门上均建城楼，并建外瓮城3座，城上还建有窝铺（或称"警铺"、"城铺"）45座、串楼1540间。此城的规划与营造中出现最大的问题是：城内用水问题没能考虑周全。因此，在正统（1436～1449）末年，苗族农民起义军围城时，导致城内"人马渴死"。成化二年（1466），在指挥张能的主持下，于城的西隅营造水城，并开城门曰"小西门"。

明万历二十九年（1601），置平越军民府，府、卫同城而治。万历三十一年，知府杨可陶、指挥奚国柱于水城外增建外城55丈，使水经城内，彻底解决了城内用水的问题。外城的城垣跨河而建，在水中建起了石拱桥。石拱桥一共有3个孔，长25米。为了防止敌人偷袭，在桥孔都安置了铁栅和闸门。

外城的城墙上开有小门，以通向城外。在外城中还建起了一道水坝，横跨在河上，这道水坝长43米、宽6米、高2.6米，不仅方便人们行走，并且在坝下设计了泄水孔，水量小的时候，河水从孔道中流过，洪水期间，河水就从坝上翻过。这条小坝的另一个重要功能是：上水（净水）入水城后，一部分被引入城内，一部分被排出水城；而水城坝的出水，来自两部分，一部分是多余的上水（净水），一部分是从城内排放的出水（污水）。这种利用天然河道构成并利于城防的独特水城构造十分精妙，在中国城池营造史上并不多见，具有极高的城墙史研究价值。

崇祯十五年（1642），知府陈绍英主持增修城墙，于城北隅建台，台上建楼，取名"雄镇"，又在全城上建望楼12座。

清顺治十八年（1661）后，守道徐宏业、知府喻全昱先后增修城垣。咸丰、同治年间（1851～1874），平越城为苗族义军所破，并被"久踞"，城垣"颇有残毁"（1948年《贵州通志·建置志》）。同治十一年（1872），州牧王继先请款主持修缮，共修城周9.7里、垛口840座、城楼5座以及雄镇楼。不久，东城及小西门段城墙出现多处坍塌。光绪（1875～1908）初年，在州牧邓在铺、傅大亨、程荣寿、劳炳章、周炳著等地方官吏先后主持下，对平越城先后有过不同规模的补修。光绪二十六、二十七年，州牧瞿鸿锡又先后重建北门及东门城楼。因此，时人对平越城有"崇闳雄丽，固若金汤，为贵东之首"之说。

1912年后，平越城逐渐毁圮。至20世纪60年代时（约1967年前后），甚至人为拆除了大部分城墙。

▽ 福泉城墙垛口

▽ 福泉城墙水关

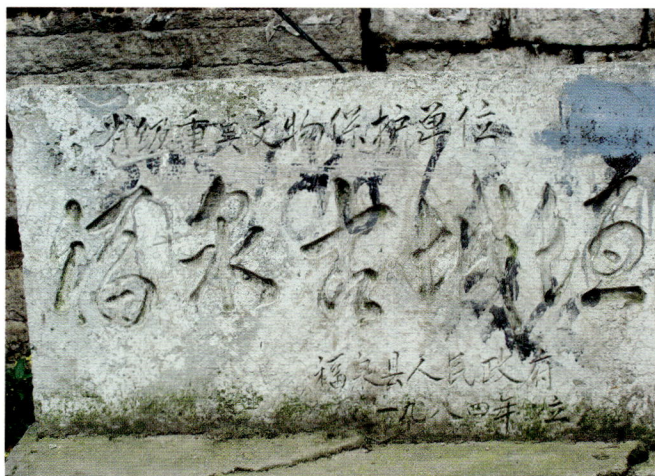

△ 上两图为福泉古城墙文物保护标志碑

　　20世纪80年代以后，据当地文物部门调查：福泉（平越）城仅存外城及小西门旁的一段残垣，水城基本完整（一些附属建筑已毁）。五门除一门倾圮外，其余四门的拱券尚存（城楼已毁）。1986年，原故宫博物院副院长单士元参观福泉城墙后，即兴赋诗一首："明代石城，黔中瑰宝，亲临其境，胜读诗史。"随后，在省、市政府及文物部门重视下，对福泉城墙残段进行了修复加

△ 福泉城墙水关遗址全貌

固，并在福泉城内设立了贵州古城垣博物馆，展示的200多幅照片，介绍了贵州自明以来的城墙文化，包括城垣、古堡、营盘、碉楼、战壕、关隘、烽火台等。

2001年，福泉古城墙被列为全国重点文物保护单位。

杨国庆

平越府城池：明洪武十四年，指挥李福建。三十四年，改甃以石。周围一千四百丈，高二丈二尺，广一丈五尺。城门四，月城三，城楼四座，警铺四十五，城内无水。成化间，指挥张能建水城于西城外，别开一门，曰小西门。万历癸卯，知府杨可陶、指挥奚国柱于水城外，筑外城五十五丈，水经城内，汲者便之。崇祯间，知府陈绍英于城北隅建敌台，名雄镇楼。造望楼十二。平越县附郭。

——清《考工典》第二十四卷，引自《古今图书集成》

▷ 福泉西门

△ 贵定县城图　引自《贵定县志稿》民国八年钞呈本

　　贵定，位于云贵高原东部、贵州省中部，属黔南布依族苗族自治州，是西南地区重要的交通枢纽，素有"黔中重镇"和"贵阳门户"之称。

　　战国末年，其境属且兰国。隋大业二年（606），设宾化县（在今县境云雾镇）。唐贞观年间（627～649），迁宾化县治移至平越（福泉），另置多乐县于今贵定昌明镇。此后，建置、隶属及辖地均有变化。明时，仍保留元代的土司制度，但时有增废以强化中央集权。万历三十六年（1608），取新贵县之"贵"、定番州之"定"两字，新建贵定县。此后，虽隶属、辖地等均有变化，但县治及县名则沿袭至今。

　　贵定历史上疑有三次大规模的异地筑城，其中两次属于设立军卫所和地方县治所筑，另一次为民间盛传为吴三桂所筑的"皇都"城。

　　贵定筑城，最早始于宋，"宋时，（贵定）为蛮所据，城而守之，因号麦新城"（1964年《贵定县志稿》《贵定建置沿革考》），此城后更名为"新添城"。

明洪武二十二年（1389），镇抚王璧主持修建土城。至明洪武二十三年，因设新添卫，该城性质始为卫城（旧志所称"贵定县城原为新添卫城。明洪武二十二年，镇抚王璧建土城"，引自咸丰二年《贵阳府志》卷三十四）。自正统年间（1436～1449）至隆庆五年（1571），该土城均由驻军修筑。万历十三年（1585），巡抚舒应龙、巡按毛在、参议王恩民、从驻镇胡考、从指挥陈尚仁等商议后，开始大规模改筑城池，土城始甃以石，城周7.3里，计1142丈（《考工典》记为：周围1070丈），高1.1丈。设城门4座：东曰"熙春"，西曰"延秋"，南曰"武阳"，北曰"肃远"，各城门均建城楼；在西、北二门还建有外瓮城（月城），不久在其上也分别增建了城楼。

明万历三十六年（1608），因新置贵定县，县治于45里之外另筑新城（即今旧治镇古城村，亦称"旧治古城"）。全城设城门4座，每座城门相距"百余丈"，均建城楼。城墙墙体为当地条石、块石以及部分城砖砌筑（详情见明·邱禾实《建设贵定县碑记》，转引1948年《贵州通志》）。清康熙二十六年（1687）后，虽因裁卫归县，城池内并无旧治，但在雍正、乾隆年间（1723～1795），贵州巡抚张广泗数次"征服"古州生苗，皆由贵阳取道旧治，军事较为便利（引自《通鉴辑览·地理志》《贵阳府志》）。不久，此城

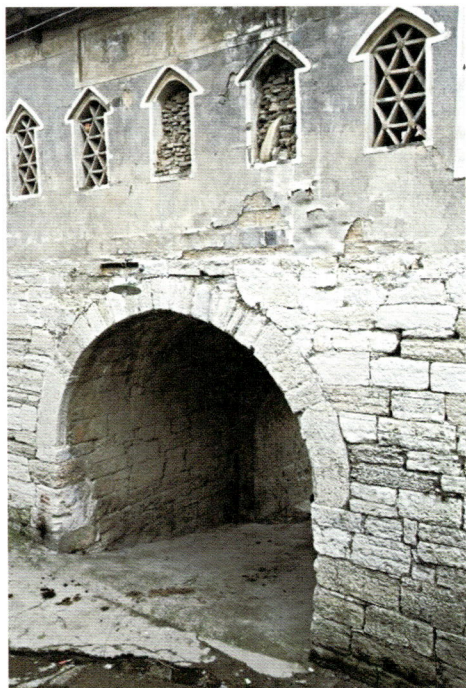

▷ 旧治古城城门 李哲提供

逐渐荒废。20世纪80年代以后，据文物部门调查显示，该城仍较为完整地保留了600多米的城墙，仍保存南门城楼和西门拱券，南门曰"朝阳门"，西门曰"西安门"。1982年，该城以"旧治古城楼"之名，被列为县级文物保护单位。

清康熙二十六年（1687），因裁新添卫，并其属地归贵定县，遂迁县治于旧新添卫城，并大规模采用条石及块石修缮城垣。道光十八年（1838），因贵定城池年久失修，针对史家湾、菖蒲坎、南山寺等数处城墙段均出现损毁程度不等的情况。署知县俞汝本主持重修城垣，并增添南门、北门的城楼，加高东门、西门的城楼，将西门外瓮城的瓮门取名为"庆丰"。

1912年以后，贵定城墙逐渐毁圮，甚至被大规模拆除。如今，贵定城墙的地面建筑基本无存，昔日的部分护城河尚存，如西门河等地段。

21世纪初，在距贵定旧治古城约13公里的沿山镇尤溪村发现了一座自清朝以后被称为"皇都堡"的城址，却不见文献记载。沿山镇尤溪村，由五个自然村寨组成，其中距该城址最近的皇都堡、尤溪堡二寨，村民均为汉族，而其他三寨，寨民基本是布依族。当地口碑称：该城是平西王吴三桂建造的，为起兵反清而备的一座皇都城。当地民歌云："大田大坝谷子黄，我乡来了平西王；修起皇都城一座，指挥兵马练刀枪"（转引杨启刚、李纪林《吴三桂曾在贵定暗建"皇都"？》，载《中国民族报》2003年10月14日）。这座城址为依山而建，现残存高约3米的南城门石质拱券，西边的城墙墙基等地面建筑保存尚可，而四周残垣断壁依稀可见。

附：

明清时，地处贵州黔、桂两省古道沿线明时期的屯堡、卫哨遗址，还留下相当一批。据贵定县不完全统计，被先后列为县级文物保护单位的还有：龙山营（1982）、威远营和九龙营（1987）。

杨国庆

贵定县城池：旧为新添卫城。明洪武二十二年，镇抚王璧建土城。万历十三年，巡抚舒应龙、巡按毛在、参议王恩民甃以石。周围一千七十丈，高一丈一尺，宽八尺。门四：东曰熙春，西曰延秋，南曰武阳，北曰肃远，城楼四座，月城西、北二座。康熙二十六年，裁卫并县，迁县于此。

——清《考工典》第二十四卷，引自《古今图书集成》

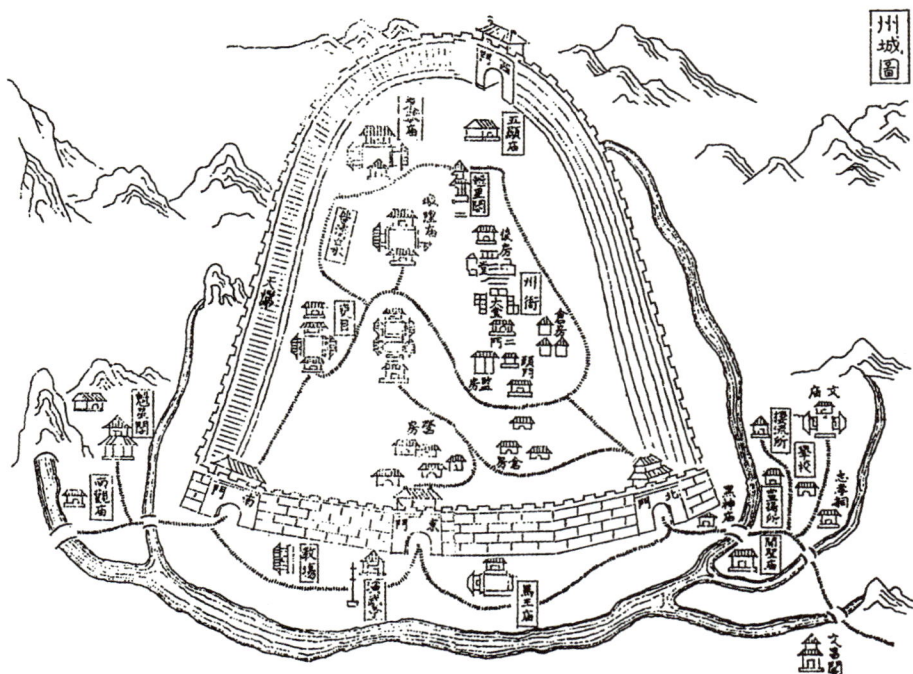

△ 普安州城图　引自《清乾隆普安州志》清乾隆二十三年刻本，载《中国地方志集成·贵州府县志辑（15）·清乾隆普安州志》

盘州市（原盘县），古称"普安州"，位于贵州省西部、六盘水市西南部，是贵州的西大门，地处贵州通往云南的交通要道，素有"黔滇咽喉"之称。

盘县其境，古为夜郎地，汉代属宛温。唐贞观八年（634），置盘州。元代，置普安路。明洪武十五年（1382），卫府并设，改路为府。永乐十三年（1415），废普安安抚司，改置普安州。清康熙二十六年（1687），裁普安卫并入普安州。嘉庆十六年（1811），改普安州为普安直隶厅。宣统元年（1909），置盘州厅。1913年，改州为县，始称盘县。1970年，撤销盘县建制并入盘县特区。1999年，盘县特区复名盘县。2017年，盘县撤县设盘州市。

普安筑城，始于元至元十四年（1277），为招讨使司治所以后，初为土城（位于今旧普乡政府驻地南侧500余米处）。后为普安府、普安军民府等官衙等治所沿用。洪武二年（1369），疑曾对该城有过修缮（关于普安早期的筑城活动，文献记载颇为混乱）。洪武二十五年建普安卫城后，卫治移驻，原治所从此逐渐衰落。

明洪武二十一年（1388），原治所毁于兵火。次年，普安卫指挥金事郑环等主持于番纳牟山之阳的雄镇山（与旧治东、西相距约30余里），"创立城基"（明嘉靖二十八年《普安州志·兵卫志》），初围"排栅"为城，尚未筑土城。洪武二十五年，在普安卫指挥使王威主持下，"始筑土城，用石包砌。其城垣制度皆因山形"，西高东下为之，东北一面平坦。城墙周长8.5里（计1497丈）、高2.3丈、宽1.6丈。设城门4座：东曰"雍熙"，南曰"广居"，西曰"崇仁"，北曰"镇远"（建有城楼，且兼作为鼓楼使用）。护城河因城外地形险峻及城门等处未设外，其他地段共开挖1里2步（至嘉靖二十八年时，该护城河由于多年没有疏浚，已"皆为平地"）。在城上还建有城铺（即窝铺）24座、敌台3座，全城由驻地卫、所共同守御。当时，朝廷为加强对该地的管控，除营造普安卫城外，还在周边先后建造了所城4座，即平夷千户所城（洪武二十一年建）、安南千户所城（洪武二十年初建，六年后改建）、乐民千户所城（洪武二十二年建）、安笼守御千户所城（洪武二十年初建，三十一年改建）。万历十四年（1586），普安州治迁入普安卫城，形成州、卫二治共用一城的时期，对城池的修缮、防御均有所增强。如弘治年间（1488～1505），"米鲁之乱"（米鲁是普安州土官判官隆畅的妻子）时，由于指挥杨芳"得古人之法，与士卒同甘共苦。米鲁之乱，普安城郭赖以保全"（明嘉靖二十八年《普安州志·兵卫志》）。

清康熙二十六年（1687），裁卫入州，始为州城（乾隆二十三年《普安州志》卷六）。康熙、雍正年间（1662～1735），因避年号讳，改东门名"雍熙"为"会政"。此后，城墙虽屡有损毁（主要是暴雨等自然灾害），但在地方官吏主持下，基本得到及时修缮。如：道光十一年（1831），大雨毁坏东门段城墙，在同知主持下，动用库银及时修葺坍塌的数十丈城墙。道光十六年后，城墙因久雨导致先后坍塌199.9丈。此后，民众为防战乱，自购箩筐填以碎石、河沙置于缺口，再在其中排以巨木以固。由于西门段城墙山势虽高，但城墙低矮，故普安直隶厅在咸丰年间（1851～1861）先后两次破城，均发生在此段城墙。同治元年（1862）后，同知钱壎劝捐主持修城，计修缮西门段城墙88.8丈，增高3～5尺不等，并修复南门炮台。光绪二年（1876），同知俞渭主持捐资修城。光绪十二年，同知曹昌祺主持修补、修葺西门及南门段城墙和城楼（光绪十五年《普安厅志》卷五）。光绪二十四年，同知李大椿以东、南二

△ 普安卫城墙北门　李哲提供

门无城楼，遂捐资创建。同时，对全城不固之处进行了修缮，又于西炮台上建石碉堡，取名为凌云阁。光绪三十年秋，连日暴雨再毁西北及西南两面城墙，垛口、炮台也多有损毁。同知方峻主持修复。光绪三十三年至宣统三年（1907～1911），盘州厅城多次因暴雨毁城，多处地段坍塌。在地方官吏主持下，均得到修葺。清代数次修城，有的遗有修城碑记，见载于地方志。

1912年以后，盘州城墙逐渐毁圮，甚至被大部分拆除。

20世纪80年代后，在地方政府重视下，昔日普安城墙残段得到保护。1981年，普安城墙北门楼被列为县级文物保护单位。1990年，元代普安路治遗址、明代普安卫古城垣及清代狗场营营城遗址，均被列为县级文物保护单位。

杨国庆

普安州城池：即旧普安卫城。明洪武二年建，周四百九十七丈五尺，高一丈八尺，宽一丈六尺。为门东、西、南、北四。

——清《考工典》第二十四卷，引自《古今图书集成》

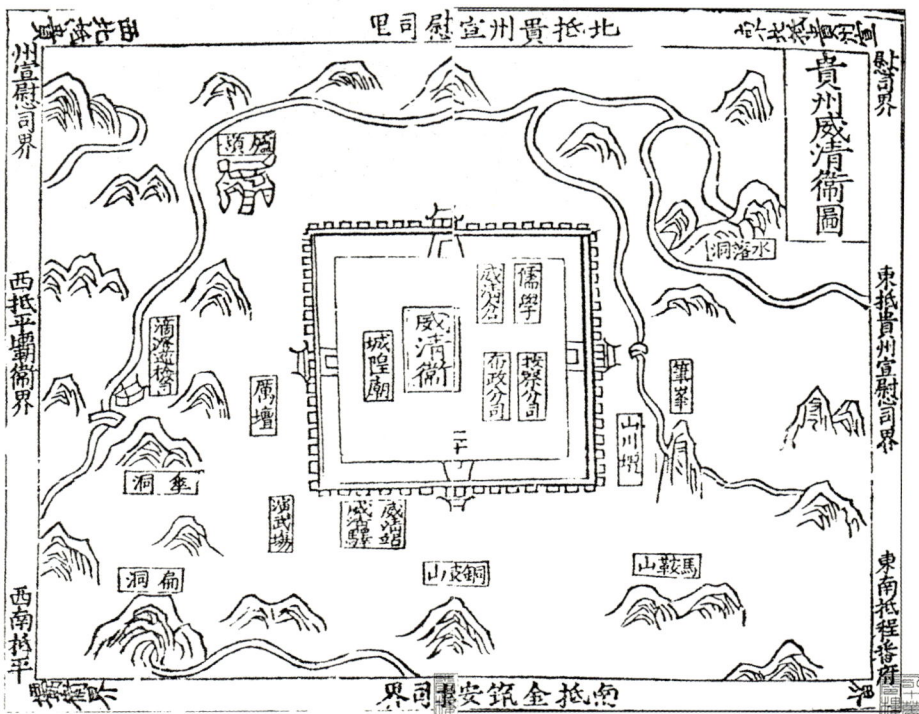

△ 贵州威清卫图　引自《贵州通志》明嘉靖刻本

　　清镇，位于贵州省中部，距省城贵阳22公里。

　　古时，清镇县地为牂牁、夜郎境。唐宋时，属蛮州清州地。元至元十六年（1279），置八番宣慰司。至元十九年，置顺元等处宣慰司。次年，立亦溪不薛宣慰司。明洪武二十一年（1388），置威清站（今清镇市区新华路）。洪武二十三年，分贵州宣慰司置威清卫，隶于贵州都司。崇祯三年（1630），置镇西卫（今卫城镇）、赫声所（今茶店）、威武所（今甘沟）。清康熙二十六年（1687），裁去威清卫、镇西卫和赫声所、威武所，以其辖境合并置县，定名为清镇县，治所于威清卫城（今清镇市区），隶安顺府。1992年撤县设清镇市，后改属贵阳市。

　　清镇筑城，始于明洪武二十六年（1393），由威清卫指挥焦琴主持营建，属威清卫城。城墙采集当地石料砌筑，周长796丈（据嘉靖志称，长度为

765丈）、高1.5丈、宽1丈。建城门4座：东曰"安阜"，南曰"振武"，西曰"长宁"，北曰"安远"。除城门均建城楼外，还建角楼1座。万历十三年（1585），威清卫城年久失修，损毁严重。副使郑秉厚主持大规模修城。此后，该城也因修缮不及时，多处地段毁圮。崇祯三年（1630），因在周边置镇西卫、赫声所、威武所，故先后筑造城池。

清康熙十一年（1672），对旧卫城进行重修。康熙二十六年（1687），裁卫改县治后，始为县城。乾隆二十七年（1762），知县诸元亮奉命主持大规模修城，资金来源于库银。修筑的城墙均甃以石，周5.7里，计长856.5丈，工程于次年竣工。道光二十六年（1846），知县周溶捐资主持修补城墙。又于四门内建造卡房，派兵把守，"较前称巩固"（咸丰元年《安顺府志》卷三十）。咸丰六年（1856），由于城内人口剧增，知县谭葳本与乡绅、商人开始筹备修筑外城。外城的修筑始于咸丰八年三月，竣工于同治元年（1862）十一月。外城周长406丈，"形势、尺度与内城等"，建东、西城门各1座。"内、外二城，共一千二百余户，商市旅店悉在外城"（1948年《贵州通志·建置志》）。自此，清镇县两重（外城并未合围）城墙的规制确立，城门为6座。

1912年以后，清镇县城墙由于年久失修，从开始规制尚算完整，到后来逐渐毁圮。

1949年以后，清镇城墙因市政建设需要，被大规模拆除。

附：

镇西卫城 位于今清镇市西北，始建于明崇祯三年（1630）。由总督朱燮元提请于此设镇西卫而筑城，城墙周长约四里。康熙二十六年（1687），撤卫并入清镇县。但是，由于地处贵阳经清镇前往毕节、四川的驿道上，该城始终被当地所使用。据民国版《清镇县志稿》载："城今尚完好，开四门，内分东、西、南、北四大街及数小街，城墙为石砌，设有炮楼。"其实，城墙虽被长期使用，但经清末以后的历次战乱，城墙已残缺不全。

20世纪80年代以后，据当地文物部门调查，镇西卫城尚存东门部分（南门至东门一段长约500米城墙）外，其余残缺不全。1988年，建造于明代的镇西卫城墙遗址、威武所城墙遗址、赫声所城墙遗址，均被列为县级（后改为市级）文物保护单位。

杨国庆

清镇县城池：即旧威清卫城。洪武二十六年，指挥焦琴筑，周围七百九十六丈，高一丈五尺，宽一丈。城门楼五座。康熙二十六年，裁卫改县治后，复屡加修葺。

——清《考工典》第二十四卷，引自《古今图书集成》

△ 铜仁府城图　引自《道光铜仁府志》清道光四年刻本，载《中国地方
志集成·贵州府县志辑（45）·道光铜仁府志》

　　铜仁，位于贵州省东北，地处武陵山脉中部，因其高原山水、曲径通幽
的独特魅力，而被誉为"桃源铜仁"。

　　春秋战国以前，铜仁境内的建置未见文献确切记载。此后，虽有零星记
载，也散见于相关史籍。元代，设置"铜人大小江蛮夷军民长官司"，隶属思
南宣慰司。相传元朝时，有渔人在铜岩处，得儒、释、道铜人三尊，故名"铜
人"，后更名"铜仁"。明永乐十一年（1413），撤思州、思南宣慰司，于今
境地设铜仁、思南、石阡、乌罗四府，均隶属于由此而设置的贵州布政使司。
正统三年（1438），废乌罗府，其大部并入铜仁府。1913年，改府为县。1987
年，撤销铜仁县，设立铜仁市（县级）。2011年，设立地级铜仁市。

　　铜仁筑城较晚，明永乐十一年（1413）因设铜仁府而树栅为防，始为城
墙雏形。明正统十四年（1449），洪江苗民起义时，栅栏及知府署被焚烧殆

尽。景泰二年（1451），知府朱鉴始筑土城，城周758丈，约3里许。设城门4座：东曰"照明"，南曰"安阜"，西曰"伏远"，北曰"长宁"，门上各建城楼。弘治十八年（1505），知府刘瑜修葺旧城，并增筑北门城墙135丈。正德七年（1512），知府周汝端增筑迤西一带临河的土城。嘉靖九年（1530），因三省苗民反叛朝廷，引起包括铜仁府在内的地方官吏重视城墙的修缮。自嘉靖十三年、二十二年、二十八年，在知府敖文祯、李资坤和李允简相继主持下，不仅增筑东北府城369丈，总长为936丈、高1.6丈，还将土城改筑为砖石城，在有的地段挖有较深的护城壕（无水）。设城门7座：东曰"景和"（后亦称"迎旭"），上南曰"来禧"（后亦称"朝宗"，俗名"江宗"），中南曰"文昌"（后亦称"承薰"），下南曰"迎薰"（后亦称"文明"），西曰"阜成"（后亦称"阜安"），上西曰"宾阳"（后亦称"永清"，俗名"便水"），北曰"拱辰"（后亦称"怀远"）。全城建串楼803间、垛口1736座。万历三十年（1602），城墙被洪水冲塌。灾后，巡抚郭子章发官银590余两，行文驻铜仁兵巡道副使路云龙、知府何大缙、知县何三让等官吏主持修城，并增建铜仁县土城于府城之北。万历三十五年，铜仁府城再次遭遇洪水，城墙多处坍塌。巡抚冯奕垣又发官银900余两，加上当地军、政官吏的捐俸，大规模进行修城，拆除城上全部串楼。并将旧城加高3/10、加厚2/10，修建垛口3264座、城楼7座、角楼4座，城墙共计1088丈。同时，还将县城增扩至1100丈，称之"工筑坚实，雉堞嶙峋，卓冠黔中"。后增建新东门、后水门（亦

▽ 修缮后的铜仁城中南门及城楼 李哲提供

称"咸宁")两处水门，全城合计九门。至崇祯（1628~1644）时，因年久失修，城垣多有损毁，城门减为8座，城楼也曾先后毁圮。

清顺治十五年（1658），知府梁懋宸主持重建上南门、中南门、下南门的城门及城楼。修城经费皆取自地方官吏的捐俸，"不费民间丝粟"（道光四年《铜仁府志》卷三，此事所载为"顺治七年"，与《考工典》有异）。康熙九年（1670），修补铜仁城墙。乾隆三十七年（1772），重修上南门城楼。道光三年（1823），知府陈兆熙主持修城。同治五年（1866），知府陈枚主持修城时，增筑东北门炮台2座、各城门小炮台28座，城墙上"每垛十，修硝棚一。共棚一百七十三"（1948年《贵州通志·建置志》）。光绪十二年（1886），知府王宪增主持修补城墙。

1912年以后，因战乱防御需要，在铜仁城墙中南门和新东门各增筑两座门楼碉堡。

1949年后，因铜仁城市建设等因，人为拆除大部分城墙。20世纪80年代，据文物部门调查，江宗门至中南门一带城墙尚存（无城垛，现砌有类似城垛的女墙），江宗门的城门券洞尚称完固。

1981年，铜仁旧城垣遗址被列为县级文物保护单位。2006年，铜仁市东山古建筑群被列为全国重点文物保护单位。该项目包含了现存的铜仁古城墙及两座城门，该段城墙多临水而建，皆以料石砌筑，自东山—江宗门—后水门，全长1800余米。同时，城门外的四座码头也在保护之中，其中明清时代中南门码头，位居铜仁各大码头之首，现仍在使用。

杨国庆

铜仁府城池：明景泰二年，朱鉴建土城。嘉靖二十二年，知府李资坤扩大之，砌以砖石。二十八年，思州知府李允简重修城，周围三百六十九丈，高一丈六尺。门七：东曰景和，上南曰来禧，南曰文昌，下南曰迎薰，西曰阜成，上西曰宾阳，北曰拱辰。铜仁县附郭。

——清《考工典》第二十四卷，引自《古今图书集成》

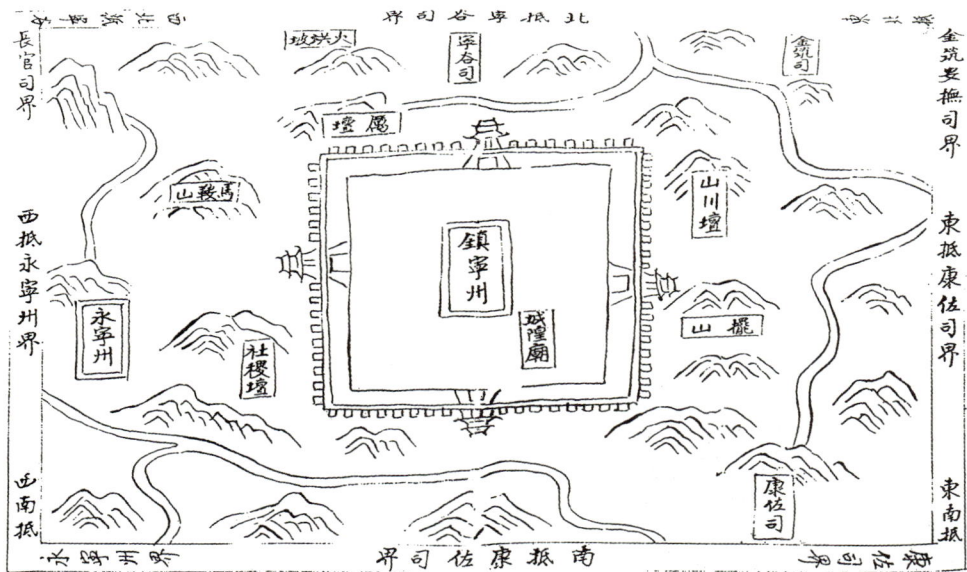

△ 镇宁州城图　引自《嘉靖贵州通志》明嘉靖三十四年刻本重钞本复印，载《中国地方志集成·贵州府县志辑（1）·嘉靖贵州通志》

　　镇宁，全称"镇宁布依族苗族自治县"，位于贵州省中丘原西南部，著名的黄果树大瀑布在其境内，自古有"黔之腹，滇之喉"之说。

　　镇宁，古为夜郎国领地。元至正十一年（1351），其境置和宏州。明洪武十八年（1385），改和宏州为镇宁州，自此，"镇宁"一名代相沿袭。而州的建置则沿袭至清末。1913年，改州为县。1963年，成立镇宁布依族苗族自治县，延续至今。

　　据《明史》载：明洪武十五年（1382），安陆侯吴复攻克墨定苗人所置吉纳寨堡。次年，吴复所部就吉纳寨堡筑城，以寨堡内的"安庄石"定名"安庄"。洪武二十三年，设立安庄卫。洪武二十五年（《考工典》则称"洪武二十二年"，有误），指挥陆秉主持大规模建造安庄卫城，并甃以石。自"南至程家院，东至起凤街，北至蔡家坡，西包水塘街"，城墙周长480丈（1948

◁ 镇宁古城墙　李哲提供

年《贵州通志》转引明嘉靖志，称其长度为780丈）。开筑城门4座：东曰"朝阳"，西曰"镇夷"（《考工典》称"镇彝"），南曰"永清"，北曰"迎恩"。嘉靖十二年（1533，另1947年《镇宁县志》卷二则称此事为明万历三十年，此据咸丰元年《安顺府志》），迁州治于安庄卫，州、卫同城而治。

　　清康熙十一年（1672），裁卫并州，安庄卫城始为镇宁州城。但是，旧卫城不仅范围狭小，关键城内生活用水（如无"水井"）匮乏。在南明残部安邦彦、孙可望两次率部围城时，卫城内的供水问题尤为突显。乾隆三十年（1765），知州邬绍文有鉴于此，"先自捐白金万两，以助"筑城，又申请库银作为筑城补充经费，总计估算耗银25566两（引自邬绍文《重修镇宁州城记》）。原先卫城"俱用毛石垒砌"，中间为夯土。邬绍文此次拓建的城墙，墙身正面全部用新石，估银19955两。城"围玉带河及三元井、四方井、鲁家井、沙家井于（城墙）内"（1947年《镇宁县志》卷二）。城墙"皆甃以白石，晶洁如银"，故被俗称为"银镇宁"，历时两年竣工。该城周长5.8里多，若加外瓮城及水关等附属建筑，城垣总长1134丈，城墙"连垛墙高一丈七尺，以合体制"（邬绍文：《重修镇宁州城记》）。开筑城门4座：东曰"迎阳"，南曰"文明"，西曰"爽挹"，北曰"瞻阙"。在当地民谚流传的"安顺的牌坊，镇宁的城墙"，实始于此，并非明洪武（1368~1398）时的安庄卫城，并被当时的堪舆家认为城址的风水极佳。道光三十年（1850），镇宁州城因年久失修，城墙坍塌约70余丈，四门也"朽坏不堪"。在署知州石均带头捐俸下，地方官吏及乡绅和百姓捐资修补城墙。同治五年（1866），镇宁遭遇兵火，城墙多处坍塌，城楼多被焚毁。同治十年，知州符星主持全城战后的复建，认为"镇宁城垣，甲于上游。石色晶莹，砌工致密，四面一律整齐"，城墙"非不坚固"（符星：《重修镇宁城垣及四门楼叙》）。但因遭遇战火，"城中无人楼止"，城墙及附属建筑损毁严重。遂申请拨库银大规模加以修缮。同时，对镇宁城被损毁的上下水关也进行了修缮。竣工后，李昶元撰有《重修镇宁上下水关记》，详述其事。

1928年，因修筑公路途经镇宁城东，县长陈立生遂在该段城墙上新开三孔拱券的镇兴门，以便与公路衔接。工程尚未竣工，陈立生就于次年元旦在镇兴门前主持盛大的"落成典礼"。此后，陈立生调任，继任县长李刚续修。后因"军兴中止"。1932年正月，镇宁县知事李超然提出：开通镇兴门，"于城不利。而前之所谓合形势，当元运者。此时亦赞成封闭。当即兴工，拆毁修复墙垣"（1947年《镇宁县志》卷二）。1939年，由于不断有侵华日军飞机骚扰镇宁，导致"城中疏散困难，南街民众请求复开"镇兴门。县长杨化育应民众之请，又复开镇兴门三座拱券的中拱，并在其上悬城门额为"中正门"。

1949年后，镇宁城墙逐渐毁圮，甚至被大规模拆除，仅余部分残墙。

20世纪80年代以后，在地方政府重视下，地面残存的镇宁城墙（约460米）得到保护。1985年，镇宁城墙被列为省级文物保护单位。

杨国庆

镇宁州城池：即安庄卫城。明洪武二十二年，指挥陆秉建，周围四百八十丈。为门四：东曰朝阳，西曰镇彝，南曰永清，北曰迎恩。嘉靖十二年，改迁州治于此。康熙十一年，裁卫并州。

——清《考工典》第二十四卷，引自《古今图书集成》

△ 镇远府图　引自《贵州通志》吉林大学图书馆藏清康熙三十一年刻本，
载《稀见方志丛刊（20）》

　　镇远，位于贵州省东部武陵山区，是贵州的东大门，素有"欲通云贵，
先守镇远"之说。1986年，被列为国家历史文化名城。

　　自秦昭襄王三十年（前277），境内设谭城县。此后，境内先后设或改县
名为"无阳"、"梓姜"、"安夷"等。元至元十四年（1277），置镇远沿边
溪洞招讨使司，至元二十年，改设镇远军民总管府。明洪武四年（1371），设
镇远州。洪武二十二年，增设镇远卫。永乐十一年（1413），置镇远府。正
统三年（1438）镇远州入镇远府。弘治十一年（1498），置镇远县。1949年
后，复改为县（曾为黔东南苗族侗族自治州府）。1958年，迁州治于凯里，
仍为县政府所在。

　　镇远最早筑城详情不明，据文献记载，许多古城始建于明。而明代镇远
城则先有卫城，后有府城。除这两座城垣外，在明清时期，其境内还先后建有

镇远县城（万历十九年建，后改为学宫）、施秉县城（原为偏桥卫城。康熙二十六年裁卫并入县，移县治于此。洪武二十三年筑，后圮）、胜秉城（施秉县城旧址，后圮）、新城（崇祯四年筑，后圮）、天柱县城（原为所城，万历二十八年改为县城）、清江城（清雍正九年建土城，十一年改建石城，后圮）等。

镇远的卫城与府城，为舞阳河所隔，南岸为卫城，北岸为府城，故有"一水分两城"之说。分述如下：

镇远卫城　始建于明洪武二十二年（1389），因设卫在五老山下营造城垣，周长3090米、高4.3米、顶宽2.6米（据2008年《镇远县文物志》第37页），全城筑有垛口1872座。设城门5座：东门、西门、南门、上北门、下北门。另据乾隆五十七年《镇远府志》载：镇远卫城"周九百三十丈。门六、水门二，炮台九"。康熙二十六年（1687），裁卫并入镇远县，旧城遂"武官居所。驻营设卡，而建总兵、参将、游击等署于其中"。因城墙濒临舞阳河，一旦暴发洪水，城墙的条"石即松陷，时修时圮，民甚苦之"（《重修护城堤碑记》，该碑镶嵌在上北门以西100米处，碑高1.7米、宽0.93米，至今仍存）。为防洪水之扰，由官民多次集资修城。并且还从上北门主城墙以上100米处的

▽ 镇远城门及城楼　本文照片均由肖巍摄

△ 卫城垣文物保护碑

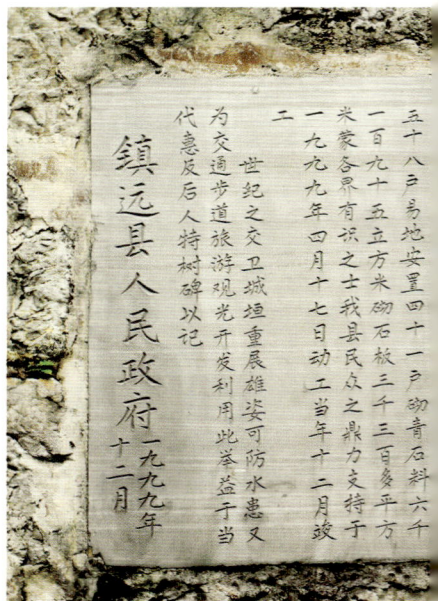

△ 卫城垣维修碑记

贵州省重点文物保护单位

卫城垣

贵州省人民政府一九八五年十一月二日公布
镇远县人民政府
一九九九年十二月立

△ 镇远古城墙

卫城垣维修碑记

镇远卫城垣始建于明洪武二十二年（一三八九年）原卫城垣沿潕水东西伸展南跨五老峰围城城垣周长五公里高八米三宽二米八垛口一千八百七十二个城门六座炮台九本城墙内有马道通达历六百余年城垣损坏严重多年失修占墙道筑造市墙依其中为保护名城宝贵...

△ 镇远古城垣文物保护碑

△ 镇远古城墙

◁ 卫城垣城墙

外侧，修筑了一段副城墙，以加固主城。该段副城墙高2米、宽1.5米。在城西门和上北门外码头上侧，垒石修筑了三道半弧形的防洪堤，曰"护城堤"，分别长22～26米，最宽处4～6米，高4米。据《镇远县文物志》载：1936年，专员华洸曾主持对城堤进行过修缮，计30余丈。后因年久失修，仅存西门至新大桥一整段，包括上北门、下北门及三道护城堤，全长约1.5公里。1948年时，卫城墙垣"现多坍塌"（1948年《贵州通志·建置志》）。1999年，当地政府及文物部门修缮了该段城墙，并修复了上、下北门的城楼。

镇远府城　据文献记载，始建具体年代较为混乱：有元初建城于屏山之上，明正统三年（1438）迁治于山南麓建城说（嘉靖版《镇远府志》）；有嘉靖三十年（1551），都清兵备赵之屏、知府程燝建城说（1948年《贵州通志》）；有明正德十三年（1518），知府程燝于治西木家湾，跨江据崖甃城说（乾隆版《镇远府志》）；还有明正统十四年（1449），兵备道赵之屏、知府程燝筑城说（见《古今图书集成·中国历代考工典》，江苏古籍出版社，2003年）等。今据1965年贵州省图书馆复制清乾隆版《镇远府志》、2008年《镇远县文物志》等文献所述：镇远府城，建于明正德年间（1506～1521），因"生苗劫掠，知府程燝于治西木家湾，跨江据崖甃城"，建城门3座：东曰"铁山"，南曰"永安"，西曰"定西"，均建有城楼。该城周长初为45丈、高1.5丈，后又不断有增建。至万历二十一年（1593，《考工典》称"万历十一年"）时，巡按冯奕垣捐赎银600两，下文知府张守让于木家湾城外筑石城，全部采用方正青石砌筑，周长120丈。此次增修，当为镇远府城之扩建增固工程，并奠定了镇远城墙的基本规模。崇祯十五年（1642），知府张宗炜（清《考工典》记为"张宗伟"）又于西门临关矶上砌石为台，高1丈左右。不久，东、西两座关门倾颓（据乾隆版《镇远府志》）。

清康熙十年（1671），知府张维坚主持重修城墙。此后，在朝廷支持和地方官吏重视、主持下，对镇远府城墙进行过多次修缮和增建。至晚清时，镇远府城被称为"屏山为城，舞水为池，金汤之固，其无逾于斯乎"。

1912年以后，镇远城墙逐渐因年久失修而毁圮，甚至人为拆除了天后宫西侧舞阳河岸边至石屏山顶约500米一段，仅余部分石质城基。

20世纪80年代以后，在地方政府和文物部门重视下，对残存的镇远城墙进行有效保护和局部修整。如今，自石屏山顶至东端悬崖顶部约1.5公里，除局部损坏外，其余（包括一些附属建筑）基本保持完好。

1985年，镇远古城垣被列为省级文物保护单位。

附：

青溪古城垣　位于镇远县城东近40公里的青溪镇，始建于明洪武二十三年（1390），因设青浪卫而筑造卫城，"计九里三分，城门三硐"（康熙二十三年《青浪卫志·城郭》）。后部分毁圮，甚至被拆除。

20世纪80年代以后，该城垣尚存两段，总长约2.5公里。1986年，青溪卫城垣被列为县级文物保护单位。

杨国庆

镇远府城池：明正统己巳，兵备道赵之屏建议筑城。知府程爝于治西木家湾跨江据崖，甃城四十五丈，高一丈五尺，堞口七十六个，城楼一座。万历癸末，巡按冯奕垣檄知府张守让于木家湾城外筑石城，一百二十丈。治右樵採小径为石圈硐门，又于治右老虎卫空凹处，垒石塞之。崇祯壬午，知府张宗伟又于西门临关矶上，砌石为台，高丈许，东、西两关。镇远县附郭。

——清《考工典》第二十四卷，引自《古今图书集成》

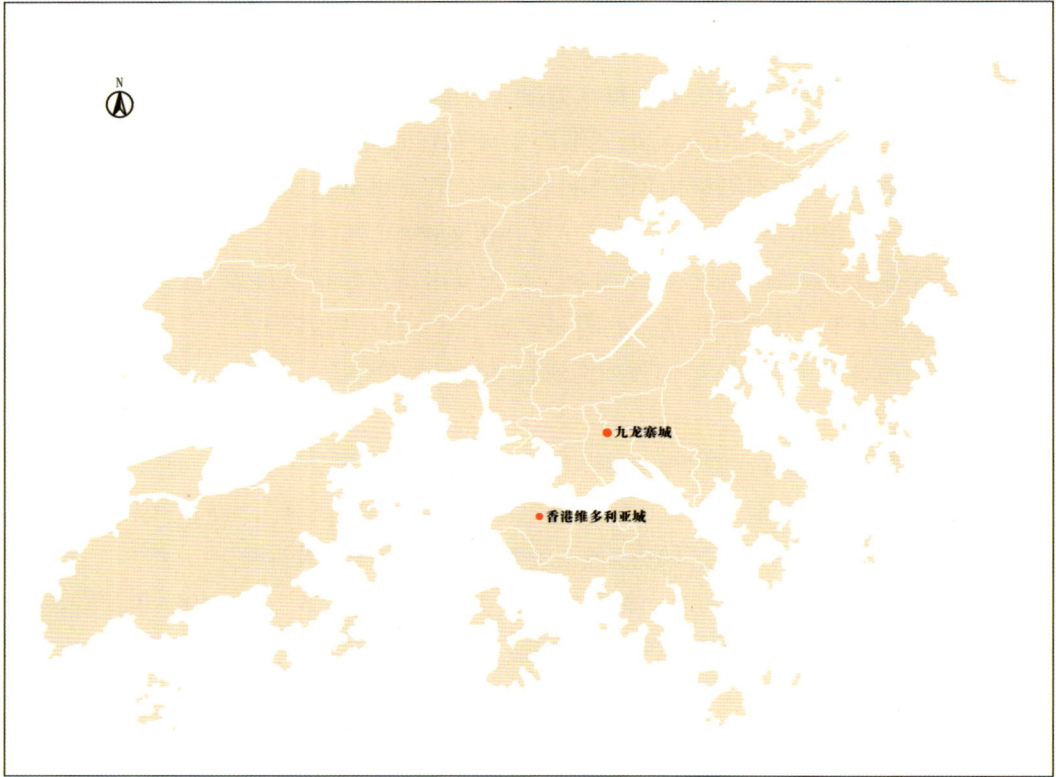

香港

△ 九龙城寨地图 陈祥存绘

　　九龙寨城，又称"九龙砦城"，位于香港九龙半岛东北角，毗邻今日的九龙湾，历史上曾具有一定的战略意义。

　　九龙寨城早期建置，至少可追溯至宋代（960～1279），时设有盐场驻军。清康熙七年（1668），朝廷于毕（笔）架山上设九龙墩台。康熙二十一年，改为"九龙汛"。道光二十二年（1842），英国对香港岛实行了殖民统治，惟九龙汛仍归属于中国。道光二十七年，清政府扩建九龙汛为九龙寨，并将原驻守大鹏湾的大鹏营调防于此，以防范对岸维多利亚城（香港城）内的英军。光绪二十四年（1898），据《展拓香港界址专条》九龙半岛与新界由英国实行殖民统治。在清政府的坚持下，九龙寨城仍归满清管辖，是清朝官员办公的地方，成为英国殖民统治范围内的中国一处飞地。次年，英国入侵寨城，驱除清政府官署，但未实施行政上的管理。此后直到20世纪80年代，由于香港警察、殖民地政府无权进入，中国的政权无法管理，九龙寨城顿成"三不管"（即中国不管，英国不管，香港不管）的地带，逐渐形成世界著名的贫民区和罪犯的"天堂"。历代中国政权都就寨城主权问题对英国多次进行过谈判，终无结果。1993年，九龙寨城被拆除。1995年12月，于寨城遗址建成九龙寨城公园。1997年7月1日，随着英国将香港主权和治权移交中华人民共和国，九龙寨城同时归属香港特别行政区。

九龙寨，最早筑城缘于清早期的炮台。清康熙七年（1668），清军于毕（笔）架山上设九龙墩台。嘉庆五年（1800），将原守佛堂门的炮台移往九龙汛旁。嘉庆十五年，清军在临海的沙滩修筑炮台1座，称"九龙炮台"，放置火炮。其中两门大炮后被移置于龙津道二号门前，其一炮身铭文为："嘉庆七年仲春月，署广东巡抚部院瑚，协办大学士两广部堂觉罗吉，提督广东全省军门孙，两广都转盐运使司，督造四千觔大炮一位"；另一门大炮铭文相同，惟重五千觔。道光二十二年（1842），英国对香港岛实行殖民统治后，清政府开始重视九龙寨在中国海岸防卫的战略地位。

九龙寨城于道光二十六年（1846）十一月二十五日兴建，次年五月竣工。九龙寨城的城墙，采用当地的花岗石作为建材砌

△ 香港九龙寨城遗址公园大门　本文照片均由叶滨摄

△ 香港九龙寨城遗址

△ 香港九龙寨城遗址

筑，建城门4座，城墙上建瞭望台6座，寨城面积达6.5英亩。城内还建有大鹏协副将及九龙巡检司官署的衙门各1座，以及军营、火药仓、军械库以及民房等。

清光绪二十五年（1899），英军派兵占领寨城后，该城由于缺乏管理而逐渐毁圮。城内也逐渐形成东、西二区：东区充斥许多不法的勾当；西区则是善良人家的居住地。1941～1945年，日军占领香港期间，为了扩建启德机场，拆毁了全部城墙。拆卸的城墙石块被用作扩建启德机场的建材。由于九龙寨城存世不长、城墙详细情形不明，后有学者根据当年拆城所获花岗石的数量以及实地勘察，推算出当年九龙寨城长约670.56米、高约4米、宽约4.5米。寨城北面沿山丘而建的城墙也被日军拆除。

1950年以后，九龙寨城墙虽已拆除，但由于迁入人口及住房密度的剧增，逐渐形成一种没有城墙的新"寨城"。此城在祖国大陆虽然"知名度"不高，但在西方国家和日本，却因其独特的建筑风格和城内遍布的霓虹彩灯所营造出的科幻般的末世气氛，加之警察不敢踏进半步的特殊状况等等，而一再被媒体所关注，各种电影、游戏、小说和漫画仍然层出不穷。

1984年，中英就移交香港主权在北京进行磋商，其中包括

△ 香港九龙寨城南门遗址

▽ 香港九龙寨城破损的城门匾额

清理拆除寨城。1987年，香港政府与中国政府达成清拆寨城的协议，并于原址兴建公园。自1993年至1994年，九龙寨城清拆完毕。从清拆现场发现了一批昔日寨城的遗迹和遗物，其中有昔日寨城南门的花岗岩石额，分别镌刻"南门"及"九龙寨城"字样。还发现了寨城城墙残存的墙基，东、南二门的墙基等。1995年12月，按江南园林规格建造、先后耗资7600万港元的九龙寨城公园落成，其中南门怀古景区陈列了与寨城历史有关的石碑、旧照等文物，较详细地介绍了九龙寨城的历史与沿革。

附：

香港维多利亚城　是一座没有城墙却有城界之"城"，由英国人于1841年占领香港的香港岛后建立。1903年，香港政府为使大众更清楚维多利亚城的范围，在城市界线上设立界碑，又称"四环九约界碑"。界

△ 香港维多利亚城界碑之一

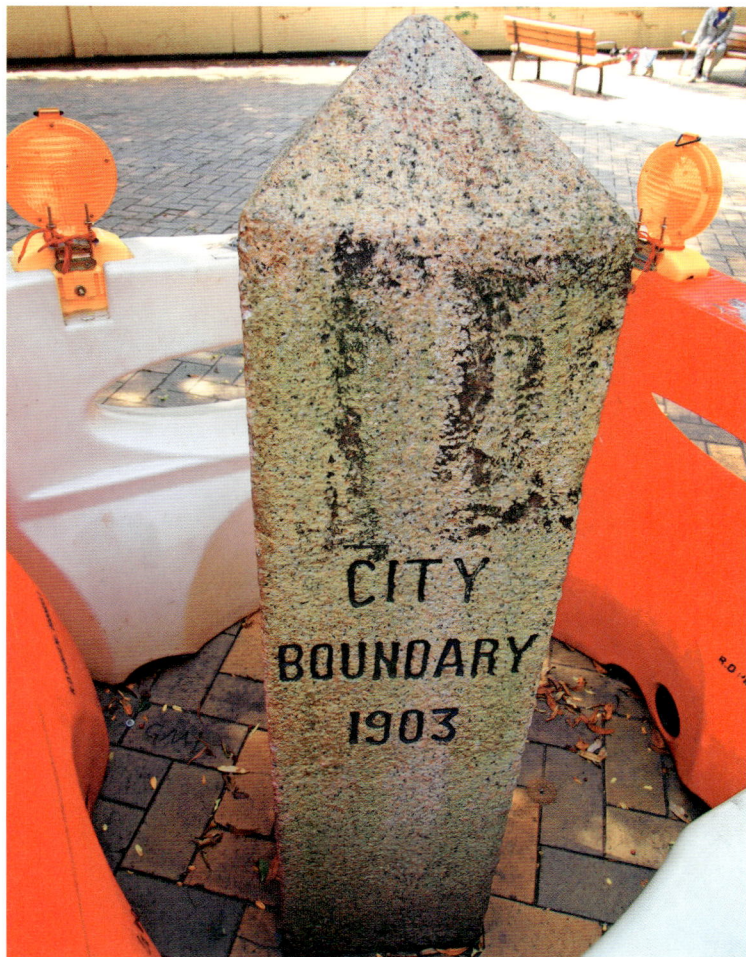

△ 香港维多利亚城界碑之二

碑为四方柱体，顶部呈锥形，高98厘米，并刻有"CITY BOUNDARY 1903"字样。随着战乱及市区扩展，其中一些界碑已被毁，而当时设立界碑的数目和具体位置已不可考。目前，维多利亚城界碑仍留有七块。

杨国庆

澳门城

N

澳门

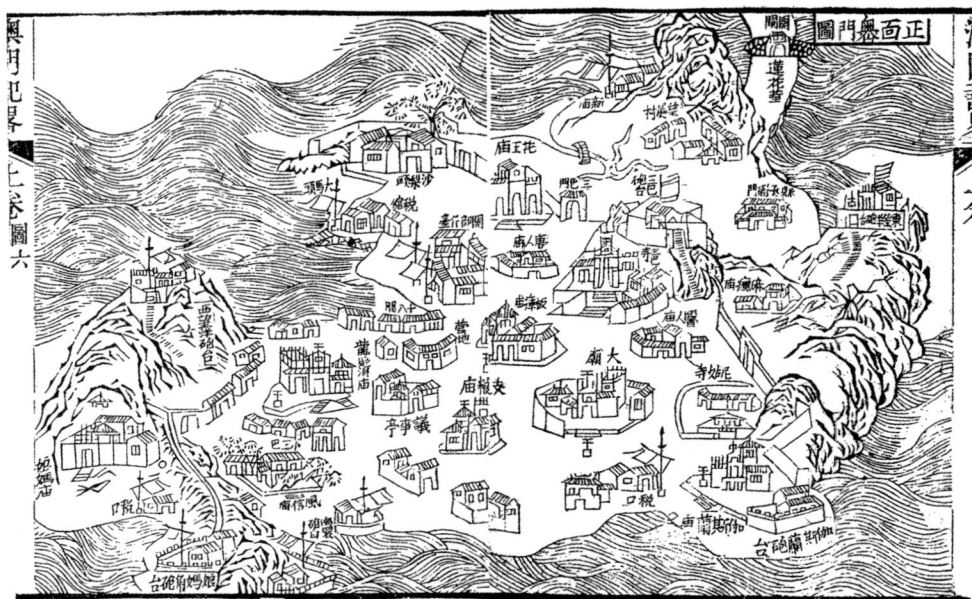

△ 澳门城图　引自《澳门纪略》清乾隆十六年修，嘉庆五年重刊本

　　澳门，位于南海北岸，地处珠江口以西，东面与香港相距63公里，中间以珠江口相隔。澳门全境由澳门半岛、凼仔、路环以及路凼城四大部分（区域）组成。

　　澳门，古称"濠镜澳"，简称"澳"，因"澳"泊口有"南台、北台两座山，相对如门"（道光八年《香山县志》卷四），故称"澳门"。据考古发掘，商周时期，古代居民已在这些地区居住活动。自秦以后为中国领土。此后，先后隶属南海郡、广州、广东香山县管辖。至公元16世纪逐渐形成一个小渔村，并得到迅速发展。明代，属于广州府。嘉靖三十二年（1553），葡萄牙人因船遇海难，开始借住澳门，称此地为Macau（葡文）。万历二年（1574），明朝廷"设关闸委官守之"（乾隆十五年《香山县志》卷八）。清后期前，属广肇罗道广州府。光绪十三年（1887），葡萄牙与清朝政府签订

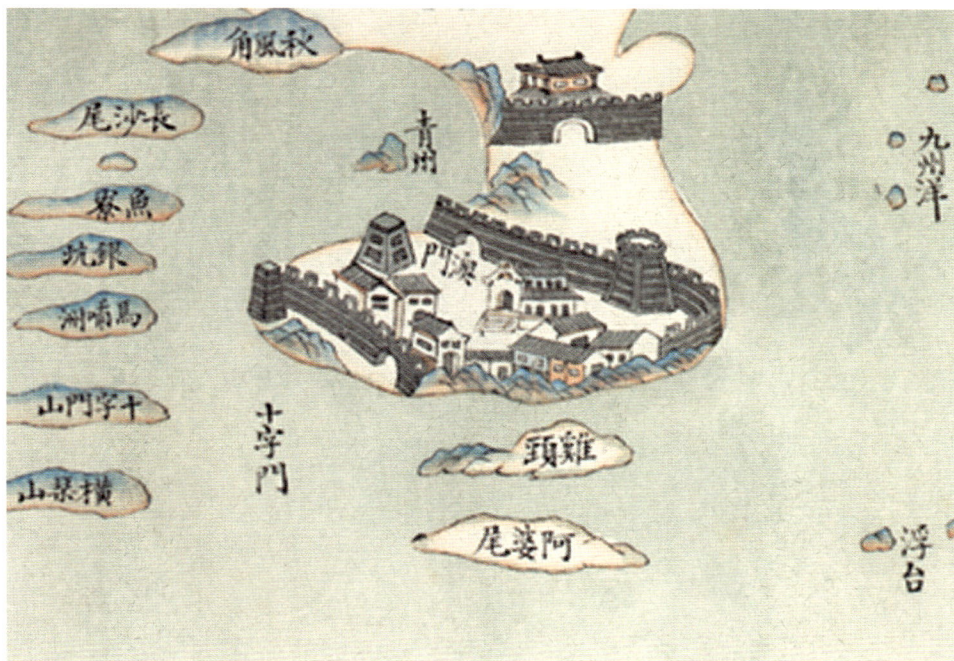

△ 中国沿海区域图中的澳门城（局部，原图无名，约绘制于1787～1820年） 美国国会图书馆馆藏，黄鑫提供，张君重绘

《中葡会议草约》和《中葡和好通商条约》，正式通过外交文书的形式占领了澳门。1974年4月25日，葡萄牙实行非殖民地化政策，首次提出把澳门交还中国。因历史原因，暂未实施。1984年10月3日，邓小平首次公开提出用"一国两制"的方针解决历史遗留下来的澳门问题。1999年12月20日，中国对澳门恢复行使主权，全称为"中华人民共和国澳门特别行政区"。

▷ 大三巴旁碉楼 本文照片均由海马摄

△ 澳门城墙遗存

　　澳门筑城始于明隆庆二年（1568），葡萄牙人为抵御海盗曾一本的侵犯，保护在此经商的葡萄牙人，筑设了尚未合围的土垣及简易炮台（据印光任、张汝霖《澳门记略》卷上《形势篇》）。另有一说：最早筑城是为了区分葡人与华人的居住区，城墙"以北为华民村居，墙以南为葡人租地"（1923年《香山县志续编》卷六）。此时的澳门城墙仅是雏形，尚不完备；或建成不久，又遭毁圮。因此，万历二十六年（1598），意大利人卡莱蒂（Francesco Carletti）到澳门后写道："澳门是一座小城，既无城墙，又无城堡，只有一些葡萄牙人的房屋。"

　　对于居住在澳门的葡萄牙人筑造城墙，当时明廷明确禁止。如：万历三十三年（1605），澳门葡人因得知荷人韦麻郎（Wijbrandt van Waerwijck）率舰前往澳门，遂建城墙。结果，因"私筑城垣"，明廷派官兵诘问后，辄被抗杀（《明神宗实录》卷五百零九），城墙随后也被拆毁。天启元年（1621），澳门葡人曾向海道副使徐如珂禀报，称有荷人将率舰犯澳，请求明政府给予保护在澳的葡人，"请兵，请饷，请木石以缮垣墉"。徐如珂不以为然，致使"澳夷日筑百丈"。事后还称：
"垣墉不毁，澳人力少也。吾助若毁，不两日粪除殆尽"（道光
八年《香山县志》卷四）。据赵利峰、郑爽在《明清时期澳门
人口问题札记三则》（载《华南师范大学学报（社会科学版）》
2009年第6期）中称：天启二年（1622），澳门葡人击败了来犯的
荷兰人。为防备其再度来袭，次年，澳门葡人以抵御荷兰人"入
侵"为借口，议事会通过行贿等手段，而获得粤东地方官吏默
许。葡萄牙人命荷兰俘虏连同西班牙士兵和华人共同进行防御工
事，初筑城墙以炮台为中心向两旁伸展。同年，在地方官吏干涉
下，北部城墙曾被拆毁。崇祯五年（1632），复建了北部城墙及
炮台。"建成了几大段十八拃（拃：拇指至中指或小指的长度）
宽、三十五拃高的长墙，上面有堡垒、雉堞等等，这样一来，澳
门的陆地部分就几乎全都围起来了。"同年来澳的总督马士加路
也开始兴建大三巴炮台，并将没有合拢的城墙合拢。然而，指向
内地的炮口，使得粤东地方感到难以容忍，遂谕令拆除。后经往
来交涉，据受到重贿的两广总督何士晋说："外夷畏服，愿自毁
其城，出留滨海一面以御红夷。"澳门城沿海边和西边的一些城
墙遂得以保留。

　　清初，澳城被拆部分有一定的修建和增筑，而澳门关闸、
炮台等建筑也相应有所修建。乾隆十三年（1748），英国人入澳
门欲据之，总督百龄、巡抚韩崶先后在视察澳门时，认为澳门自

△ 城墙墙体

△ 城墙垛口

加思兰炮台至西望洋炮台迤南沿海石塘，"易于爬越"，英国兵会"由此登潜"。遂"令澳夷加筑石女墙，以资防堵"（道光八年《香山县志》卷四）。据成书于乾隆十六年《澳门纪略》称：澳门"今城固而庳"。另据道光八年《香山县志》加注称，澳城"明所毁，余也。今在聚庐中，与西北围墙不相属"。当时的澳城，"西北枕山，高建围墙，东南倚水为界"，几乎囊括澳门半岛的东、南、北部。该城建大城门3座：曰"三巴门"、"水坑尾门"、"新开门"；建小城门3座：曰"小三巴门"、"沙梨头门"、"花王庙门"。还有约建于1622年前后的炮台6座：曰"三巴炮台"、"东望洋炮台"、"西望洋炮台"、"妈阁炮台"、"南湾炮台"、"加思兰炮台"，均有葡萄牙军队驻守。

清道光二十九年（1849），葡人在澳门总督亚马留的指挥下驱逐城内的清政府官员，并拆毁望厦村的香山县县丞署。同治二年（1863），驻澳葡人为拓展城市空间，遂拆除水坑尾、三巴、沙梨头诸门及城墙。同治十三年，再拆北面的关闸汛城墙，"改建禄衣馆，并设大闸门"。此后，澳门残存的城墙逐渐毁圮。据1923年《香山县志续编》卷六记载："惟水坑尾边界墙，至今尚有，存者亦陆续毁拆，改造洋房。"

数百年来，澳门城墙虽经多次反复修建与拆毁，至今古城墙残段分布在多处的山头及海边。如：位于大三巴牌坊附近的哪吒庙一侧的城墙残段，墙体

△ 大三巴旁垛口

为夯土建成，其建材主要为泥沙、细石、稻草，再掺合蚝壳粉，经逐层压实而成。现存墙体长18.5米、高5.6米、宽1.08米。在该段残墙一侧，有一座宽1.8米、高2.8米的砖砌券洞。有当地专家称：澳门现存的古城墙及围墙皆用夯土建成，其建筑特点是以花岗石砌筑城基，再在其上铺砖作间歇层，之后铺以混有泥土、河沙、蚝壳、碎砖、石块及陶瓷碎片等建材，夯结而成。据称，要炸毁1米这样的夯土墙，需用14公斤炸药。2013年初，在澳门山顶医院附近，新发现一段长50余米的局部坍塌的古城墙，经文物修复学会会长陈志亮考察后，被确认为昔日澳门城墙残段，受到社会各界的重视。社会各界希望当局妥善处理，"特事特办"（参见《山顶旁古城墙亟待修复》，载《澳门日报》2013年1月2日）。

2005年，澳门历史城区以澳门旧城建筑遗迹为核心，被列入世界文化遗产名录。

杨国庆

N

淡水红毛城

台北城

新竹城

台中城

彰化城

马公城

嘉义城

台南城

凤山城

恒春城

台湾

△ 台北大稻埕艋舺平面图　引自《台北市志》1957～1980年排印本，载《中国方志丛书·台湾地区（65）·台北市志》

　　台北，位于台湾本岛北部的台北盆地底部，四周均与新北市接壤，是台湾政治、经济、文化的中心城市之一。

　　台北其境早期为原住民中凯达格兰人（属于平埔族）的生活地，明初，始有汉人。1626年，西班牙人占领台湾北海岸后，历据了荷治时期（1624～1662）与明郑时期（1662～1683），到清初之前，此地因未有大规模的开拓，而被统治者视为化外之地。康熙四十八年（1709），泉州陈天章等人向台湾府诸罗县申请开垦大佳腊（之后多写作"大加蚋堡"，源自平埔族语"tagal"）地方。此后，随着台湾对外通商，台北的经济逐渐进入快速发展期。同治十三年（1874），台湾南部发生"牡丹社事件"后，经钦差大臣、福建巡抚沈葆桢（1820～1879）提议"台北拟建一府三县"，并于次年获准后，正式设立台北府治。在艋舺与大稻埕间的田野地营造台北府城，后逐渐成为台湾的政治中心。光绪二十一年（1895），《马关条约》签订后，台湾进入日据时期（1895～1945），台北遂成为日本在台期间的总都督府所在地。1945年，中华民国光复台湾。1967年，台北市升为直辖市。此后，台北市仍为台湾的政经及文化中心。

清光绪元年（1875），朝廷批准设立台北府后，经福建巡抚丁日昌、原定首任知府林达泉等人择址，选定在艋舺与大稻埕间的田野地为台北府的城址，后来陈星聚（台北知府）、岑毓英（福建巡抚）、刘璈（台湾兵备道）等官员依据不同的风水理论进行过局部的调整。城墙的营建，因筹措巨额的经费、改良土壤、官员的调任等，直到光绪八年一月二十四日才破土动工，光绪十年十一月正式竣工，筑城耗资总计银20余万两（另一说为"30万两"，部分来源于当地乡绅的捐资）。这座全部采用条石建造的城墙，是清代经政府批准营建，并依据风水理论建造的最后一座城池。对中国风水研究颇有见解的德国学者Alfred Schinz对此解读为："台北城基本上以大屯山为背，淡水河为水的风水观而设计的；因为城郭东北有高山主凶，整座城郭乃向东旋13度，用以避凶。东、西两墙延伸线相交于七星山，而城府的中轴，仍不偏不倚地对准玉皇大帝、北极星君。"

台北城墙平面略呈长方形，城周1506丈，其中东、西城墙各412丈，南面城墙342丈，北面城墙340丈。城高1.5丈、垛口高3尺、城顶宽1.2丈。设城门5座：东曰"景福"，南曰"丽正"，西曰"宝成"，北曰"承恩"（为主城门，有遥望满清北京朝廷、承受皇恩的意思），小南门曰"重熙"，各城门建

▽ 清末，台北西门外铁路与城墙 本文图片除署名外，均由南京城墙保护管理中心藏

◁ 清末，台北城大南门

有样式风格不一的城楼。在东门和北门，还各建有外瓮城1座。城顶建有窝铺4座，并建有炮台。筑城所取石材，主要来自内湖金面山。因台北的城址松软，故地基采用了1～3尺长的石材铺垫（据估算全城约用30余万根石材）。

中日甲午战争后，中国清政府于光绪二十一年（1895，农历乙未年）将台湾割让给日本，引发台湾民众反抗日本统治一连串的大小战役，称之"乙未战争"。新建的台北府城并未能起到防御作用，在商人辜显荣引领下，侵台日军占领台北城，遂进入了日据时期（1895～1945）。

明治三十年（1897），日本驻台湾总督府成立"台北市区计画委员

▽ 1895年，日军攻占台北城，此为台北城的北门，呈现最早台北城市的景观 以下两图由日军随军摄影师小川一真拍摄

▽ 1895年，日军攻占台北城，此为台北城内的石坊街，远处为台北城西门城门和城楼。石坊街为今天的衡阳路，日据时代和光复初期，都是台北最热闹的市街

会"。在1899年公告第一次"市区改正计画"中，以规划台北城市发展、改善交通为由，开始拆除台北部分城墙，其中包括城内文庙和武庙等具有中国传统文化象征意义的建筑。明治三十四年后，随着第二次"市区改正计画"的公布，需拆除剩余的全部台北城墙及城门。但实施不久，因拆除西门即遭民众反对，使"总督府"对拆城计划作出一定的让步，即保留尚存四门，其余城墙悉数拆除。从1884年台北城墙建成竣工，到1904年台北城墙（除四门外）被拆除，前后仅20年时间。在中国筑城史上，一座"府城"级别的城池如此"短命"，实属罕见。

拆除台北城墙后的石料，部分用于台北刑务所（台北监狱）、永久兵营（前陆军总部，后改建为中正纪念堂）及北署（台北市警察局大同分局）南侧墙壁，其余石料及石质城基则兴建了40米宽的"三线路"（1909年兴建），有学者称此为"拆城见三线"。此后，台北地面仅存北门、小南门、东门和南门。

1966年，以"整顿市容以符合观光需要"，将损毁严重的南门、小南门及东门的城楼进行了改建，原闽式建筑风格的城楼已有变化。而被拆除的西门——宝成门，则于西门圆环处设立了"宝成门旧址"石碑。1993年，台北在忠孝西路地下施工时，意外发现千余根台北城基石遗迹。台北市将石料移用于中山区辽宁公园的石墙，并在原址上兴建了"台北府城古迹特区"。

现存的台北昔日府城的四门已被列为台湾一级古迹，加以重点保护。

杨国庆

▽ 台北府城东门，正式名称"景福门"
以下两图由黄璧珍提供

▽ 台北府城北门，正式名称"承恩门"

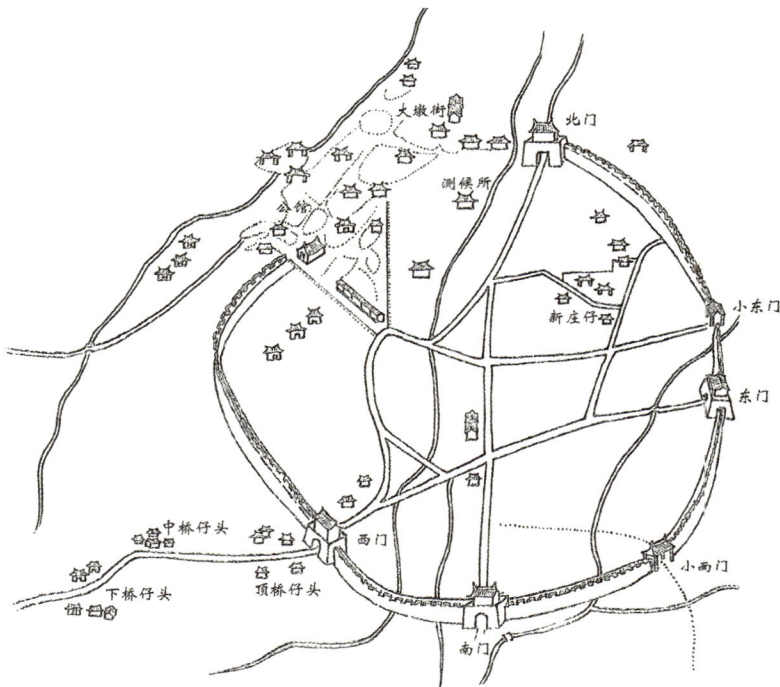

△ 台中城平面示意图 据张志远《台湾的古城》（生活·读书·新知三联书店，2009年），张君重绘

台中，位于台湾中部，台中盆地中央，西临台湾海峡。是台湾中部的发展核心，也是台湾三大城市之一。

台中，旧名"大墩"，原为平埔岸里社地。清康熙四十四年（1705），驻军嘉义的台湾北路营参将张国率部垦荒，为台中开发之始。雍正元年（1723），设彰化县，其境属之。光绪十三年（1887）后，台湾首任巡抚刘铭传将台湾省城定为台中，设台湾县（将原台湾县改为台南府安平县）暨台湾府。光绪二十年，继任台湾巡抚邵友濂及闽浙总督谭钟麟联名上奏，将台湾省会迁往台北府。1920年，设立台中市。此后，建置及隶属多有变化。2010年，台中市及台中县合并为台中（直辖）市。

台中筑城较晚，得缘于朝廷拟建台湾省城有关。早在光绪七年（1881），福建巡抚岑毓英派台湾道刘璈实地查勘彰化县蓝兴堡桥子头庄后，即建议在此兴建城墙等建筑，以备日后设立省城之需。光绪十一年，台湾设省后，首任福建台湾巡抚刘铭传认为省城虽"必须建造"，但又提出"彰化县北适中之地，曾经前抚臣岑毓英查看形势，核计建造城垣、衙署、庙宇之费，又非百万不可"（《刘铭传抚台前后档案》，收于《台湾文献丛刊》第263页），认为"巨款难筹"，遂罢。光绪十二年九月，刘铭传亲自赴彰化地方查勘。次年三月，对此筑城提出："台湾既分省，须由中路建设省城，以便控制南北。"同时，也提出此地近山，不通水道，不单纯是运输建材艰难，最担心"恐建省之后，商贾寥寥，虽有城垣，空无人居"，建议筑城的同时，还应该修建铁路，发展交通（《清季台湾洋务史料》，收于《台湾文献丛刊》第51页）。此奏遂得到朝廷的批准，正式营造省城则于光绪十五年八月正式动工。筑城由代理台湾知县黄承乙监造，城工为士绅吴鸾旗总理，中路统领林朝栋负责督兵勇筑城，还从上海等地招募木工、水泥匠等技术人员参与筑城。次年三月，据刘铭传奏折，得知当时的筑城情况及经费等因而修改了原先的筑城方案："查台湾山涧只产卵石，所需方石、条石、杉木等料，皆需由内地采办；中路港汊不通轮船，且风浪凶猛，即商船亦惟夏秋往来，不能长年载运。前经勘定建省基址，周围一十一里有奇，若遽起造砖石城，经费浩繁，一时无从筹集。曾由道员林朝栋会同代理台湾县知县黄承乙筹议，就地搬运卵石，掘地填基，先筑土城。一面开掘城壕，墙外遍栽莿竹，八方四隅应建城楼、炮台、水关、闸坝一并陆续估造。云林、苗栗两县工程较小，亦可仿办，以资捍卫"（沈景鸿

△ 台中公园内的"望月亭"，系清光绪时期的北门城墙上明远楼遗址 王瑾瑜提供

等编：《清宫月折档台湾史料》，台北故宫博物院，1994年）。光绪十七年六月，刘铭传辞官离台。继任巡抚邵友濂因财政陷入窘境，致使许多在建项目被迫停工。台中省城的城墙营造也在其中。

尚未完工的台湾省城，已建成的部分有城门8座，其中主城门4座：东曰"灵威"，南曰"离照"，西曰"兑悦"，北曰"坎孚"，均建有城楼，城门拱券高1.35丈；小城门4座：东曰"艮安"，南曰"巽正"，西曰"坤顺"，北曰"乾健"。完成城墙自北门经小北门至西门段，长约650丈，其余仅筑有城基。至光绪二十年（1894），随着台湾省城正式迁往台北，台中的城池则半途而废。

日据时期（1895～1945），在城市的都市计划下，台中城墙完全被拆除，仅余北门的城楼（明远楼）。当年，由于这座城楼建造在炮台山上，在地方士绅呼吁下，才被保留并作为凉亭，改名为"望月亭"。1948年，将木构建筑改建为钢筋混凝土结构的"望月亭"。当年知县黄承乙所题"曲奏迎神"石质匾额，置于亭前，"是昔日台湾府城的唯一遗物"（张志远：《台湾的古城》，三联书店，2009年，第111页）。

杨国庆

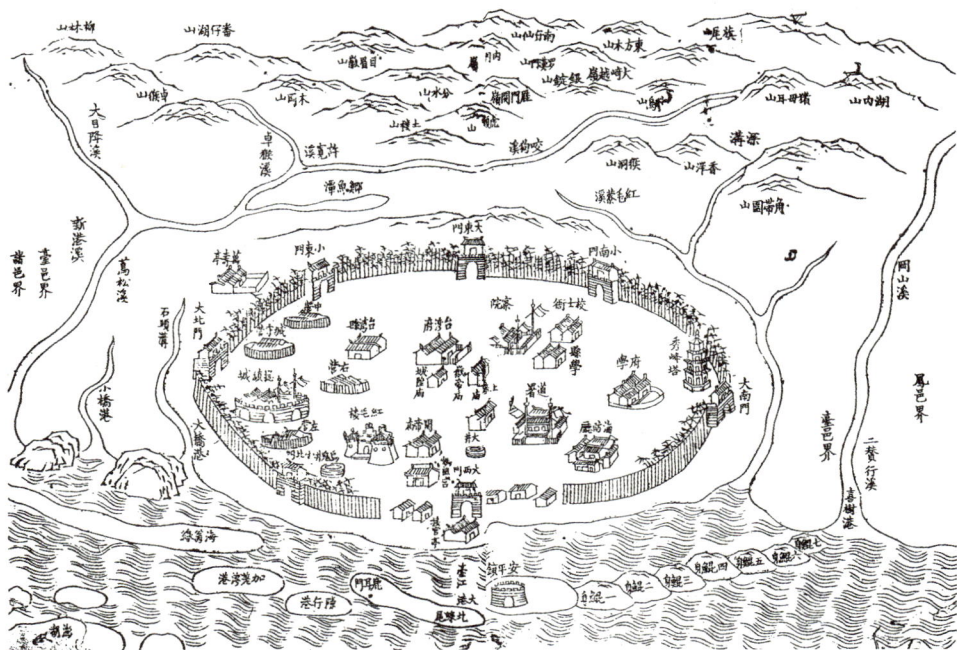

△ 台湾府城图　引自《重修台湾府志》清乾隆十二刊本，载《中国方志丛书·台湾地区（4）·重修台湾府志》

　　台南，位于台湾西南部的嘉南平原，西临台湾海峡与澎湖相望，是台湾最早开发的区域之一。

　　早在荷据时期（1624～1662），荷兰人就在台南建立了在台的政治与军事统治中心。公元1661～1662年初，南明将领郑成功攻占荷兰人据守的台湾，开创了由汉人统治的明郑时期（1662～1683），将台南赤崁地区改名为"东都明京"，并设立一府（即承天府）二县。康熙二十二年（1683），清朝攻取台湾。次年，在台南设台湾府。光绪十一年（1885）后，首任巡抚刘铭传将省会迁往台中（光绪二十年，正式迁往台北）之前，台南一直是全台首府。自1895年至1945年，台南为日本殖民统治时期，并于1920年设立台南州辖台南市，兼作州厅所在地。1945年8月，日本无条件投降后，中华民国接管台湾，改州为县，州辖台南市改制为省辖市，从而与台南县分离。2010年12月25日，原台南

△ 1900年，台南府城小南门 本文图片除
署名外，均由南京城墙保护管理中心藏

△ 日据时代（1895~1945），台南城的大
南门，城池遭到拆除，只保留4座城门，
其中大南门包含瓮城，比较完整，目前位
于台南公园里

市、县合并改制为直辖市。

台南最早筑城始于公元1625年，由荷兰东印度公司在今赤
崁楼的位置建造了一座粗糙但能防火的城砦，还在周围建造了竹
篱。1652年，台湾爆发了"郭怀一抗荷事件"。之后，荷兰东印
度公司便建造了普罗民遮城（今赤嵌楼）和热兰遮城（今安平古
堡），为台南城市及街区的发展奠定了一定的基础。赤嵌城周长
45.3丈、高约3.6丈，无垛口。"名虽为城，其实楼台而已。故名
红毛楼，红毛酋长居之"（康熙五十一年《台湾府志》卷二）。

康熙二十三年（1684），清政府正式将台湾纳入版图，并
设立一府（台湾府）三县（台湾、凤山、诸罗），台南为府治
所在地。"府城卜在永康里，未筑"（康熙五十一年《重修台湾
府志》卷二）。直到雍正三年（1725，乾隆三十九年《续修台湾
府志》卷二称"雍正元年"筑城），巡台御史禅济布奏请修筑台
湾府城的木栅城，筑城经费由来台官吏的捐俸及士绅的捐资。雍
正帝对奏折的朱批为"两年来台湾文武官弁与禅济布皆实心任
事，即此建筑木栅一事，筹画甚属允妥，深为可嘉"（《雍正朝
宫中档》第4辑，台北故宫博物院，1978年，第54页）。台湾知
县周钟瑄遂开始"创建以木栅为城"，该城周长2147丈，设东、
西、南、北大城门4座，另设东、南、北小城门3座。对该城的周
长有不同的说法或记载，如1800丈、2662丈等；还有"城并未合

围"一说，当时（大）西门独自耸立，两边未与木栅相连（参考詹伯望《半月沉江话府城》，台湾建筑与文化资产出版社，2006年）。雍正十一年，福建总督郝玉麟奉旨包括府城在内的各县城加植莿竹，以加强城防。营建竹城经费由政府调拨（主要取自雍正十二至十三年征收的地丁银），府城的竹城"自小北门起至南水门止，俱属沙土，堪以栽种莿竹"（乾隆三十九年《台湾府志》卷二），计种植莿竹17983丛（陈国瑛等：《台湾采访册》，收于《台湾文献丛刊》，第23页）。因西面一带濒临海边，难以种竹，而添设两座大炮台。还在大西门、小北门外等城周边各置炮台或火炮，以及城门望楼和营盘，以构成区域性的防御体系。

乾隆元年（1736），在地方官吏主持下，动用库银，"断石筑七门，建楼其上，护以女墙"，在城上还修建窝铺15座。并成为定例，今后"凡有城栅之役，令四邑分承焉"。乾隆二十三年，因木栅城多处损坏，同知宋清源主持重修木栅城。次年，台湾知县夏瑚又在莿竹外增植绿珊瑚（一种有毒的灌木）"环护木栅"城。乾隆四十年，知府蒋元枢再补植莿竹，对炮台及窝铺多有修葺，并增建小西门，始为"八门之城"。蒋元枢出于日后修缮城墙需要，还率厅、县的官吏公捐得银12000两，遂分银于四邑。让其"各买田园，收其租之，入为估修费。且归给夜守者之食"（陈国英：《台湾采访册》，收于《台湾文献丛刊》，第23页）。

▽ 1900年，日军占领下的台南府城小北门

▽ 1900年，台南府城大北门内侧及登城步道（内侧）

△ 台南府城南门 张依萌摄

乾隆五十一年至五十三年（1786～1788），台湾爆发"林爽文事件"，台湾各地用木栅或莿竹所筑之城先后多数被破。乾隆五十三年，朝廷派工部侍郎德成会同福建巡府徐嗣曾赴台，与将军福康安一道筹划改建包括台湾府在内的各地城池事宜。自乾隆五十三年到五十六年，在台湾知府杨廷理主持下，改木栅竹城为土城，因城西临海，土质松软，遂内移120余丈（另有一说150余丈），重建大西、小西二门。因此，台湾府城的平面呈弓形，堪舆家称之"半月沉江"，民间俗称"半月城"。改筑后的土城周长2520丈、高1.8丈、顶宽1.5丈、底宽2丈。竣工后，杨廷理撰有《改建台湾府城碑记》（现置于台南南门公园碑林），详述其事。

嘉庆十年（1805）十二月，由地方商会形成的"府城三郊"，因蔡牵再次从海上进犯，逼近府城。当时府城三郊在总义首陈启良的主持下，自筹6000两银，仅用数天时间，修筑了从小西门经镇海营到小北门长达1200丈的木栅。道光十五年至十六年（1835～1836），增建了小东门、大南门、小南门、大北门与小北门外瓮城5座。同时，还营造了西外城和东外城，以护府城三郊日益繁盛的市场。经过此次扩建，府城全长增至2700丈，城门总计14座（一说15座，即"大厂门"），其中主城8座：大东门（别称"东安门"、"迎春门"）、大南门（别称"宁南门"，设有外瓮城）、大西门（别称"镇海门"）、大北门（别称"拱辰门"）、小东门（别称"镇东门"）、小南门（别称"镇南门"）、小西门（别称"靖波门"）、小北门（别称"镇北门"）；西外城城门3座：曰"拱乾门"、"兑悦门"与"奠坤门"；东外城城门3座：曰"东郭门"、"永康门"和"仁和门"。同治六年（1867），暴雨导致府城城墙坍塌多处。同治十三年，钦差大臣、福建巡抚沈葆桢（1820~1879）奉旨赴台办理海防时，在地方官吏主持下，对府城城墙进行了修缮，历时近半年。

光绪二十一年（1895）后，台湾为日本统治时期。日本明治三十三年（1900）后，由于受西方城市化运动影响，昔日的台湾府城城墙因城市建设需要而大部分被逐渐拆除，城址大

△ 热兰遮城墙遗存 张依萌摄

△ 台南府城南门外瓮城 张依萌摄

部被辟筑成新式道路。

　　台南古城墙现存大东门、大南门、小西门及兑悦门，小东门一带以及大南门一带尚存部分残垣。1997年，重建了大东门、大南门等城门及城楼，对部分残存地段城墙进行了修缮与保护，并列入了当地的古迹保护名单。

杨国庆

　　台湾府城池：未建，台湾县附郭。

——清《考工典》第二十二卷，引自《古今图书集成》

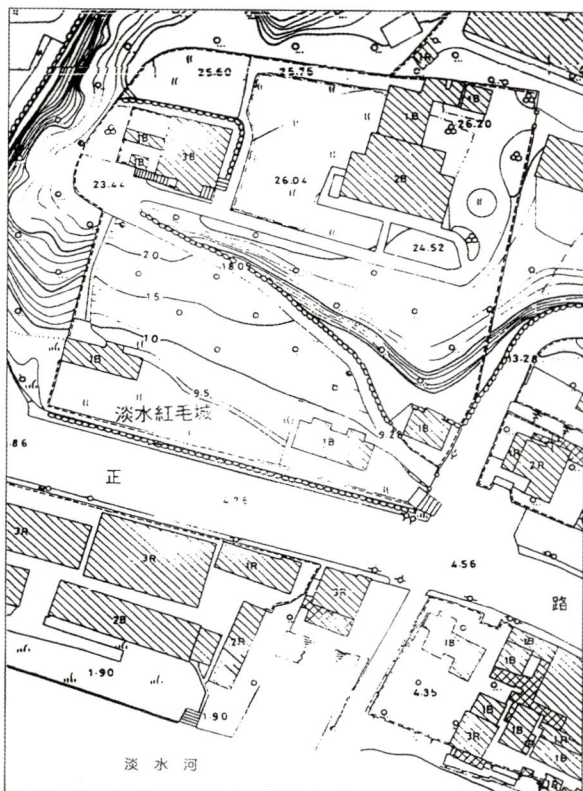

△ 淡水红毛城地形图　引自杨仁江《淡水红毛城修复及再利用工程工作报
　　告书》（台北县文化局，2007年）

　　淡水红毛城，位于台湾新北市淡水区中正路28巷1号。淡水区，地处新北市西北沿海、淡水河（台湾第三大河川）的出海口北侧，西濒台湾海峡。淡水是西方文明在台湾北部散播的起点，在台湾有"东方威尼斯"之称。

　　淡水（曾用名"沪尾"，但地域范围小），从八里的十三行、淡水港仔平等遗址考古发掘得知，该地区约7000年前已有人类活动，并以部落形式过着渔猎、放耕的生活。公元16世纪，西方海权强国逐渐侵入亚洲，台湾受到关注。1641年，荷兰为防止贸易路线被西班牙截断，遂驱逐西人并以淡水为殖民和宣教的基地。明郑时期（1662～1683），淡水归明郑统治。康熙年间（1662～1722），淡水开始设防，并逐渐得到发展。咸丰八年（1858）《天津条约》后，淡水港已成为国际通商口岸，成为西方文化登陆台湾的门户。咸丰十一年，英国在沪尾（今淡水）设立驻台湾副领事馆。光绪四年（1878），升为英国驻台湾领事馆。日据时期（1895～1945），临近的台北、基隆地位逐渐取代淡水。1946年，淡水隶属新设立的台北县。2007年，台北县为准直辖市。2010年，改为直辖市，更名为新北市，淡水区属之。

公元16～17世纪之交，荷兰与西班牙两个国家先后登陆台湾，并划定范围实施统治。荷兰人控制南部，而西班牙人占有北部。为了巩固统治权力，他们都选择港口要塞作为据点，建造了防卫性的城堡。

荷兰人营造的城堡，迄今尚存规模不等且受到保护的城堡有：1622年，在澎湖马公风柜尾的蛇头山营造了一座城堡（Pescadores），这座城堡是全台湾最早的西式城堡（土垣迄今保存较完整）；1624年，在今天的安平及台南市一带，建造了热兰遮城（Casteel Zeelandia，在清代文献中，又称"安平城"、"赤嵌城"、"红毛城"、"台湾城"等，今称"安平古堡"，迄今遗址部分尚存）；1644年，在淡水建造的安东尼堡（详见下文）；1653年，建造的赤崁普罗民遮城（Provintia，迄今尚存台基等遗址）。

西班牙人营造的城堡，迄今大多无存，其中较重要的有1626年，在北部鸡笼（今基隆）外的社寮岛（今和平岛）上建造了圣萨尔瓦多城（San Salvador，后称"鸡笼北荷兰城"）。1628年（另有二说：其一时间为"1629年秋"；其二时间为"1629年后"）在沪尾（今淡水）建造了圣多明各（Santo Domingo）城，即今日淡水红毛城的雏形。

▽ 淡水红毛城内部墙体 杨国庆摄

公元1628年，西班牙人在淡水港口的北岗旧垒基础上筑造的圣多明各城，其实属于要塞的性质。该要塞为木制结构，由"三个木造的小棱堡所组成，另外还有一个瞭望台，外围则有木栅围绕成一个广场，而这三个木造的小棱堡尚未组成一个三角形的结构"（李毓中：《从大航海时代谈西班牙人在淡水》，杨仁江主持《台北县第一级古迹淡水红毛城修复及再利用工程工作报告书》，台北县文化局，2007年，第43页。本文所引，除注明其他出处外，均引自该《报告书》，下略）。1636年，该要塞遭原住民焚毁，西班牙多人遭杀害。之后，西班牙人对要塞开始改建土木结构。不久，因台湾南部的荷兰人向北部扩张，西班牙人遂退出淡水，要塞遭毁弃。

1642年10月14日，荷兰人在"拆毁的斯佩克斯城堡（Specx Fort）上所建"（杨仁江：《淡水红毛城修复中的发现》，引自《报告书》第199页）的城堡，以当时巴达维亚城的总督安东尼·凡·帝门（Antonio van Diemen）之名，命名"安东尼堡"。由于汉人多称荷兰人为"红毛"，故称此城为"淡水红毛楼"。《台湾府志》则称"淡水城"，《淡水厅志》称荷兰"炮城"，今人俗称"红毛城"，或称为"圣多明各城"。该城初以竹、木为主要建材，包括：西南的帝门棱堡、东北的玛利亚圆堡、东南的硫磺角堡以及尚未命名的钝角和半月堡（陈培桂：《淡水厅志》第一册，台湾文献丛刊第172种，台湾银行经济研究室，1963年）。次年5月，这座竹、木城堡不堪强烈暴风雨的侵袭，遭到严重损坏。

1644年4月25日，荷兰人彼得·榜（Pieter Boon）上尉"率船载运石灰及其他必需品、中国泥水匠及其他工匠，自大员抵达淡水后，选择了狄缅堡南侧及西侧的二面断崖的制高点为新造城堡之基地，5月初展开新城堡的工程"（参考郭辉译《巴达维亚城日记》，台湾省文献委员会，1970年，第413～414页）。此城"山顶建楼，周以雉堞"（同治十年《淡水厅志》卷三）。城堡矗立在淡水街尾往淡海方向，高居淡水河出海口的山巅。

历史上，红毛城曾有多次修缮和改建、增建。明郑时期（1662～1683），曾对红毛城有过修缮，不久又有损毁。清雍正二年（1724），同知王汧主持重修时，增设东、西大门2座，南、北小门2座。同治二年（1863），英国副领事郇和与福建巡抚徐宗干议定租用红毛城，租期为99年，红毛城遂成为英租地。1972年，英国撤馆，先后改由澳大利亚和美国代管。直到1980年6月30日，红毛城的产权被台湾接管。

红毛城古迹区，主要指主楼、英领事馆及南城门等三处。主楼建筑呈正方形，长宽各50米，二层高10米，周长约7米，外壁有2米多厚，在外墙各开口部内侧的墙基转角，都建有圆拱形的炮门；在门廊及角楼上，还设有铳眼。城内有一栋主楼、别墅及楼间的小宿舍；城外置有五门大约清嘉庆十八年（1813）所铸的大炮。英国领事馆外墙上仍可看见象征英国维多利亚时代的蔷薇饰砖，内部依旧是领事家居情形摆设。南城门，是红毛城内唯一的中国风建筑，是清初修筑红毛城围墙时的遗物，位于红毛城园区入口处。南门整体建筑为使用观音山石堆砌而成，门额上题有"南门"二字。

1983年，淡水红毛城被定为台闽地区第一级古迹。1984年，淡水红毛城全面整修后并对外开放。2004年3月～2005年11月，台北县再次对其进行全面修复及再利用工程。竣工后，淡水红毛城再度对外开放。

附：

据同治十年《淡水厅志·卷三》记载，淡水的城堡除红毛城外，还有一些由当地官民营造、规模不等的城堡和炮台：

乾隆（1736～1795）初年，绅民捐建的八里坌城堡，周围约1里。道光七年（1827），绅民捐建的大甲城堡，周围510丈，设四门。道光十四年，绅民禀官捐建的后垄城堡，周围约300余丈，设四门。道光十九年，徐玉衡等捐建的桃仔园城堡，周围约4里，分设四门。道光二十二年，谢国贤、林炳华等捐建的中沥新街城堡，周围约3里，也设四门。咸丰五年（1855），绅民捐建的房里城堡，周围约3里，设四门。咸丰五年，绅民捐建的枋桥城堡，周围约2里，皆甃以砖，设四门。其他还有中港城堡、盐水港炮台、大安口炮台等军事防御建筑，大部分已先后毁圯。

杨国庆

▽ 1895年，日军攻占台湾北部淡水河口的沪尾炮台。此炮台建于刘铭传时代，在中法战争中，成功地抵御了法军的入侵，炮台至今仍被保存 南京城墙保护管理中心藏

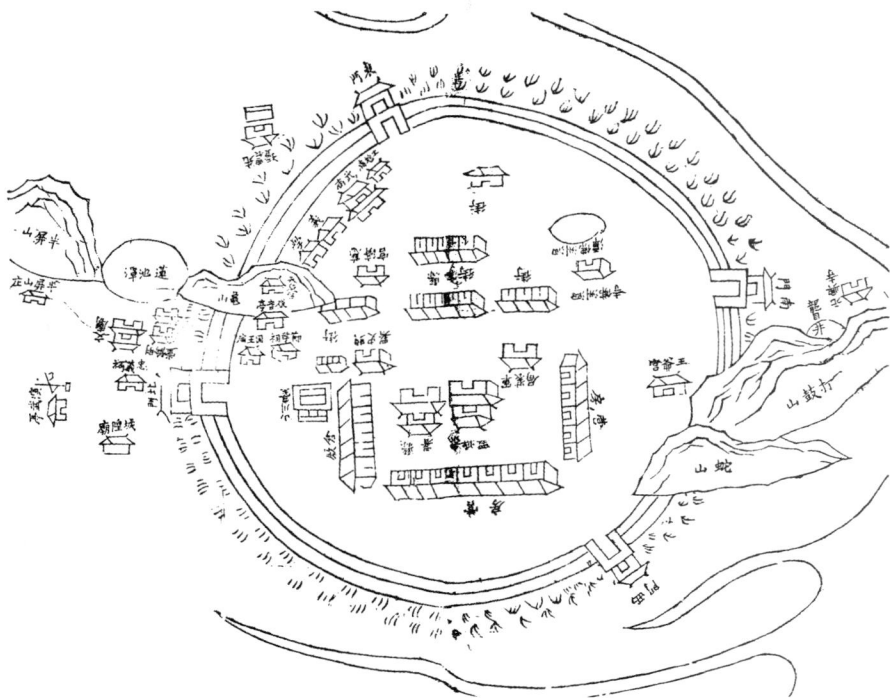

△ 凤山县城图　引自《重修凤山县志》清乾隆二十九刊本，载《中国方志丛书·台湾地区（14）·重修凤山县志》

　　凤山，位于台湾高雄市西南部，东临大寮区，北临鸟松区，西、南与高雄市区相邻。

　　凤山，古名"埤头"。清初，将万年州划为台湾、凤山二县。凤山设县治于兴隆庄埤子头（今左营），行政区域属于凤山县大竹里管辖。乾隆五十三年（1788），将凤山县治移置埤头（又称"下陂头"），而"埤头"一名渐被"凤山"所取代。此后，建置及隶属多有变化。1972年，改为凤山市。2010年，改为高雄市凤山区。

　　凤山作为县城，历史上异地先后筑造过两座，故有所谓旧城、新城之分。分述如下：

　　旧城　清初，清政府出于防控台湾民变，而不允许筑城。康熙二十三年（1684），台湾被纳入大清版图后，选择距海岸较近的兴隆庄左营作为凤山县的治所。明郑时期（1662～1683），在此曾设左冲（左营），与右冲（右营）相呼应，此即"左营"之由来。初，左营并无城垣，设为县治后，据传曾筑有土堡（但详情不明）。而据康熙五十一年《台湾府志》的记载："凤山县城，卜在兴隆庄，未筑。"康熙六十年四月，朱一贵在台湾南部举事反清，攻破凤山，县署被毁。同年六月，清军平定民乱。此次事件，导致清政府对台湾境内筑城观念上的转变，批准筑造城池以加强地方政权的防御。次年，署理凤山县事的知县刘光泗主持筑造凤山土城，这是台湾第一座官建城池。土城"周八百一十丈，高一丈三尺，东、西、南、北设四门。左倚龟山，右联蛇山"（乾隆三十九年《台湾府志》卷二）。在城的外围，还设有护城河，河宽1丈、深8尺。雍正十二年（1734），知县钱洙有感于雍正九年在冈山发生的"吴福生之乱"，曾危及过县城，遂在城墙与护城河之间"环植莿竹，围绕三丛"（乾隆二十九年《重修凤山县志》）。乾隆二十五年（1760），知县王瑛曾在四城门附近加建大炮台4座。

乾隆五十一年（1786），台湾中部发生"林爽文事件"，其南部的庄大田率众呼应，攻陷凤山县城，包括知县汤大奎在内的文武官员死伤多人。乾隆五十三年平乱后，在将军福康安建议下，将凤山县治迁往埤头（即今凤山市）。嘉庆十年（1805）十一月，自封"镇海威武王"的海盗蔡牵，派部攻陷凤山新城。战乱之后，地方官吏及乡绅百姓感到新城"土薄水浅，地苦潮湿"，还是觉得兴隆庄旧城的地势好于新城，由于旧城年久失修，修城所需

▽ 位于马路圆环中的凤山旧城南门侧面　本文照片均由黄璧珍摄

△ 位于马路圆环中的凤山旧城南门正面

巨资不菲，而未获准。道光三年（1823）后，台南地区再度发生许尚、杨良斌之乱，新城被攻占。在知府方传穟的支持下，采用官倡民捐的集资形式，即由官吏公捐约40000两银，不足之资由当地的乡绅、商人及民众捐助。在知县杜绍箕（祁）主持下，加速对兴隆庄的旧城进行改建，不仅改土城为石城，还将"蛇山"置于城外，将"龟山"圈入城内，即所谓"放蛇围龟"。石城周长1224丈，墙体以当地打鼓山一带咾咕石及三合土为主，少量采用了花岗石（用于城门的斗拱，来自大陆）和城砖。石城仍设城门4座：北曰"拱辰"，南曰"启文"，东曰"凤仪"，西曰"奠海"，各城门上均建城楼，城墙四隅均筑炮台。此项改建工程，共耗资92100两银，余银充作岁修之用。工程于道光五年七月十五日兴工，次年八月十五日竣工。

兴隆庄旧城的石城建成后，却因各种原因（如风水、军事、城市环境与用水等），迟迟未能将凤山县治正式迁驻石城。道光二十七年（1847），闽浙总督刘韵珂赴台巡视，得悉当地官民对县治驻地以"新城"为宜的理由后，经朝廷核准，埤头的新城正式成为日后的凤山县治驻地。而旧城的石城，则长期闲置。日据时期（1895～1945），左营区域被划为军事要塞，城内居民全部迁出。因日军在此设立军港，而拆除西门及部分地段的城墙。1930年，南门城楼坍塌。此后，其他地段城墙多有程度不同的损毁。

1969年，曾对南门进行整修，新建了城楼。1974年8月19日，凤山县旧城被高雄市政府文化局列为"国定古迹"。1985年8月19日，台湾"内政部"公告：将包括东门、南门、北门及城墙、护城壕在内，以及北门外镇福社、拱辰井列为一级古迹。1991年3月，旧城的外观修复竣工后，正式对外免费开放。

新城 乾隆五十三年（1788），清政府平定"林爽文乱"后，在清军将领福康安建议下，"于城东十五里埤头地方，相度高阜，移建新城，仍用莿竹围插"（《钦定平定台湾纪略》，载《台湾文献丛刊》第946页）。之后遂将埤头（即今凤山市）植莿竹为城，称之凤山县的"新城"。新城的莿竹城，防御能力非常有限，多次遭盗匪的攻陷，形同虚设。嘉庆九年（1804），知县吴兆麟倡建城门6座，即东门（又称"大东门"、"朝阳门"）、西门（又称"景华门"）、南门（又称"安化门"）、北门（又称"平朔门"）、外北门（后称"郡南第一关"）、小东门（又称"东便门"、"同仪门"）。道光十七年（1837），凤山县知县曹谨有感于城防的薄弱，遂筹备县城的修缮。并于次年增建了城楼，并建独立式的炮台6座。还增设了护城河。道光二十七年（1847），凤山县治正式迁入埤头的新城，新城仍是一座莿竹城。

咸丰三年（1853），凤山县林恭兵变，攻占了凤山新城，包括知县在内的许多官吏被杀，以策应在台湾爆发的反清起义。清军平定"林恭之乱"后，在南路参将曾元福的主持下，大规模改建凤山新城，筑造土城。土城周长1120丈、高8尺、宽2尺。在城河之间，还加植了莿竹，周长1300余丈，莿竹20000余株。改建后的凤山县城，形成了土城、竹城两重城垣的制式。因受地形、地貌和交通、市场等诸多因素的影响，凤山新城的平面为"靴子"（或称为"心"形、"元宝"形）形状，这在中国古城墙中不多见。光绪十八年（1892），土城发生坍塌，知县李淦主持集捐资重修。日据时期（1895～1945），拆除了外北门（石质门额"郡南第一关"，现存于高雄市立历史博物馆）、北门、大东门（石质门额"东门"，现存于曹公庙外的碑林）、西门、南门，以及大部分土垣。此后，又因城市发展，昔日凤山新城土城逐渐毁圮，部分护城河被填或改为地下涵道。20世纪90年代后，凤山新城城墙仅存小东门和三座炮台，并先后被列为高雄市保护古迹和台湾"三级古迹"。

杨国庆

凤山县城池： 未建。

——清《考工典》第二十二卷，引自《古今图书集成》

△ 恒春县城图　引自《恒春县志》清光绪二十年修，修史庐抄本，载《中国方志丛书·台湾地区（24）·恒春县志》

恒春，古称"琅峤"（其名来源有多种说法，其一为排湾族语"兰花"的音译），位于台湾岛的最南端，恒春半岛以其旖旎的热带海滨风光，被人们称为"珊瑚礁岛"、"台湾的夏威夷"等。

古为高山族同胞聚居的琅峤社。长期被朝廷认作"生番"的蛮荒之地，清康熙（1662～1722）末年，甚至严禁汉人私自入境，以防不测。自咸丰十年到同治十年（1860～1871），"牡丹社事件"（即琉球国宫古岛岛民漂流至台湾东南部，多人被台湾原住民杀害。三年后日本出兵与台湾原住民大战牡丹社石门）爆发，恒春半岛多次遭遇国外势力不同程度、不同性质的侵犯。同治十三年，钦差大臣沈葆桢奏请朝廷后，于琅峤设立恒春县，这是屏东最早的县治。日据时期（1895～1945），恒春隶属高雄州。1945年台湾光复后，1946年设恒春镇。1950年，恒春镇隶属屏东县。

　　恒春筑城，始于清同治十三年（1874），由钦差大臣沈葆桢赴台督办军务时，出于海防军事需要而提议营造。他在给朝廷的奏折《琅峤拟即筑城设官，以镇民番而消窥伺折》中，指出了在琅峤建城的必要性：琅峤"从海上望之，一山横隔，虽有巨炮，力无所施，建城无逾于此"。此奏获准后，于光绪元年（1875）十月兴工，至光绪五年七月竣工，筑城经费悉数出自海防的专款，总计16.739万两。

　　关于恒春县城的选址，仍依照中国传统建城的规律，即对地形、地貌进行堪舆。因此，"沈葆桢虽然以军事观点来看恒春城位置，但筑城实际规划者却是素习堪舆之学的刘璈，同时，刘璈也确实依'峦头派'的风水观，重新赋予恒春周边山峦风水学上的意义"（张志远：《台湾的古城》，三联书店，2009年，第162页）。恒春城址选择在几座小山的中央，东北的三台山被视为主山，左边龙銮山被视为青龙，右边虎头山被视为白虎，西南的西屏山被视为案山，经此规划后的恒春城址，具备了中国文化传统意义上城市择址的规范，遂委托周边各县乡绅帮助督造。

　　新建的恒春城池，系三合土版筑，外墙包砖（城砖未转釉，故呈红色）。全城周长880丈、外墙高1.45丈、内墙高1.34丈、基宽2丈、顶宽1.6丈。设东、南、西、北城门4座，均建有城楼，城楼高1.27丈、宽6.7丈、深1.4丈。

▽ 恒春城墙南门（近景）　本文照片均由徐骏凯、王也摄

△ 恒春城墙南门（侧景）

城墙附属建筑还筑有垛口1384座、窝铺8座、涵洞4座。在各城门之间置炮台各1座，炮台高1.7丈、宽6.9丈（光绪二十年《恒春县志》卷二）。

日据时期（1895～1945），恒春城墙基本没受到有规模的损毁。1935年，台湾总督府依"史迹名胜天然纪念物保存法"，将恒春城指定为史迹加以保

▽ 恒春城墙南门（远景）

△ 此段城墙已被拆除，为了纪念城墙旧址而复建，因城墙两侧已新建小学，考虑到不分割校舍和操场，所以设计了天桥形式的"漂浮城墙"

存。20世纪80年代后，对恒春古城墙先后进行过多次修缮或改建，为保持古城的完整性、真实性，维修中采用古法，补建城墙，并以石灰、糯米、黑糖浆为黏合材料加以修建。1980年，曾对南门进行了改建，这是恒春城唯一保留带有城楼的城门，其他三座城楼已毁，仅存城门拱券及部分城垣。

2006年12月26日，在恒春海外7.2级大地震中，已被列为台湾二级文物的恒春城墙多处受损，之后，对它进行了局部修缮。恒春古城墙是台湾目前保留最完整的古代城池。

杨国庆

△ 诸罗县治图　引自《诸罗县志》清康熙五十六序刊本，载《中国方志丛书·台湾地区·台湾省（7）·诸罗县志》

嘉义，位于台湾岛西南部、嘉南平原的中央，是台湾典型的农业区域，素有"鱼米之乡"之称。

嘉义，古称"诸罗"，是台湾邹族及平埔族中洪雅族的活动范围。明郑时期（1662～1683），其境属天兴县。康熙二十三年（1684），台湾设一府三县（即诸罗县、凤山县、台湾县，为诸罗设县之始），并隶属于福建省。诸罗县治初设于佳里兴（今台南县佳里镇）。康熙四十三年，迁县治于诸罗山（今嘉义市）。乾隆五十三年（1788），诸罗军民因坚守城池抗击林爽文义军有功，被乾隆帝赐县名为嘉义县，取"嘉其忠义"之意。日据时期（1895～1945），设嘉义市。此后，建置及隶属多有变化。1982年，嘉义市改为省辖市。

嘉义县城，初"卜在诸罗山，未筑"（康熙五十一年《台湾府志》卷二）。早在康熙二十三年（1684），设立诸罗县后，县令季麒光在《条陈台湾事宜文》中，就根据台湾首任总兵杨文魁的建议："首诸罗、次凤山、次台湾，缓急先后，形势瞭然"，认为"建立城垣之宜议也"。康熙四十三年，由知县宋永清奉命在诸罗山麓主持营造木栅城，周长680丈，设"东、西、南、北四门，为草楼，以司启闭"（周钟瑄：《诸罗县志》），诸罗始有"城"的雏形。此后，福建巡抚张伯行，以及对台湾历史有很大影响被称为"筹台宗匠"的蓝鼎元先后提出"种竹为城"的办法，认为"栽竹为城，价廉工省，此亦因时制宜，不得不然之势"（蓝鼎元：《东征集》，载《台湾文献丛刊》第39页）。康熙五十六年，在知县周钟瑄主持下，于木栅城外侧补种莿竹以加强木栅城的防御能力。"这是台湾第一次以莿竹为城墙材料"（张志远：《台湾的古城》，三联书店，2009年，第124页）。

清雍正年间（1723～1735），对于台湾筑城一事，朝廷及地方官吏多有议论。如吏部郎中鄂弥达（？～1761）曾有上奏："台湾地方僻处海中，向无城池。宜建筑城垣、炮台，以资保障。"福建总督郝玉麟（雍正十年任）等也有奏："台湾建城，工费浩繁。"提出"可因地制宜，先于见定城基之外，买备莿竹，栽植数层，根深蟠结，可资捍卫。再于莿竹围内建造城垣工作亦易兴举"。对于栽种莿竹，以为藩篱，雍正帝称"甚有裨益"，而对建城所耗巨资，则认为"如必当建城，虽重费何惜。而台湾变乱，率皆自内生，非御外寇。比（此）不但城可以不建，且建城实有所不可也"（转引自乾隆三十九年《续修台湾府志》卷二）。朝廷尽管反对修筑坚固的城池，但是康熙六十年（1721）的"朱一贵事件"，凤山县城因无城墙，导致大批官吏被杀、官署被焚的教训，台湾一些地方官吏相继开始筑城。继康熙六十一年营造凤山县土城之后，雍正元年嘉义县知县孙鲁也不顾朝廷的旨意，主持大规模改建诸罗县城工程。改竹木城为土城，土城周长795.2丈、基宽2.4丈、顶宽1.4丈。护城河距城4丈，周长835.5丈、深1.4丈、宽2.4丈。城墙下设水涵5座，与护城河联通。土城的砌筑方式为："围筑堡墙，约高一丈八尺，上宽一丈，每丈用土十四方。墙顶高三尺，宽一尺五寸，用土半方，共土十四方半。每丈八层，每层用茅杆草四担，……每丈约费银六两八钱零"（乾隆十七年《重修台湾县志》）。

雍正五年（1727），知县刘良璧重建城门楼、水涵等附属建筑，并将城门命名为：东曰"襟山"，西曰"带海"，南曰"崇阳"，北曰"拱辰"，每座城门放置大炮两门。雍正十二年，知县陆鹤于城河之间遍植莿竹。乾隆五十一年（1786），台湾中部发生"林爽文事件"，动乱中许多城池被攻破。

而独有诸罗县城的军民因有土城赖以抵御义军数番的攻城，而受到朝廷的嘉奖。乾隆五十三年，负责承办台湾筑城事项的将军福康安等人提议："照旧规加高培厚，添建城楼、券台等项，约需银四万三千八百余两。"此建议得到乾隆帝的允准，嘉义土城遂改筑为三合土城，加高增厚，修建城楼。

道光十三年（1833）九月，知县单瑞龙和已告老的福建水师提督王得禄等地方官吏劝捐集资后，主持嘉义城池大规模修建。此次修城，不仅改用砖石砌筑城墙，还增建了四门的外瓮城以及炮台。城外周长829.1丈；内垣周长800.8丈、高1.8丈；城顶宽1.64丈。改城门名为：东曰"迎春"，西曰"性义"，南曰"阜财"，北曰"拱极"。修城竣工于道光十六年十月，耗资11.9361万两。此后，新城自道光十九年、道光二十八年、同治元年（1862），嘉义地区先后发生三次大地震，致使城墙及附属建筑多处严重损毁。光绪十五年（1889），在知县包容主持及乡绅林启等资助下，大规模重修嘉义城，并在城河之间补种莉竹。

日据时期（1895~1945），嘉义城墙逐渐遭到破坏，甚至人为拆毁。据张志远分析，嘉义城墙的拆毁大致经历了四次：用于交通与公共建设；用于城墙内外公共道路整修及下水道工事；用于军事的营建；用于大地震后的"市区改正"拆除需要。至昭和五年（1930）1月20日，嘉义设立市时，"城墙已拆除殆尽，未留残迹"（张志远：《台湾嘉义市诸罗城墙兴建的变迁与再现研究》，载《建筑历史与理论》2008年学术研讨会论文选辑，第九辑）。

21世纪初，嘉义市为保存对古城的记忆，在城门旧址用花岗石铺贴出古城门的意象，如嘉义北城门旧址等。

杨国庆

诸罗县城池：未建。

——清《考工典》第二十二卷，引自《古今图书集成》

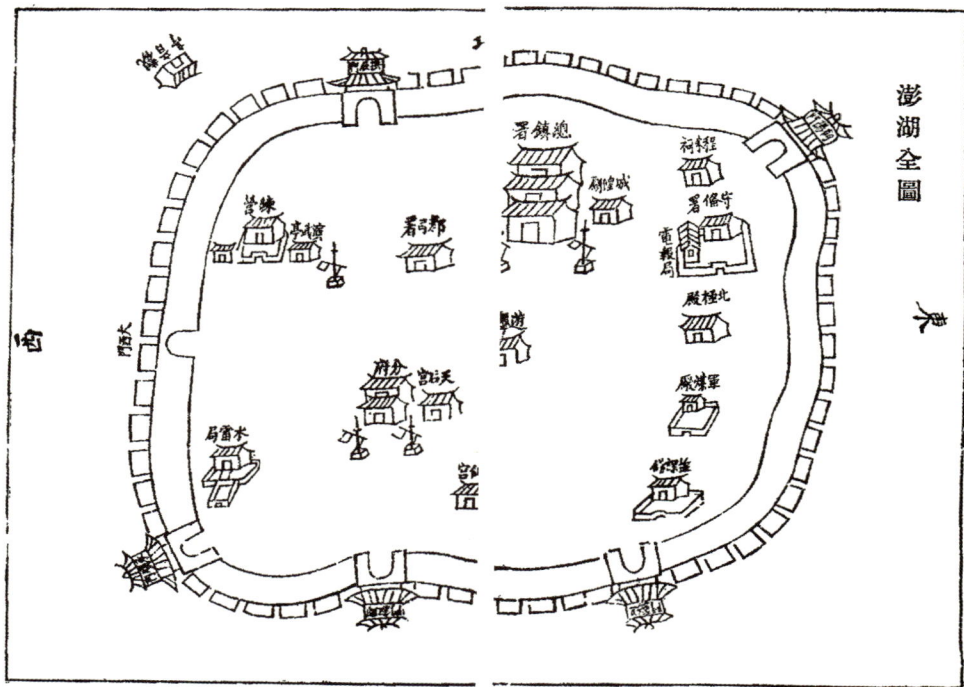

△ 澎湖全图　引自《光绪甲午新修台湾澎湖志》清光绪二十年刻本

　　马公城（又称"妈宫城"），旧时简称澎湖厅，位于台湾澎湖县城马公市，自古以来便是台湾与祖国大陆之间，以及往来台湾海峡的海上枢纽，具有重要的战略地位。

　　澎湖，是台湾最早的汉人聚落所在地之一。早在元至元十八年（1281），在妈宫（今马公市）的天后宫附近设立澎湖巡检司。明洪武二十一年（1388），裁撤巡检司，将岛上居民动迁回福建泉州安置。此后，一度被荷兰侵入，至天启四年（1624）重被列入明廷版图，并派兵驻防。明郑时期（1662～1683），置安抚司。清康熙二十三年（1684），仿元制重设巡检司于文澳（今马公市西文里）。雍正五年（1727），改设澎湖海防粮捕厅（简称澎湖厅）。光绪十一年（1885），厅治自文澳迁妈宫。日据时期（1895～1945），1921年被驻守的日军改称为"马公"。1981年，马公镇改制

△ 1895年，日军攻占澎湖首府马公城，在城中扎营，澎湖
位于台湾海峡中央，是台湾岛的战略前沿，元朝时即
纳入中国版图 本文图片均由南京城墙保护管理中心藏

为马公市（县辖）。

　　澎湖最早筑城活动，并不被认作传统意义上的城池。如：明天启至崇
祯时（1621～1644）荷兰人修筑炮台；明郑时期修筑城垒，明政府军建造铳
城（即堡垒）；雍正五年（1727）设立澎湖厅后，修筑小城（俗称"澎湖新
城"）。这些防御性的设施无论规模、功能等都与传统意义上的城池有很大的
区别。因此，光绪（1875～1908）初年，在胡建伟的《澎湖纪略》中称：澎湖
未建城垣（见《台湾文献丛刊》，第29页）。但是，如果从共性质的防御特点

▽ 日据时期（1895～1945），澎湖马公城的城门，城墙后来遭到拆除，城门保
留至今

看，则已具备了"城"的一些要素。

光绪十一年（1885）二月十三日，中法战争后期，因澎湖妈宫无城可守，遂被法国水师提督孤拔占领。中法议和后，清廷于台湾设省，以刘铭传为巡抚大力推展现代化防务及新政，其中包括修筑澎湖的城池（刘铭传：《澎湖建城立案片》，载《台湾文献丛刊》293页）。妈宫的城池，正是在这种背景下因迁厅治于妈宫而开始营造。光绪十三年，澎湖镇总兵吴宏洛经实地比较文澳、妈宫两地后，认为妈宫"贾舶所聚，便于稽查也；官仓所在，便于防范也；兵民杂处，便于弹压也；朔望宣讲，文武会商公事，便于往来也。……今澎之绅商，多萃妈宫，以厅治移此，则腹地之势常重、官绅之迹常亲，耳目切近，下情亦可达矣"（林豪：《澎湖厅志》，载《台湾文献丛刊》第68页）。同年十二月，吴宏洛亲自督建澎湖厅妈宫城，至光绪十五年十月竣工，总耗资23537两银，由台湾善后局支办。

澎湖厅城周长789.25丈、高1.8丈、厚2.4丈，设垛口570座，其中垛的中间均无常规的瞭望孔。在中国古城墙中，这种垛口的样式并不多见，"可能也是为抵御船舰的火炮而采取的工法"（张志远：《台湾的古城》，三联书店，2009年，第177页）。全城建有城门6座：东曰"朝阳"，南曰"迎薰"，小南门曰"即叙"，西曰"大西"，小西门曰"顺承"，北曰"拱辰"。除大西门外，其余城门均建有样式、规模不一的城楼。澎湖厅城是出于海防需要建造的城池，因此城墙不仅临海，而且走势基本沿当地的地形曲折而建：东南临海，西接金龟头炮台，北面开挖一条护城河。

光绪二十一年（1895）三月，日本攻占澎湖，妈宫城陷落，遂进入日据时期（1895～1945）。明治四十年（1907）、昭和十三年（1938），日人先后两次组织大规模拆城，拆卸的城墙石料、城土移为修建妈宫海港。如：南城墙与南门、小南门拆除后，兴建第1、2、3号栈桥码头；北城墙与北门、东门，则因都市计划拆除；东南的城墙也因要兴建渔港而拆除；只有西城墙与大西门、小西门一带因是军事管制区而被保存。1945年后，西门被改建为"中兴门"，只有小西门（顺承门）相对保留了昔日的原貌。

如今，位于澎湖县马公市复兴里金龙路的妈宫城残段（约为原城的1/4）及两座城门，已被马公市列为三级古迹加以保护。

杨国庆

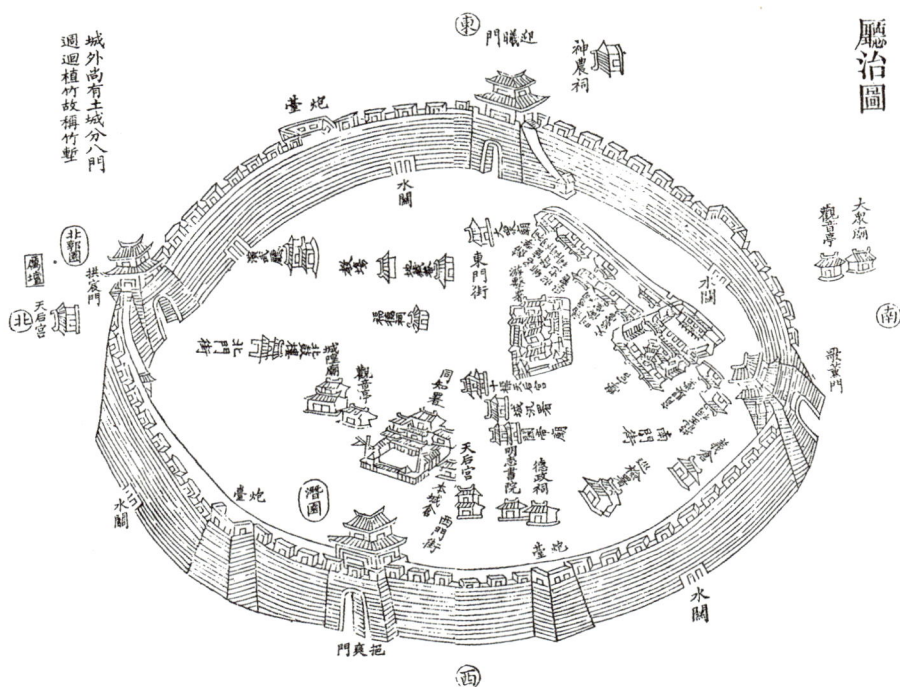

△ 淡水厅治图　引自《淡水厅志》清同治十年刊本，载《中国方志丛书·
台湾地区（15）·淡水厅志》

　　新竹，位于台湾西北部的一个省辖市，其西部沿海地区有狭长的海岸平
原，是北台湾最早开发的城市。

　　新竹，古称"竹堑"，原为道卡斯族竹堑番社的居住地。明崇祯十五
年（1642），荷兰人占据北台湾后，曾有荷兰传教士到竹堑传教。清康熙元
年（1662），郑成功入台屯垦之后，当地得到大规模开发。康熙二十二年
（1683），竹堑改属诸罗县。雍正元年（1723），增设彰化县与淡水海防厅。
雍正十一年，淡水海防厅自彰化县城移驻竹堑，成为清治时期北台湾的一个
重镇。光绪元年（1875），淡水厅废除，竹堑城改称"新竹"并设县治。1930
年，改制为市。1946年，成立新竹县政府，县治迁往桃园。1950年，新竹县治
设于新竹市。1982年，成立省辖新竹市。

　　清雍正十一年（1733），因淡水海防厅移治于竹堑，在淡水同知徐治民

的主持下，"取其土沃水甘，环植莿竹"为城。该竹城周长440余丈，建东、南、西、北城门及楼4座。乾隆二十四年（1759），同知杨愚在四门附近增筑炮台各1座。不久，竹城朽坏，仅存4座门楼。嘉庆十一年（1806），因有海盗蔡牵等人作乱，同知胡应魁劝当地民众修建土围。嘉庆十八年，同知查廷华组织民众及当地乡绅将原先的土围加高加宽，遂成土城。土城周1404丈，高、宽各1丈。城外设壕沟，深1丈，城壕之间宽1丈，种植莿竹。此项工程由"民自派工供食，捐茅草"，改建4座城门楼、添建窝铺和堆房等附属建筑经费，则"照田甲匀捐"。

道光七年（1827），闽浙总督孙尔准巡视台湾时，林平侯、林万生、郑用锡等地方绅士向其陈述，过于简易的淡水厅土城难以抵御外敌侵犯，建议用砖石加以改建。经孙尔准转呈朝廷获准后，次年正式动工，由李慎彝、易金杓等人监造，淡水厅砖石城垣于道光九年秋竣工。筑城资金由官吏、乡绅及百姓捐助，共耗银14.6574万两，剩余的924两银购买土地建屋，派人"递年掌收，赁税生息，为岁修费"（同治十年《淡水厅志》卷三）。此城名为"淡水厅城"，又称"竹堑城"，城周长860丈、高1.5丈、顶宽1.2丈、基宽1.6丈，在城外还开挖了护城河，东、西城外各建吊桥1座。全城设城门4座：东曰"迎曦"，南曰"歌薰"，西曰"挹爽"，北曰"拱辰"，各城门上均建有城楼。东、西、南三门各设炮台1座，北门设炮台2座。

由于此次淡水厅城的改筑，城池大为缩小，导致原先土城内的一些大户

▽ 竹堑城迎曦门（东门）　孙弘文提供

庄园成为"城外"之居所。因此，道光十九年（1839），台湾道姚莹遂命淡水同知龙大惇调查是否有增建土城的必要。道光二十二年，鸦片战争期间，英国军舰侵扰附近的大安港。次年，同知曹谨与士绅出于防御需要，在淡水厅砖石城外围增建土城，形成内、外两重城垣的规制。土城周长1495丈、高1丈，"官绅士商捐建，每丈给草价银六角"。还在城外植竹、开沟，沟宽2丈。土城建城门4座：东曰"宾旸"，南曰"解阜"，西曰"告成"，北曰"承恩"；小城门4座：东曰"卯耕"，南曰"耀文"，西曰"观海"，北曰"天枢"。其中东面大小城门由林祥云造；南面大小城门由郑用钰造；西面大小城门由曹谨造；北面大小城门由郑用钟造。同治九年（1870），南门外溪边添筑炮台2座。

光绪二十一年（1895）《马关条约》签订后，台湾为日据时期（1895~1945），作为昔日淡水厅的城墙也随之步入损毁阶段。明治三十四年（1901），北门大街金德美商号大火，北门城楼遭到延烧焚毁。次年，因建火车站前穿城大道，拆毁相关城墙一段。明治三十八年，日本当局实施都市计划（"市区改正"），于是开始拓宽道路，并拆除城墙与城楼，南门、西门也随之被拆除。城墙拆下的砖石，被作为道路两侧的排水沟。至1945年后，竹堑城仅剩东门及部分护城河。

竹堑城现今唯一留存的是迎曦门，被台湾列为二级古迹，而护城河经过整修，已成为亲水景观渠。1987年，在新竹市立动物园发现的"淡水厅筑城碑"，被安置于迎曦门拱券右侧。经修缮改建的城楼，为歇山重檐式建筑，以混凝土造的24根立柱，替代了原先的木柱。经修缮和整治后的迎曦门及周边环境，被建成新竹市文化休闲中心，以便让外县市的游人可以更了解竹堑城的历史。

杨国庆

彰化城

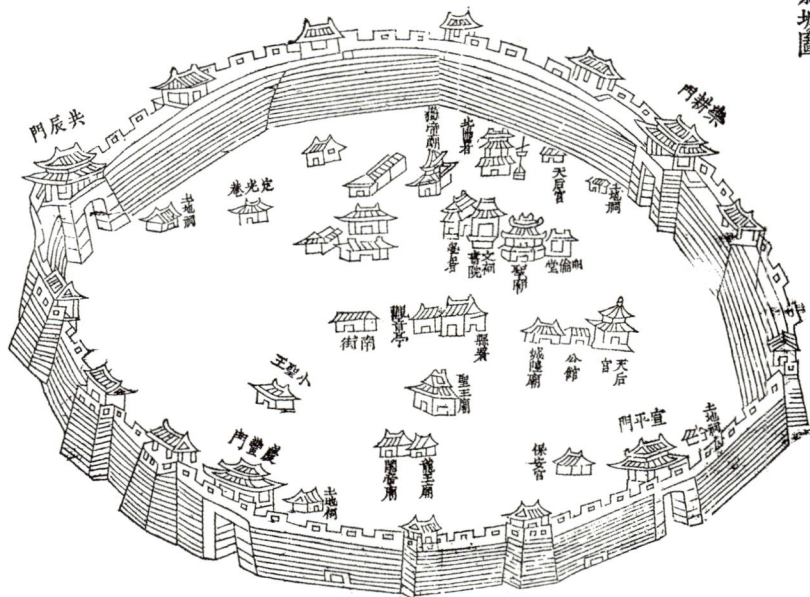

彰化縣城圖

△ 彰化县城图　引自《彰化县志》清道光十六年刊本，载《中国方志丛书·台湾地区·台湾省（16）·彰化县志》

　　彰化，位于台湾中部偏西、彰化县内东北角，境内的八卦山大佛风景区为台湾著名的观光胜地。

　　彰化，旧称"半线"，源自早期居住此地巴布萨族人的"半线社"。荷治时期（1624～1662），此地隶属瓦布兰行政区，受荷兰东印度公司台湾北部评议会管辖。明郑时期（1662～1683），郑成功在台实施郡县制，此地隶属天兴县。康熙二十二年（1683），清朝攻取台湾后，初属诸罗县管辖。雍正元年（1723），始设彰化县。据福建巡抚王绍兰的《彰化县城碑记》，"彰化"为"显彰皇化"之意。日据时期（1895～1945），彰化隶属台中县彰化支厅管辖。1920年，设立彰化街，属于台中州。1933年，成立彰化市。此后，建置及隶属多有变化，后为县属的彰化市。

　　由于受清政府对台"不许台湾兴建城垣，只以种竹为墙，以避免成为乱

▷ 1896年拆城之前的彰化城墙　周洁提供

党的堡垒"等政策的影响，彰化设县之初并无城墙，曾遭原住民起事围攻。直到雍正十一年（1733），福建总督郝玉麟等上奏请修筑城并得到雍正帝的《谕告书》后，台湾各地才始建竹城。其中彰化竹城建于雍正十二年，知县秦士望"始仿诸令周钟瑄之法，于街巷外遍植莿竹为城，分东西南北四门。彰化之有竹城，实权兴于此焉。自是岁有栽种，亦颇茂密"（道光十年《彰化县志》卷二）。该城周长779.3丈，建窝铺13座，并环凿深沟，以为城壕。彰化这座竹城，也被后人称为"竹邑"。由于彰化地处交通要冲，每当民变动乱，此地便首当其冲。在经历乾隆五十一年（1786）"林爽文事件"、乾隆六十年的"陈周全之扰"后，彰化竹城被"砍伐殆尽"（道光十年《彰化县志》卷二）。嘉庆二年（1797），知县胡应魁组织再次栽种莿竹，并在四门上增建了城楼。不久，因地震、台风等自然原因，这座竹城就损毁过半。

嘉庆十四年（1809），制宪方巡台抵彰后，当地绅士王松、林文浚等金呈，请准许地方民众捐资以兴建土城。次年，制宪方关于彰化建城的上奏得到朝廷的认可。知县杨桂森等16位官民率先捐银15000两后，得到全县官民积极响应。根据道光六年（1826）十一月十四日的"军机处月折包"记载的清单，当时为建城而捐输人的姓名、身份及捐银数（两），如下表：

姓名	身份	银数	性质	姓名	身份	银数	性质
杨桂森	彰化县知县	1000	官捐	林廷璋	丙子科举人	24800	民捐
王云鼎	癸酉科拔贡	23000	民捐	林文浚	军功四品顶戴	20000	民捐
赖应光	捐职州同	12000	民捐	詹捷能	监生	10000	民捐
罗桂芳	候选训导	5010	民捐	王翰	生员	4600	民捐
林祥瑞	捐纳州同	3000	民捐	赖汉升	民人	2500	民捐
赖朝仪	民人	2500	民捐	苏秉仁	廪生	2428	民捐
王云飘	民人	2400	民捐	陈朝爱	捐职州同	2250	民捐
林世贤	丙子科举人	2000	民捐	苏云从	例贡生	2000	民捐

姓名	身份	银数	性质	姓名	身份	银数	性质
胡克修	候选训导	2000	民捐	陈克光	武生	1730	民捐
王奋博	捐纳布政司理问	1670	民捐	林开泰	附贡生	1600	民捐
纪梦熊	岁贡生	1500	民捐	詹其昌	民人	1500	民捐
吴世绳	候补詹事府主簿	1430	民捐	赖应声	生员	1400	民捐
林怀玉	捐职州同	1380	民捐	黄道宗	例贡生	1320	民捐
黄鼎盛	民人	1320	民捐	庄辉垣	民人	1320	民捐
刘登科	生员	1200	民捐	陈国用	例贡生	1005	民捐
杨廷机	增生	1005	民捐	江文澜	捐职州同	1000	民捐
赖占梅	贡生	1000	民捐	林文猷	捐职训导	1000	民捐
梁步青	生员	1000	民捐	赖廷玉	民人	1000	民捐
赖应时	民人	1000	民捐	罗彦升	民人	1000	民捐
何步瀛	民人	1000	民捐	詹卫贤	民人	1000	民捐
王藏利	民人	860	民捐	曾玉音	岁贡生	800	民捐
萧清时	民人	800	民捐	陈国华	民人	800	民捐
赖朝选	民人	800	民捐	赖希川	民人	800	民捐
赖锡金	民人	800	民捐	赖尚吉	民人	800	民捐
赖象伯	民人	800	民捐	廖拔西	民人	730	民捐
廖大邦	民人	700	民捐	赖应灿	监生	660	民捐
林天荣	民人	660	民捐	黄天章	捐纳卫千总	600	民捐
赖应献	监生	600	民捐	刘一察	民人	600	民捐
陈振先	例贡生	590	民捐	邱朝宗	贡生	590	民捐
戴天定	例贡生	520	民捐	曾尔	民人	520	民捐
陈国盛	监生	500	民捐	罗斗文	监生	500	民捐
张鼎常	例贡生	500	民捐	许浩麦	民人	500	民捐
张启三	民人	500	民捐	李廷助	民人	500	民捐
詹必诚	民人	500	民捐	詹奠邦	民人	500	民捐
刘元业	民人	500	民捐	张成荣	民人	500	民捐
廖结	民人	500	民捐	王盈科	民人	500	民捐
罗世勋	民人	500	民捐				

（此表据据萧道明《民间社会与台湾的筑城运动》，载《台湾风物》53卷第3期，其中捐500银两以下略。）

此次倡议捐资筑城，据军机处清单上的记载，共得捐银170375两银。另据《彰化县城碑记》载："计费圆银一十九万有奇"（道光十年《彰化县志》卷十二，还有称经费为：212245两银），其中差额部分，疑为小额捐款。

筑城工程自嘉庆十六年（1811）动工兴建，后因有王松等以土城不易久固为由，建议在土垣外全部砌筑城砖，直接改建为砖城，所以直到嘉庆二十年

（另有一说，"道光四年竣工"）才竣工。施工分为四段：东门及城墙由林文浚主持；南门及城墙由王云鼎主持；西门及城墙由陈大用、罗桂芳、苏云从、詹捷龙、廖兴邦主持；北门及城墙由赖应光主持。该城周围922.8丈、高1.8丈、基厚1.5丈、上宽1丈。设城门4座（另有一说，在西门不远处还开有小西门）：东曰"乐耕"，南曰"宣平"，西曰"庆丰"，北曰"共辰"，均建城楼。建炮台12座、垛口783座、水涵（洞）6座。

日据时期（1895～1945），日本先后对彰化进行"市区改正"，在实施的过程中，彰化这座清代台湾营造的第一座砖石构造城墙以"城堡阻挡了现代化的建设"为由，随之被人为拆除。日大正九年（1920），将彰化城墙及西门、南门、北门拆除，仅剩东门。两年后，又因开辟纵贯公路，东门及附近残墙也最后被拆除。

彰化古城墙虽然被拆除，但人们心目中对这座城墙的兴趣和情结并未消失。除许多专家学者撰写相关论著外（如《清代彰化县城建城变迁之研究》等），2003年彰化县建县280周年之际，当局及文化部门还开展了"寻找彰化县城建筑捐输后代子孙"的活动，旨在表达对先人捐资筑城的"最高敬意"。

杨国庆